JN327570

現代経済学の教科書
―数学も応用できる経済学入門―

名部井 一良 [著]
Nabei Kazuyoshi

同文舘出版

はしがき

　「プリントをまとめた教科書があればいいのに」「教科書をつくって下さい」学生からこのようにいわれたときには，ただ聞き流していただけであったが，そのうちに不思議とその気になって，ついに教科書を執筆することになった。というのが本書が生まれた経緯である。というわけで，本書は30回の講義で経済学の基礎を学習するための教科書である。実際には，全19章を30回の講義でこなすことには些か無理もあるので，取り上げる章や節を適切に取捨選択することで通年で経済学の基礎理論を習得できるようになっている。

　ただし，著者が念頭においている読者（受講生）は高専生（国立長野高専：独立行政法人国立高等専門学校機構長野工業高等専門学校）がモデルになっているため，微積分などの基礎的な数学知識は予め備わっているものと考えている。もっとも，近年，社会科学を学ぶ人のための優れた数学の教科書が数多く出版されているので，数学の知識に不安がある読者でも，すぐにそのギャップを埋めることが可能であるから，数学の学習に時間を割くことを厭わない読者であれば，一読する価値は十分にある。その意味で，文系・理系の学生を問わず，経済学を数学的にアプローチするときの考え方やその手法を習得するための入門書であるともいえよう。

　さらに，折角学んだ内容が公務員試験や編入学試験などの対策にも役立つように心掛けた。このような目的も加味して，本書は2編から構成されている。第1編はミクロ経済学を，第2編はマクロ経済学を取り扱っている。各編はそれぞれに独立した構成になっているので，読者は第1編と第2編をどの順番に学習しても構わないし，いずれか一方のみを学習することでも必要な知識の習得は可能である。しかしこのような構成をとっているために，ミクロ経済学とマクロ経済学の統合を図るような理論の展開はなされていない。また，分析の対象を完全競争市場と短期分析に絞っているのも，紹介すべき内容を取捨選択した結果である。そのような制限が課せられているとしても，通年の講義という制約のなかでミクロ経済学とマクロ経済学の基礎理論を習得するための教科

書であるという本書の目的は十分に達成されていると考えている。

　それゆえ，本書を学習し終えた読者は，次の段階へ進むことを意欲的に考えて欲しい。より数理的なアプローチを求めるか，不完全競争市場や長期の理論へ進むか，環境問題に進むか，読者の前には様々な選択肢が広がっているはずである。

　ところで，執筆を終え，この1年を振り返ってみると，恩師ならびに諸先輩方から頂いたこれまでの恩恵の大きさに改めて気づかされた思いがする。愛知学院大学名誉教授の水谷允一先生には，大学院在籍中から今日に至るまで，長きにわたってご指導頂けたことに深く感謝申し上げたい。経済学を様々な視点から横断的に捉えようとする姿勢は先生から学んだものである。

　また，学問分野の垣根を越えた研究活動の場を提供して下さった日本消費経済学会中部部会の諸先生方にもお礼申し上げたい。なかでも，名古屋経済大学辻本興慰名誉教授と元名古屋経済大学岡本秀昭教授は経済学に囚われない視点から数多くの素晴らしい洞察を示して下さった。元中京学院大学の朝岡敏行教授と名古屋文理大学の関川靖教授には『消費者サイドの経済学』（同文舘出版）に共著者として改訂版まで参加するという機会を頂いた。この経験が本書に活かされていることはいうまでもない。また，愛知学院大学の宮原正人教授，愛知学泉大学の濱本幸宏教授，花園大学の山中高光教授，ならびに滋賀短期大学の江見和明講師には同書の共著者として，有益なコメントを頂いたこともまた本書に活かされている。お世話になった多くの方々に，この場を借りてお礼申し上げたい。

　最後に，同文舘出版の角田貴信氏に心からお礼を述べたい。氏には企画の段階から相談に乗って頂いたばかりではなく，遅々として進まない執筆にも強い忍耐と深い寛容を示された。本書は編集者としての氏の英断がなければ，世に問われることもなかったであろうというのが，今の私の素直な気持ちである。

幕別の丘にて　　名部井　一良

目 次

はしがき……………………………………………………………………… i

第1編　ミクロ経済学

第1章　市場と取引 …………………………………… 3
 1 取引の種類 ………………………………………………………… 3
 2 市場の取引 ………………………………………………………… 5
 3 市場の分類 ………………………………………………………… 5
 4 1変数関数の最適化問題 ………………………………………… 7
 5 n次導関数テスト ………………………………………………… 9
 6 2変数関数の最適化問題 ………………………………………… 10
 7 2つの関数の差の極大 …………………………………………… 14

第2章　企業の行動と利潤の極大化 ………………… 19
 1 利潤の定義 ………………………………………………………… 19
 2 限界収入 …………………………………………………………… 20
 3 限界費用 …………………………………………………………… 21
 4 生産関数 …………………………………………………………… 21
 5 総費用，限界費用と生産の効率性 ……………………………… 24
 6 利潤を極大にする生産量 ………………………………………… 26

第3章　企業の行動と供給曲線 ……………………… 31
 1 限界費用曲線，平均費用曲線，平均可変費用曲線 …………… 31
 2 最適生産量 ………………………………………………………… 34
 3 損益分岐点と操業停止点 ………………………………………… 34
 4 個別企業の供給曲線と市場の供給曲線 ………………………… 36
 5 供給の価格弾力性 ………………………………………………… 37

第4章　消費者の行動と効用の極大化 …………… 39

1　効　　用 ……………………………………………… 39
2　無差別曲線の傾きと限界代替率 …………………… 41
3　予算の制約 …………………………………………… 43
4　効用の極大化 ………………………………………… 44

第5章　消費者の行動と需要曲線 ………………… 49

1　財の分類 ……………………………………………… 49
2　価格の変化による2つの効果 ……………………… 50
3　需要曲線の導出 ……………………………………… 51
4　最適消費点の移動のグラフ的表現 ………………… 56
5　個々の消費者の需要曲線と市場の需要曲線 ……… 57
6　需要の価格弾力性 …………………………………… 58

第6章　市　場　均　衡 ……………………………… 61

1　均衡の意味 …………………………………………… 61
2　簡単な市場モデル …………………………………… 61
3　均衡の安定性 ………………………………………… 63
4　均衡への調整過程 …………………………………… 64
5　くもの巣調整過程 …………………………………… 65

第7章　与件の変化 …………………………………… 71

1　与件とは ……………………………………………… 71
2　与件の変化と需要曲線と供給曲線のシフト−比較静学分析 … 72
3　間接税の効果 ………………………………………… 73
4　豊作貧乏 ……………………………………………… 77
5　貿易の利益 …………………………………………… 78

第8章　完全競争市場の効率性 …………………… 81

1　部分均衡分析と一般均衡分析 ……………………… 81
2　余剰と最適な資源配分 ……………………………… 81

	3	価格規制の効果 ……………………………………	84
	4	間接税の効果 ………………………………………	85
	5	貿易の利益 …………………………………………	85

第9章　市場分析の応用 ……………………………… 89

	1	労働の供給曲線 ……………………………………	89
	2	労働の需要曲線 ……………………………………	92
	3	労働市場の均衡－貨幣賃金と雇用量の決定 ……………	93
	4	貯蓄曲線 ……………………………………………	94
	5	投資曲線 ……………………………………………	97
	6	資金市場における利子率の決定 …………………………	98

第10章　市場の失敗 …………………………………… 101

	1	外部性 ………………………………………………	101
	2	コースの定理 ………………………………………	104
	3	公共財 ………………………………………………	106
	4	公共財の最適供給 …………………………………	108

第2編　マクロ経済学

第11章　国内総生産 …………………………………… 115

	1	マクロ経済の循環 …………………………………	115
	2	国内総生産の三面等価 ……………………………	116
	3	国内総生産と国内純生産 …………………………	121
	4	国内総生産と国民総生産 …………………………	121
	5	*GDP* に含まれるものと含まれないもの …………	123
	6	名目値と実質値 ……………………………………	124

第12章　国民所得決定の基礎理論 …………………… 129

	1	資金の過不足と三面等価 …………………………	129
	2	国民所得と可処分所得 ……………………………	131
	3	総供給と総需要 ……………………………………	132

- 4 マクロ経済理論における均衡 ……………………………………… 133
- 5 最も基本的な国民所得決定モデル ………………………………… 133
- 6 乗数効果 ……………………………………………………………… 137
- 7 豊かな社会における失業 …………………………………………… 140

第13章　財政政策 ……………………………… 143

- 1 政府の役割 …………………………………………………………… 143
- 2 政府部門を含むモデル ……………………………………………… 144
- 3 財政政策の比較静学分析 …………………………………………… 146
- 4 政府債務 ……………………………………………………………… 148
- 5 乗数効果 ……………………………………………………………… 150
- 6 自動安定化装置 ……………………………………………………… 151

第14章　生産物市場における金融的側面 ………… 155

- 1 割引現在価値 ………………………………………………………… 155
- 2 債券の市場価格と市場利子率 ……………………………………… 157
- 3 バイト料の使い途－再論 …………………………………………… 159
- 4 投資の限界収益率 …………………………………………………… 160
- 5 生産物市場の均衡と IS 曲線 ……………………………………… 163

第15章　貨幣の需要と供給の理論 ……………… 167

- 1 マクロ経済理論における貨幣需要の理論 ………………………… 167
- 2 貨幣の変遷 …………………………………………………………… 168
- 3 貨幣の定義 …………………………………………………………… 171
- 4 貨幣の供給 …………………………………………………………… 172
- 5 中央銀行当座預金と貨幣の供給 …………………………………… 175
- 6 3つの貨幣需要 ……………………………………………………… 176
- 7 流動性選好関数 ……………………………………………………… 178

第16章　流動性選好理論の展開と貨幣市場の均衡 … 181

- 1 在庫アプローチによる流動性選好理論の展開 …………………… 181
- 2 資産選択の理論による流動性選好理論の展開 …………………… 185

3　貨幣市場の均衡と比較静学分析 ………………………… 188
　　　4　貨幣市場の均衡と LM 曲線 …………………………… 192

第17章　生産物市場と貨幣市場の同時均衡 ……… 195

　　　1　均衡国民所得と均衡利子率 …………………………… 195
　　　2　ポリシー・ミックス ……………………………………… 197
　　　3　金融政策 ………………………………………………… 201
　　　4　ルールによる政策 ……………………………………… 203

第18章　オープン・マクロ経済学 ………………… 207

　　　1　外国を含むモデル ……………………………………… 207
　　　2　2国モデル ……………………………………………… 210
　　　3　為替レート ……………………………………………… 215
　　　4　マンデル＝フレミング・モデル ………………………… 217

第19章　物価と国民所得 ……………………………… 223

　　　1　総需要関数 ……………………………………………… 223
　　　2　物価が固定されている場合の総需給モデル ………… 225
　　　3　貨幣賃金が下方硬直的であるモデル ………………… 226
　　　4　貨幣賃金が変化するモデル－期待物価が瞬時に調整される場合 ……… 229
　　　5　貨幣賃金が変化するモデル－期待物価の調整に時間がかかる場合 …… 232

参 考 文 献……………………………………………………………… 237
索　　　引……………………………………………………………… 239

第1編

ミクロ経済学

第1章

市場と取引

　初めに,経済活動として現れてくる取引の2つのタイプについて説明しよう。次いで,本書全体で前提されている完全競争市場の特徴を明らかにしておく。最後に,本書の第1編でよく用いられる数学的手法についても簡単に解説することにしよう。

1　取引の種類

　スーパーやコンビニで買い物をしたり,バスや電車を利用することを経済学では,財やサービスを「購入する」とか,「消費する」,あるいは「需要する」という言葉で表す。日常的には商品という言葉が使われるが,財は目に見える商品で,サービスは目に見えない商品と考えれば分かり易いかもしれない。財やサービスを購入するとはお金（専門的には貨幣という）を相手に渡す代わりに,自分の欲しいものを手に入れるという行為であるから,取引といわれるものの1つの形態である。このような取引では,図1-1に示すように,財やサービスが流れる方向と逆の方向に貨幣が流れることになる。

　この取引は,財やサービスを購入した人が貨幣を相手に渡すことで終了する。これを貨幣の取引決済機能というが,通常私たちが思い浮かべる取引がこれであろう。

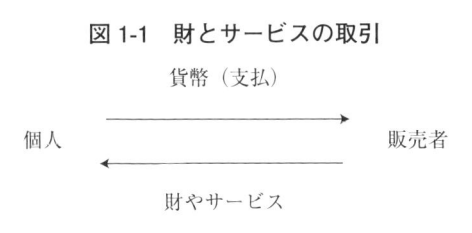

図 1-1　財とサービスの取引

貨幣（支払）

個人　――――→　販売者
　　　←――――
　　　財やサービス

図1-2 金融商品の取引

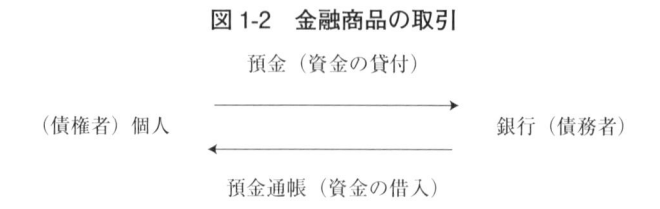

（債権者）個人　　⇄　　銀行（債務者）
上：預金（資金の貸付）
下：預金通帳（資金の借入）

　ところで，金融商品（これを専門的には金融資産という）を購入するという取引もある。金融商品では，銀行預金が最も身近な商品であろう。あなたが銀行へ10,000円を預金したとしよう。これは，あなたが銀行に10,000円を貸付けて，銀行が預金通帳に普通預金10,000円と印字してあなたへ渡すことを意味している。10,000円を貸付けて，通帳を受け取ることが預金の購入を意味するが，しかしこの取引はこれで終了したわけではない。この預金通帳は銀行があなたから10,000円を借入れたことを証明する証書であるから，銀行はその資金の貸借料として利子をあなたに支払うことになる。つまり，あなたと銀行との間には債権と債務が発生することになり，取引は継続していることになる（図1-2）。

　預金以外の金融商品として，ここに額面10,000円の10年物の国債があるとしよう。この国債は国が10年後に額面の10,000円でそれを買い戻すことを約束した証書である。それの持ち主は国に対して資金を10年間に渡って貸付けることになるから，もちろん利子を受け取ることになる。したがって，国債を購入したとしても取引はそれで終了したわけではない。やはり，国債の保有者と国との間に，債権と債務が発生することになる。

　銀行との取引が終了するときは，預金をすべて引き下ろすときである。これを口座の解約というが，解約はあなたと銀行との間で債権者と債務者という関係を消滅させることをさす。国債の場合には，保有する国債を転売するか，あるいは満期がきて買い戻される（これを償還という）ときに，債権者と債務者という関係が消滅することになり，国との取引は終了する。このように金融商品（金融資産）の取引は資金の貸借を意味しているので，財やサービスの取引とは違ったものになる。

2　市場の取引

　市場における取引は，相対取引と狭義の市場取引の2つの形態に分けられる。相対取引とは，特定の経済主体間での取引をさす[1]。相対取引では，当事者間の交渉によって取引の条件が決められる。このような取引は長い時間をかけて築いた信用と実績がもとになっており，企業とメインバンクとの関係，自動車業界などにみられる系列取引などがその例である。また，銀行への預金や銀行の貸出業務なども相対取引である。

　一方，狭義の市場取引とは，規格化された財やサービス（同じ商品であれば，質も量も同じ），取引の相手が不特定多数（これを匿名性という）であるような取引をさす。コンビニやデパート，JRの窓口，あるいはインターネットでの取引や外国為替市場や株式市場などでの取引がその例である。通常，経済学で分析の対象となるのは，この狭義の市場である。

　ところで，ベンチャー企業など信用が未だ確立されていないような企業との主な取引形態は相対取引となる。この意味で，狭義の市場で取引できるためには，財やサービスの提供者には高い信用が必要とされる。

3　市場の分類

　狭義の市場をもう少し踏み込んで定義しておこう。まず，誰もがこの市場で取引に参加できるものとする。財やサービスを販売する立場の者を生産者，企業，供給者とよび，財やサービスを購入する者を，消費者，家計，需要者とよぶ。この取引に参加する企業も消費者も多数存在する。したがって，1つの企業や1人の消費者の取引量のこの市場全体の取引量に占める割合は極めて小さいとみなされる。それゆえ，1つの企業が財やサービスの供給量を減らしても増やしても，市場全体からみれば供給量に何ら影響を及ぼすことがない。同様に，1人の消費者が需要量を減らしても増やしても，この市場の需要量に影響が及ばない。これは，個々の企業や消費者の行動がこの市場で取引される財やサービスの価格に影響を及ぼさないことを意味している。価格は市場における需要と供給によって決まり，決まった価格をもとに個々の取引者は自己の利益

が最大になるような取引量を選択する。

また，市場で取引される財やサービスは同質であり，個々の取引者はその財やサービスの質について十分に理解しており，また，個々の取引者が理解していることを他の取引者も分かっている。

さらに，個々の取引者はお互いに独立しており，それぞれに価格をめぐって競争が行われている。すなわち，消費者（買い手）と企業（売り手）の間のみならず，消費者間でも，企業間でも競争がある。

最後に，この市場での取引に自由に参加できるということは，個々の企業にとっては市場に参入することも，この市場から退出することも自由であるということを意味している。

以上のような性質をもつ市場を完全競争市場とよぶ。完全競争市場で活動する企業を特に，完全競争企業という。完全競争企業は個々の企業の規模は小さく，市場で決まる価格を与えられたものとして，自己の利益が最大になるような生産量（取引量）を決定する企業である。このとき，完全競争企業をプライス・テイカーとよぶ。そして，消費者もまたプライス・テイカーである。

ところで，現実の経済では，このような完全競争市場は希である。実際に，生産活動をするためには，何某かの生産設備など（これを資本という）を必要とするため，市場に参入している企業も多数であるとは限らない。企業数が少なくなればなるほど，個々の企業の生産量の増減がその市場の供給量に影響を及ぼし得ることは容易に想像できよう。この場合には，企業は生産量を調整して価格をコントロールできることになる。

企業が価格支配力をもつような市場を不完全競争市場とよぶ。不完全競争市場に分類される市場を価格支配力の強さで分けると，独占的競争市場，寡占市場，独占市場となる。独占市場に近づくほど，価格支配力が大きくなり，企業数も少なくなる。また，必要とされる資本規模も大きくなるので，他の企業の参入もより困難となる。

本書で展開されるミクロ経済学およびマクロ経済学が対象にしている市場では完全競争市場が前提とされている。完全競争市場が希な存在であったとしても，この市場を前提とすることには意味がある。まず第一に，分析が容易であること，第二に，多くの市場が不完全競争市場であるといっても，不完全競争

の程度によっては，完全競争市場とみなして分析できることが多いこと，第二に，完全競争市場から得られる結論を経済分析上の羅針盤とすることで，様々な市場から得られる結果を比較できることなどがその理由である．

4　1 変数関数の最適化問題

　本章の残りでは，経済分析で利用される数学の基本的な知識の確認をすることにしよう．経済学では最大化や最小化を図る問題（これを最適化問題という）を解くことが多い．例えば，費用を最小化する生産量や利潤を最大化する生産量を求める問題などがそれである[2]．このような問題は 1 次導関数と 2 次導関数を求めることができれば解くことができる．

　なお，本節と第 5 節，第 6 節は，A.C.Chiang（1995）第 4 部をもとにしている．より詳細な説明は同書にあたることをお薦めする．

　(1)式で表される 3 次関数の極値を求めることにしよう．

$$f(x) = \frac{1}{3}x^3 - 4x^2 + 12x + 2 \qquad (1)$$

　(1)式の極値を求めるためには，(1)式で描かれる曲線の接線の傾きがゼロとなる x の値（これを臨界値という）を求める必要がある．(1)式を x で微分して，ゼロと等置して（これを極値のための 1 階の条件という），

$$f'(x) = x^2 - 8x + 12 = 0$$

x について解くと，臨界値 $x_1 = 2$ および $x_2 = 6$ を得る．次に，この結果を(1)式に代入して，$f(2)$ と $f(6)$ を求める．これを停留値という．

$$f(2) = \frac{38}{3}, \qquad f(6) = 2$$

　このようにして求めた停留点（臨界値と停留値で与えられる座標）が極小か極大かを判定すれば，(1)式の極値を求めたことになる．

　表 1-1 は周知の表である．この表より停留点（2，38/3）は極大，また，停留点（6，2）は極小であることが分かる．これは，臨界値の前後で 1 次導関数の符号が変化している（より具体的には矢印の方向が変化している）ことから

表1-1　1次導関数テスト

x	$\cdots$	2	$\cdots$	6	$\cdots$
$f(x)$		38/3		2	
$f'(x)$	+	0	−	0	+
	↗		↘		↗

図1-3　1次導関数テスト　　　　図1-4　変曲点

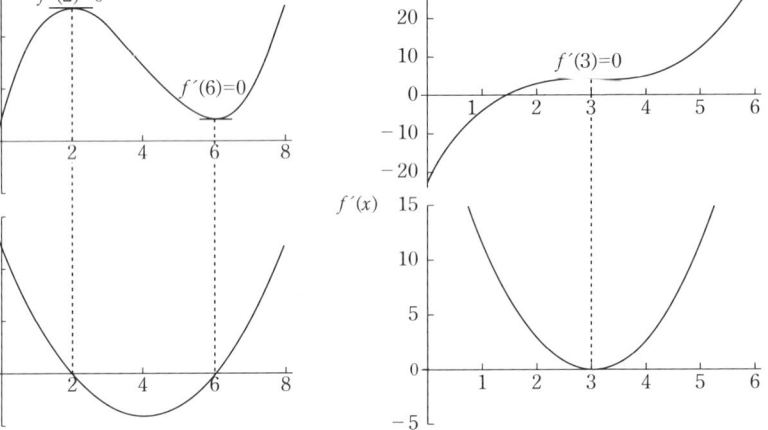

いえる。この表の意味は図1-3をみれば，具体的に理解できる。

　下段の図より，1次導関数が横軸を左上から右下に横切るときには極大であり，左下から右上に横切るときには極小であることが確認できる。これは，表1-1の$f'(x)$の行に対応している。この判定方法は1次導関数テストとよばれ確実な判定を与えるものであるが，臨界値の両側の値を計算しなければならないため，些か手間が掛かるのが難点である。そこで，もっと簡単な方法を導こう。

　下段の図をみれば，極値は横軸と交わる点で与えられ，横軸を横切るときの方向が判定の条件であることが分かる。ということであれば，臨界値における1次導関数の接線の傾きを知ればよい。これを極値のための2階の条件とよぶ[3]。

$$\frac{d}{dx}f'(x)\Big|_{x=2} = f''(2) = (2x-8)|_{x=2} = -4 < 0$$

$$\frac{d}{dx}f'(x)\Big|_{x=6} = f''(6) = (2x-8)|_{x=6} = 4 > 0$$

　この方法を2次導関数テストとよぶ。このテストの結果が，負値であれば極大，正値であれば極小である。この方法の利点は作表のいらない簡便さにある。ただし，この簡便さゆえに，欠点もある。

5　n次導関数テスト

　2次導関数テストを使って，次の式で与えられている関数の停留値を判定することにしよう。

$$f(x) = x^3 - 9x^2 + 27x - 23 \tag{2}$$

$$f(x) = x^4 - 8x^3 + 24x^2 - 32x + 20 \tag{3}$$

　(2)式と(3)式に1階の条件を適用して臨界値を求めた上で，停留値を求めよう。それぞれの1次導関数をゼロと等置すると，

(2)式の1次導関数　　$3x^2 - 18x + 27 = 0$

(3)式の1次導関数　　$4x^3 - 24x^2 + 48x - 32 = 0$

であるから，

(2)式の停留点　　$x=3$ のとき，$f(3)=4$

(3)式の停留点　　$x=2$ のとき，$f(2)=4$

である。次に，得られた停留点が極小か極大かを確かめるために，2次導関数テストを適用しよう。

(2)式の2次導関数テスト　　$f''(3) = (6x-18)|_{x=3} = 0$

(3)式の2次導関数テスト　　$f''(2) = (12x^2 - 48x + 48)|_{x=2} = 0$

となって判定結果は不明である。しかし，私たちは少なくとも(3)式は極小値をもつことを知っている。2次導関数テストが働かないときに，適用されるテストがn次導関数テストである。このテストはその命名よりも明らかなように，臨界値を代入された導関数の値がゼロでなくなるまで，微分を繰り返せばよい。

(2)式の3次導関数　　$f^{(3)}(3) = 6|_{x=3} = 6 \neq 0$

(3)式の3次導関数　　$f^{(3)}(2) = (24x - 48)|_{x=2} = 0$

〃　　4次導関数　　$f^{(4)}(2) = 24|_{x=2} = 24 \neq 0$

上の結果は，(2)式の停留点が変曲点であり，(3)式の停留点は極小であることを示している。(2)式については，図1-4をみれば一目瞭然であろう。下段図で，1次導関数は横軸を横切っておらず，これは臨界値の両側で1次導関数の符号が同じであることを示しているので，極値をもつことはない。

n次導関数テストによる判定の手順をまとめると，求めた臨界値x^*を次々に微分して求めたn次導関数に代入した結果，

(ⅰ)　n次が偶数で，$f^{(n)}(x^*) < 0$であれば，極大

(ⅱ)　n次が偶数で，$f^{(n)}(x^*) > 0$であれば，極小

(ⅲ)　n次が奇数で，$f^{(n)}(x^*) \neq 0$であれば，変曲点

と判定される。したがって，2次導関数テストはn次導関数テストの適応例である。

6　2変数関数の最適化問題

経済学では，条件付最適化問題を解かなければならないときがある。例えば，

与えられた所得のもとで，効用が極大になるような財の組合せを選択するような問題などがそれである。この場合には，極大化しなければならない関数（これを目的関数とよぶ）と所得の範囲内という制約を表す関数（これを制約条件式という）の2本の関数式のもとでその問題を解かなければならない。その解法を簡単に説明しよう。まず，目的関数と制約条件式をそれぞれ，

$$max \quad z = 10 - (x-4)^2 - (y-4)^2$$
$$s.t. \quad x + y = 4$$

とする。目的関数の前に付けられた *max* は「この関数を最大化せよ」，*s.t.* は「…という制約の下で」という意味を表している。この問題は目的関数と制約条件を表す2本の式からなっているので，まず，ラグランジュ乗数という変数を意図的に導入して1本の式に統合する。すると，前節のように1階の条件と2階の条件を使って解くことができる。ラグランジュ乗数は普通 λ で表されることが多い。すると，この問題は1本の式に3個の変数をもつ関数の極値問題に書き替えられる。この統合された関数を，ラグランジュ関数とよぶ。ラグランジュ関数を Z で表すことにしよう。

$$Z = 10 - (x-4)^2 - (y-4)^2 + \lambda(4-x-y) \tag{4}$$

このラグランジュ関数の意味をグラフを使って理解しておこう。目的関数は図1-5(*a*)，制約条件式は図1-5(*b*)，ラグランジュ関数が意味するところが図1-5(*c*) に描かれている。

目的関数は xy 平面を定義域にする上に凸の曲面として描かれる。この曲面から明らかなように，目的関数には極大点が存在する。ちなみに，

$$\begin{aligned} &\text{目的関数の臨界値} \quad (x, y) = (4, 4) \\ &\text{停留値} \quad z = 10 \end{aligned} \tag{5}$$

である。制約条件は，xy 平面上に引かれた直線である。図(*c*) は図(*a*) に図(*b*) を書き加えた図であるが，この図は目的関数の定義域が xy 平面ではなく，制

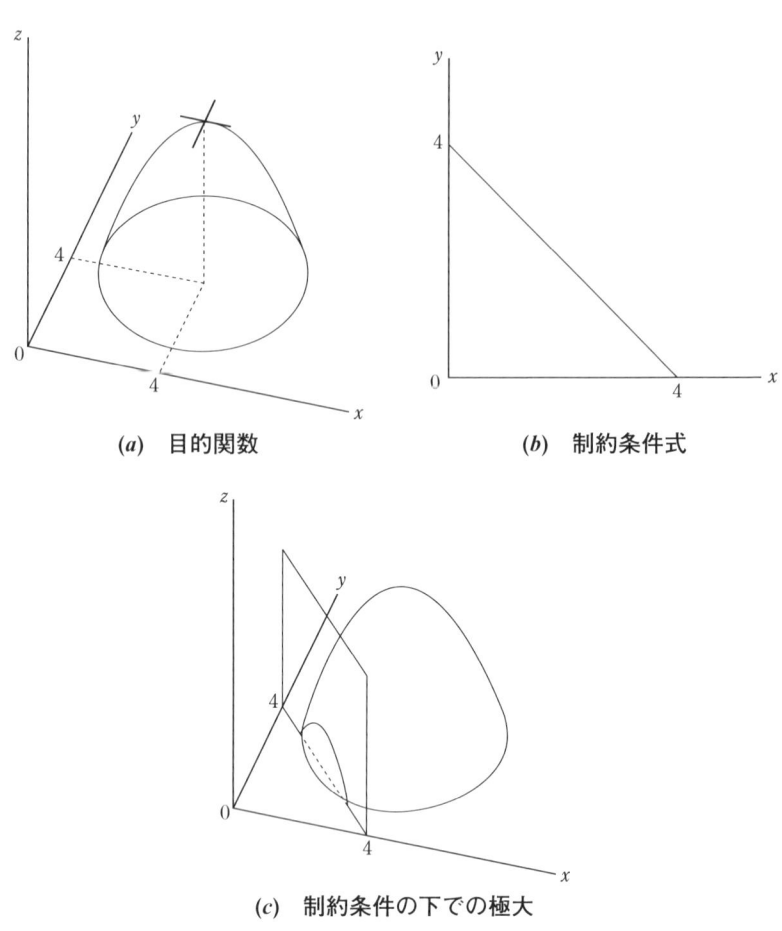

図 1-5 制約条件付最適化問題

(a) 目的関数

(b) 制約条件式

(c) 制約条件の下での極大

約条件式が表す直線上に限定されることを表している。このことは，図 *(a)* で確認できる極大点がこの問題の解ではなく，この直線上にある曲面（弧）上で極大になる点を求めなければならないことを意味している。

(4)式に戻って，ラグランジュ関数を極大化するという意味を再確認しよう。ラグランジュ乗数の項 $\lambda(4-x-y)$ は制約条件が満たされればゼロになる。よって，$4-x-y=0$ を満たすような x と y の組合せの中から，ラグランジュ関数（すなわち，制約条件が満たされるときには目的関数に一致する）$Z=10-(x-4)^2$

$-(y-4)^2$ を最大にする x と y の組合せを求めることを意味している。これは図 (c) の意味するところと同じである。

具体的に解いていこう。まず，(4)式に1階の条件を適用しよう。3個の変数について偏微分した結果をゼロとおくことで，それぞれの変数について接線の傾きがゼロになるという条件を課す。

$$Z_x = -2(x-4) - \lambda = 0$$
$$Z_y = -2(y-4) - \lambda = 0 \tag{6}$$
$$Z_\lambda = 4 - x - y = 0$$

(6)式が同時に満たされる x と y と λ の組合せは，3個の変数について接線の傾きが同時にゼロになることから，得られる値は臨界値である。特に，1番下の式が満たされるとき，制約条件を満たす x と y の組合せが得られることになる。臨界値と停留値に「*」を付けて表すと，

$$(x^*, y^*, \lambda^*, z^*, Z^*) = (2, 2, 4, 2, 2) \tag{7}$$

となる。次にすべきことは，(7)式で表された結果が極小か極大かを確認するために2階の条件を適応することである。ただし，この問題は1変数の問題ではないので，判定方法を導くためには2次形式の知識が必要となるが，詳しい説明は Chiang（1995）にあたってもらうこととして，ここでは結果だけを記述することにする。偏導関数 Z_x と Z_y を再び x と y で偏微分して，Z_{xx}, Z_{yx}, Z_{xy}, Z_{yy} を求めよう。そのとき，$Z_{yx} = Z_{xy}$ という関係を得るが，これをヤングの定理という。

$$Z_{xx} = -2$$
$$Z_{yx} = Z_{xy} = 0 \tag{8}$$
$$Z_{yy} = -2$$

今度は，制約条件を，

$$g(x, y) = x + y$$

とおいて，x と y で偏微分しよう。すると，

$$g_x = 1$$
$$g_y = 1 \qquad (9)$$

を得る。(8)式と(9)式を使って行列式をつくろう。

$$|\overline{H}| = \begin{vmatrix} 0 & g_x & g_y \\ g_x & Z_{xx} & Z_{xy} \\ g_y & Z_{yx} & Z_{yy} \end{vmatrix} = \begin{vmatrix} 0 & 1 & 1 \\ 1 & -2 & 0 \\ 1 & 0 & -2 \end{vmatrix} = 4 > 0 \qquad (10)$$

$|\overline{H}|$ は縁つきヘシアンとよばれ，制約条件付最適化問題の極値の判定のために計算される行列式である。$|\overline{H}|$ に含まれているすべての導関数が x と y の臨界値で評価された結果として（(10)式はそうである），

（ⅰ）$|\overline{H}|$ が正であれば，極大

（ⅱ）$|\overline{H}|$ が負であれば，極小

となる。したがって，$Z^* = z^* = 2$ は極大値である。最後に，(5)式と(7)式を比べれば，制約条件付問題で得られた極大値の方が小さい値になるが，それは目的関数の定義域が制約されたためである。

7　2つの関数の差の極大

本章を終わるにあたって，経済学における代表的な極大化問題を解説しよう。図1-6(a)には2本の曲線（関数）が描かれている。$F(x)$ は初めは傾きが大きく，徐々にそれが小さくなって水平に近づく曲線であり，$G(x)$ は原点では水平であり，徐々に傾きが大きくなっていく曲線である，とする。

$$y = F(x) \quad \text{ただし，} F(0) = 0, \ F'(x) > 0, \ F''(x) < 0$$

$$y = G(x) \quad \text{ただし，} G(0) = 0, \ G'(x) > 0, \ G''(x) > 0$$

いま，この2本の曲線の差が最大になるような x の値を求めよう．2本の曲線の差を $Z(x)$ で表すと，この問題は，

$$Z(x) = F(x) - G(x) \tag{11}$$

という関数の極大化問題に帰着する．(11)式に極値のための1階の条件を適用すると，

$$\frac{dZ(x)}{dx} = \frac{dF(x)}{dx} - \frac{dG(x)}{dx} = 0 \quad \text{よって，} \frac{dF(x)}{dx} = \frac{dG(x)}{dx}$$

を得る．この式は2つの曲線の接線の傾きが一致する x を選択するとき，$Z(x)$ が極大になることを示している．この条件と図1-6(a)を照合すれば，次のようにまとめることができる．

【極大化の条件1】

$F'(x) > G'(x)$　のとき，$x < x^*$ である．

　　x を大きくして，x^* に近づけることで，$Z(x)$ を極大化する余地がある．

$F'(x) = G'(x)$　のとき，$x = x^*$ である．

　　このときは，$Z(x)$ は極大化されている．

$F'(x) < G'(x)$　のとき，$x > x^*$ である．

　　x を小さくして，x^* に近づけることで，$Z(x)$ を極大化する余地がある．

次に，極大化の条件を図1-6(a)とは別の方法で表現することにする．表記を簡単にするために，$F'(x) = f(x)$ および $G'(x) = g(x)$ と表し，便宜上，図1-6(b)を $f(x)$ と $g(x)$ をグラフ化したものとみなそう．このグラフは，$F(x)$ 曲線と $G(x)$ 曲線の接線の傾きの変化を示している．(11)式と図1-6(b)との関係は，

$$Z(x) = \int_0^x f(x)dx - \int_0^x g(x)dx$$

より明らかである．この式は，$Z(x)$ が $f(x)$ 曲線の下側の面積と $g(x)$ 曲線の下側

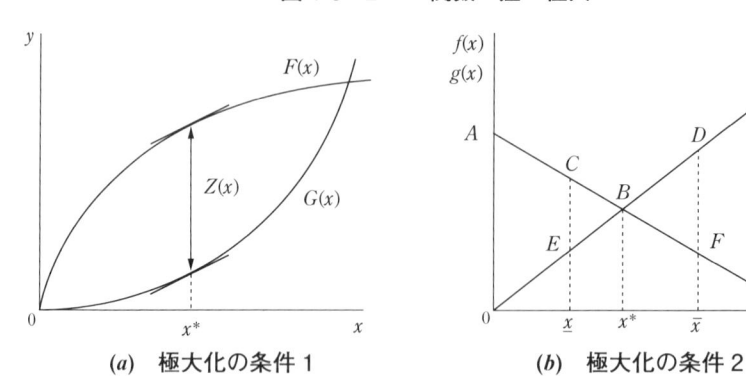

図1-6　2つの関数の差の極大

(a)　極大化の条件1　　　　　*(b)*　極大化の条件2

の面積の差として求められることを示している。図 1-6(*b*) では，$Z(x)$ を極大にする面積は OAB であることが分かる。すなわち，

【極大化の条件2】

$x = \underline{x}$ のとき，$f(\underline{x}) > g(\underline{x})$ であるから，

$$Z(\underline{x}) = 面積\,OAB - 面積\,BEC$$

x を大きくして，面積 BEC を小さくすることで，$Z(x)$ を大きくできる。

$x = x^*$ のとき，$f(x^*) = g(x^*)$ であるから，

$$Z(x^*) = 面積\,OAB$$

$Z(x)$ は最大の面積をもつから，もはや $Z(x)$ を極大化する余地はない。

$x = \bar{x}$ のとき，$f(\bar{x}) < g(\bar{x})$ であるから，

$$Z(\bar{x}) = 面積\,OAB - 面積\,BDF$$

x を小さくして，面積 BDF を小さくすることで，$Z(x)$ を大きくできる。

　本節では，2つの関数の差の極大という問題は2種類のグラフを利用して解くことができることを示した。その違いは極値のための1階の条件をどのように表現するかにある。この問題の経済分析における応用範囲は極めて広く，いたるところで応用されているので，いずれの表現にも十分に慣れることが望ましい。

[注]
1) 経済主体とは，家計あるいは消費者，企業あるいは生産者，政府などをさし，自らの意志決定にもとづいて消費や生産，取引を行うものをさす。
2) 企業にとって費用の最小化とか利潤の最大化は最善の状態についての選択であるから，それらを実現する条件を求めることを，経済学では最適化問題という。しかし，最適化問題を解くという行為は極値を求めることであるが，数学的には極値を求めることを最適化とはよばない。最適化という言葉は経済学特有の言い回しである。

　また，求められる極値は経済学的に意味のある定義域が暗黙の内に想定されているので，局所的極値あるいは相対的極値が求める解となる。しかし，経済学で使われる関数は単調なものが多いので，得られた極値は最大値や最小値と一致することが多い。
3) 極値のための1階の条件は，得られた結果が極値であるための必要条件であり，2階の条件は十分条件である。

第2章

企業の行動と利潤の極大化

本章では，企業がどのように生産量を決定するかという問題を考察する。企業の目的は利潤の獲得であり，それを最大化することである。これを利潤最大化仮説とよぶ。本書をつうじて，企業はこの仮説にしたがって行動するものと仮定する。

1 利潤の定義

いま，ある1種類の財やサービスを生産し，販売する企業を考える。この企業が生産する財やサービスをxで表し，また，生産される数量もxで表すことにする。すると，この企業が獲得する利潤$\pi(x)$は，

$$\pi(x) = TR(x) - TC(x) \tag{1}$$

で表される。(1)式は利潤関数とよばれ，利潤が$TR(x)$と$TC(x)$の差であることを示している。ここで，

$TR(x)$は総収入（total revenue）：
　x財をx生産し，販売することで手に入る収入

$TC(x)$は総費用（total cost）：
　x財をx生産するためにかかる費用

$\pi(x)$は利潤（profit）：
　総収入と総費用の差額であり，その企業の手許に残る部分

である[1]。

この企業が利潤を極大化できる生産量を知るためには，(1)式をxで微分して，1階の条件を適用すればよい[2]。微分の結果は，

$$\frac{d\pi(x)}{dx} = \frac{dTR(x)}{dx} - \frac{dTC(x)}{dx} = 0 \tag{2}$$

となる。これを，

$$M\pi(x) = MR(x) - MC(x) = 0$$

と簡単に表記することにしよう。ここで，

$\dfrac{dTR(x)}{dx} = MR(x)$は限界収入（marginal revenue）：
　x財を追加的に1単位生産し，それを販売して得られる総収入の増加分

$\dfrac{dTC(x)}{dx} = MC(x)$は限界費用（marginal cost）：
　x財を追加的に1単位生産するときの総費用の増加分

$\dfrac{d\pi(x)}{dx} = M\pi(x)$は限界利潤（marginal profit）：
　x財を追加的に1単位生産したときに手許に残る部分

である[3]。

この式を整理すると，利潤極大化の条件，

$$MR(x) = MC(x) \tag{3}$$

を得る。(3)式を成立させるような生産量x^*が，この企業にとって利潤が極大になる選択すべき生産量となる。以下では，(3)式の意味を順に調べていこう。

2　限界収入

ところで，完全競争市場では，企業はプライス・テイカーであるから，x財を1単位追加的に生産することで手に入る収入とはx財の価格に他ならない。

$$MR(x) = p$$

ここで，pはx財1単位の価格である。ただし，定数とする。すると，利潤極大化の条件(3)式は，

$$p = MC(x) \qquad (4)$$

と書き直される。この (4)式は完全競争市場に参加している企業,すなわち完全競争企業の利潤極大化の条件となる[4]。

3 限界費用

次に,限界費用の性質を調べよう。限界費用はx財を1単位だけ追加的に生産するときの総費用の増加分であるから,この費用の大きさは生産の効率性と関係がある。生産に投入される資源(これを投入物や生産要素とよぶ)には価格があるから,それらを利用すればその分の支払をしなければならない[5]。多くの投入物を使えば,支払はより大きく,すなわち限界費用はより大きくなる。よって,

① 生産効率が良い→少ない投入物でより多くの財を生産できる→1単位を追加的に生産するときの追加的費用は小さい
② 生産効率が悪い→多くの投入物を使ってもあまり財の生産量を増やすことができない→1単位を追加的に生産するときの追加的費用は大きくなる

という関係になる。生産効率と限界費用との関係を理解するために,ここで一旦,費用の分析から離れ,生産面について考察しよう。

4 生産関数

投入物あるいは生産要素とは,企業が財やサービスを生み出すために必要な労働,エネルギー,原材料,土地や建物,機械,設備,工場などをさし,それは労働と資本に分けられる。資本とは労働以外の生産要素の総称である[6]。

また,経済分析には「短期」と「長期」という2つの時間区分が設けられている。これらの区分は1週間,1カ月,1年や10年といった具体的な時間の長さで定義されているわけではなく,

長期:労働と資本の2つの生産要素が可変的であるとみなされる経済的

　　　　な時間
　　短期：労働は可変的であるが，資本は固定されているという経済的な時
　　　　間

と定義されている。この時間区分の違いは，企業が生産計画をたてるときに考慮される時間の長さの違いを反映している。短期では，企業は労働投入量の変更のみをつうじて望ましい生産量を実現する。これは，一時的なブームなどによる需要の増加に対応するような場合である。一方，需要の増加が一時的でないと判断されれば，工場の新設や新しい機械の導入などを図って，生産設備の規模を変更する必要がでてくる。しかし，そのような変更のためにはより長い時間が必要となる。これが労働と資本の両方を可変的とする場合を「長期」として区別する理由である。

　企業は労働と資本を利用して生産を行うが，労働の投入量と資本の投入量の組合せと生産可能な生産物の最大量との技術的関係を表しているのが生産関数である。

　　長期の生産関数　　$x = f(n, k)$
　　　　　　　　　　　　$f(0, k) = f(n, 0) = 0$
　　　　　　　　　　　　$f_n(n, k) > 0$，　$f_k(n, k) > 0$
　　短期の生産関数　　$x = f(n)$
　　　　　　　　　　　　$f(0) = 0$，　$f'(n) > 0$　　　　　　　　　　　(5)

　ただし，x：生産量　n：労働（投入量）　k：資本（投入量）。

　短期の生産関数には資本が省略されているが，これは生産量の変更が労働のみの変更によってなされることを明示的に表すためである。資本はゼロでなく，ある水準に固定されている$\bar{k}$であることに注意しなければならない[7]。いずれの生産関数も次の性質をもつ。

（ｉ）　労働か資本のどちらかの投入量がゼロのときには，生産はなされない。
（ⅱ）　生産要素が追加的に投入されれば，必ず，生産物は増加する。

　短期という枠組みのなかで分析を続けよう。資本は労働と組み合わされて利用されることが当初から想定されているため，最も生産効率が高くなるような労働との組合せを考えて，設計や設置がなされているはずである。ところが短

期では，資本は固定されているため，常に，最も生産効率が高い労働と資本の組合せが実現しているとは限らなくなる。労働投入の効率性を測る尺度が労働の限界生産物である。労働の限界生産物（MPL：marginal product of labor）とは，労働を追加的に1単位増加させたときの生産物の増加分と定義される。これは数学的には，(5)式の，$f'(n) > 0$ で表されている。

　生産の効率性と労働投入との関係を調べるために，当初 $n = 0$ であるとしよう。この状態では，労働がゼロであるから，生産もゼロである。企業は生産を開始し，労働の投入を順次増加させていく。初めの段階では，固定された資本に対し労働が小さすぎるから，生産量も小さい。しかし，労働投入量が増えていくにつれて，生産量は増加し，同時に，生産効率が最も高くなる資本と労働の組合せに近づいていく。この段階では，追加的に投入される労働がもたらす生産物の増加分は増加していく。これを「労働の限界生産物が逓増する」という。最も生産効率が高い組合せに到達したとき，労働の限界生産物は最大になる。しかし，企業が生産を引き続き増加させる場合には，労働の投入を追加的に増加し続けなければならない。このような段階では，資本に対して労働が過大になるため，生産の効率は低下し始めることになる。これは，追加的な労働の投入がもたらす生産物の増加分が減少することを意味している。これを「労働の限界生産物が逓減する」と表現する。

　ところで，労働の限界生産物の逓減は生産物の減少を意味しない。それは，生産物の増加分が小さくなっていくことを意味している。したがって，生産関数は単調な増加関数になる。労働の限界生産物の変化は数学的には，

$$\frac{dMPL(n)}{dn} > 0, \quad \frac{dMPL(n)}{dn} = 0, \quad \frac{dMPL(n)}{dn} < 0$$

で表される[8]。図2-1は上記の関係を踏まえた上で，労働の投入と限界生産物の変化の関係を描いたものである。

　ちなみに，MPL は生産関数を労働で微分したものであるから，それは生産関数の接線の傾きを表している。すると，図2-1の形状から，生産関数を導くことができる（図2-2）。このように短期の生産関数はS字の形状をもつことになる。

$$f(n) = \int f'(n) dn, \quad \text{ただし，} f(0) = 0$$

図 2-1　労働の限界生産物曲線　　　図 2-2　短期の生産関数

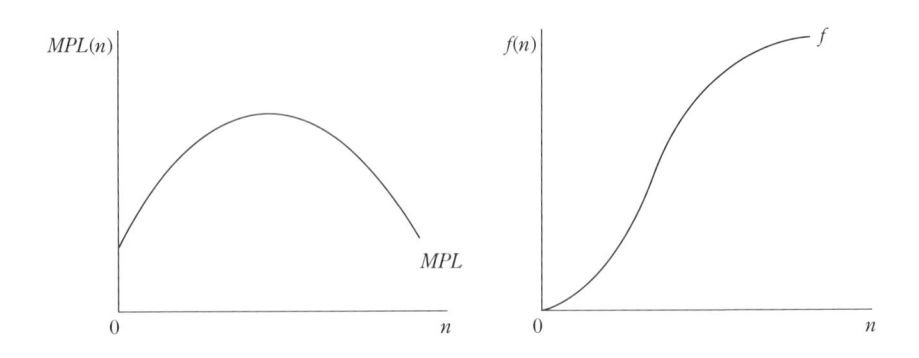

5　総費用，限界費用と生産の効率性

　企業の生産面の分析が終わったので，再び，費用の分析に戻ろう。生産における投入物は資本と労働であるから，それらから発生する費用もまた資本にかかわる費用と労働にかかわる費用に分けられる。短期では，資本は固定的生産要素とみなされるから，その費用もまた固定的である。このような費用は生産の有無や生産量に関係なく常に一定であるので固定費用（*FC*：fixed cost）とよばれる[9]。一方，生産が行われるときに初めて発生する費用を可変費用（*VC*：variable cost）とよぶ。可変費用は生産がなされないときにはゼロであり，生産が拡大するにつれて増加する費用である。ところで，企業は生産量の増減を労働投入量の増減で調整することになるから，この可変費用とは労働にかかわる費用である。固定費用と可変費用をあわせたものを総費用とよび，総費用関数として定式化される。

$$TC(x) = FC + VC(x), \quad ただし，\quad TC(0) = FC, \quad VC(0) = 0$$

　総費用関数を x で微分すれば，限界費用が得られる。限界費用は可変費用を x で微分したものと一致するから，限界費用とは追加的な生産にかかる労働費用の増加分であることが分かる。

$$\frac{dTC(x)}{dx} = MC(x) = \frac{dVC(x)}{dx}$$

いま，すべての労働の質が同じであるとし，労働に対する支払が W であるとする。ここで，W は貨幣賃金（money wages）である。すると，総費用は，

$$TC(x) = FC + Wn$$

と書き直すことができる。限界費用を求めると，

$$MC(x) = W \cdot \frac{dn}{dx} = \frac{W}{MPL(n)} \quad (6)$$

を得る。(6)式は生産における効率性と限界費用とを結びつける式である[10]。この式は，MC と MPL が反比例の関係にあることを示している。例えば，当初，生産量が小さい局面では追加的な労働の投入は労働の限界生産物を増加させるから，生産を1単位増加させるために必要な労働投入量は小さくてすむ。これは，追加的な生産のための労働費用の増加分，つまり，限界費用が小さくなることを意味している。すなわち，x の増加に関して，MPL が逓増する局面では MC は逓減することになる。そして，MPL が最大値をとるときは MC が最小値をとり，MPL が逓減する局面では MC は逓増することになる。

以上の関係を描いているのが，図2-3である。図2-3は，限界費用曲線がU字形であることを示している。また，限界費用は総費用関数を x で微分したものであるから，それは総費用曲線の接線の傾きを表している。したがって，限界費用曲線の形状から総費用曲線を導くことができる。

$$TC(x) = \int MC(x)dx, \quad \text{ただし，} \quad TC(0) = FC \quad (7)$$

総費用曲線の形状は逆S字形をしている。これは，生産関数がS字形をしていることと対称をなしている。

図2-3 限界費用曲線

図2-4 総費用曲線

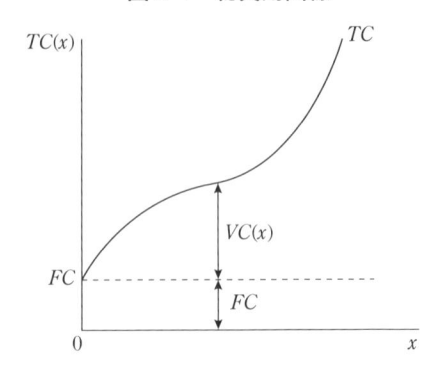

6　利潤を極大にする生産量

　前節までで，完全競争企業の利潤極大化の条件(4)式の両辺についての分析が終わったので，利潤とそれを極大にする生産量を求めることができる。

　なお，企業の総収入は，限界収入を生産量で積分して求められるから，

$$TR(x) = \int p dx = px \qquad ただし，TR(0) = 0 \tag{8}$$

となる。(8)式は単に総収入がx財の価格と生産されたx財の数量との積であることを示している。なお，$TR(0)=0$であるのは，生産がなければ，収入が得られないためである。この関数は原点から右上がりの傾きpの直線で描かれる。これを総収入曲線とよぶ（図2-5の上段図）。

　図2-5の上段は総収入曲線と総費用曲線が，下段には利潤曲線が描かれている。この図は(1)式をグラフ化したものである。

　企業は$\pi > 0$であり，かつ，πが最大になる生産量を選択する。そのような点は，上段の図ではTRとTCの差（幅）が最大になるときの生産量として求められる。そのような生産量はTCの接線がTRと平行になるようなxの下で実現されるから，それはx^*である。なお，これら2本の直線が平行であるということは傾きが同じであることを意味するから，$p = MC(x^*)$である。これは(4)式を満たしている。また，下段の図ではx^*のときに，π曲線の接線の傾きがゼロになっているので，$\pi(x^*)$は極大値であることがいえる。これは(2)

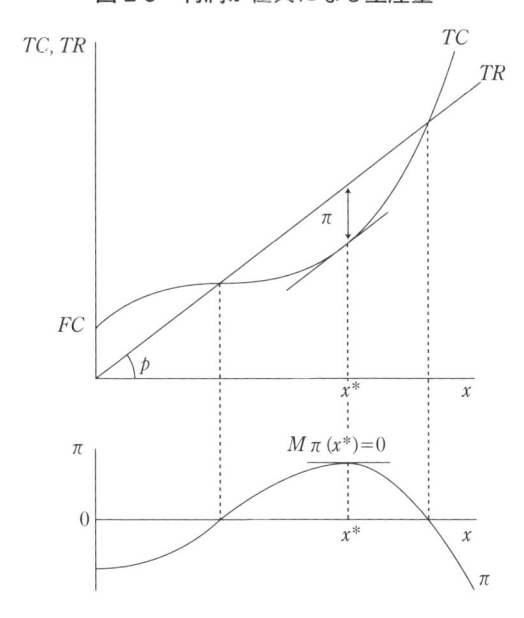

図 2-5　利潤が極大になる生産量

式を満たしている。したがって，利潤を極大化しようとする企業は，生産量 x^* を選択することになる。

設　例

x 財を生産している企業の総費用関数 $TC(x)$ と，x 財1単位当たりの価格 p が，次のように与えられているとする。㋐〜㋕を計算しなさい。

$$TC(x) = x^3 - 6x^2 + 60x + 100$$

$$p = 156$$

㋐　利潤を極大化する生産量

　　以下，この生産量の下での

㋑　可変費用

㋒　固定費用

㋓　総費用

㋺　総収入
㋑　利潤

〔解　答〕
　この問題は，㋐が求められるかどうかがカギである。㋐は利潤極大化のための条件を利用して求めればよい。まず，総費用関数を x で微分して限界費用関数を求める。

$$MC(x) = \frac{dTC(x)}{dx} = 3x^2 - 12x + 60 \qquad ①$$

①と p を等置すれば，

$$156 = 3x^2 - 12x + 60 \qquad ②$$

を得るから，②式を x について解く。ただし，解として正値と負値の2つの値が得られるが，経済的に意味があるのは正値である。

$$x^* = 8 \qquad ③$$

　㋑と㋒については，固定費用と可変費用の定義を当てはめる。生産がなされてもなされなくてもかかる費用が固定費用であり，生産がなされて初めて発生する費用，すなわち，$x = 0$ のときゼロである費用が可変費用であるから，

$$TC(0) = 100 = FC$$

$$VC(x) = x^3 - 6x^2 + 60x$$

である。それぞれに $x^* = 8$ を代入すれば，㋑の可変費用は $VC(8) = 608$，㋒の固定費用は $FC = 100$ となる。したがって，㋓の総費用は $TC = 708$ である。
　㋔の総収入は価格×生産量（販売量）であるから，$TR = px = 156 \cdot 8 = 1,248$ となる。
　最後に，㋕の利潤は総収入と総費用の差であるから，

$$\pi^* = TR - TC = 1,248 - 708 = 540$$

となる。

ところで，与えられた総費用関数と求めた総収入関数を直接 (1)式（本章第1節参照）に代入して利潤関数を求めると，

$$\pi = 156x - x^3 + 6x^2 - 60x - 100 \qquad ④$$

を得る。④式は図2-5下段のπ関数である。よって，㋐と㋕を解くことはこの関数の極値を求めることに等しい。まず，この式を微分して極値のための1階の条件を適用すると，

$$\frac{d\pi}{dx} = 156 - 3x^2 + 12x - 60$$

$$156 - 3x^2 + 12x - 60 = 0 \qquad ⑤$$

を得るが，この式は②式と同値である。(2)式から(4)式が導かれたこと（本章第2節参照）を想起すれば，これは当然のことである。すでに極値は求めているので，$(x^*, \pi^*) = (8, 540)$ が極大であることを確かめればよい。それを確認するためには，2階の条件を適用する。すなわち，

$$\left.\frac{d^2\pi}{dx^2}\right|_{x=8} = [-6x + 12]_{x=8} = -36 < 0$$

であるから，極大である。

[注]
1) 本章と次章で検討される利潤は正常利潤を越える部分，すなわち，超過利潤である。
2) (1)式はxを変数とする1変数の関数であるから，極値を求めるためには，xで微分してゼロとおく。これが，1階の条件（極値のための必要条件）である。この結果をxについて解いて，(1)式に代入すれば停留値が求められる。このようにして得られた停留値が2階の条件（極値のための十分条件）を満たせば，極大値であることが確認される。本章の最後に設例が示されている。また，第1章を参照されたい。
3) 「限界」という言葉を理解するために，限界費用$MC(x)$を例にしよう。限界費用を言葉で定義すれば，「x財を追加的に1単位生産するときの，総費用の増加分」である。これを数式では，総費用関数の1次導関数で定義する。ある関数の1次導関数をグラフ的に表せば，それはその関数の接線の傾きを表すから，限界費用は総費用関数の接線の傾きになる。すなわち，$MC(x) = TC'(x) = \dfrac{dTC(x)}{dx}$ である。

「総費用の増加分」と「総費用関数の接線の傾き」は，次のように関連づけられる。定義式より，接線の傾きと総費用の増加分との関係は，$dTC(x) = TC'(x)dx$ で表されるから，x 財を微少に追加的に生産したとき（dx），接線の傾きの割合（TC'）で総費用が増加する（dTC）ことがいえる。ここで，1 単位の生産物を，単位の取り方次第でいくらでも微少な 1 単位が定義できると想定する（例えば，1 単位を 1 カ月の生産量，1 週間の生産量，1 日の生産量，1 時間の生産量，1 個などのように）。すると，x 財を 1 単位追加的に生産したとき，つまり $dx = 1$ であるとき，総費用の増加分は接線の傾きと等しくなる（$dTC = TC'$）。すなわち，定義にあるように，「総費用の増加分 dTC」＝「限界費用 MC」となる。

「限界」と言葉が付く変数の「文言による定義（経済学的な意味）」と「グラフ的な定義」，あるいは「数式的な定義」との関係はこのように理解すればよい。

4) （4）式は完全競争市場における利潤極大化の条件であるが，（3）式は不完全競争市場でも成立する条件である。
5) 「投入物」あるいは「生産要素」という言葉は文脈に応じて使い分けることにする。
6) 資本は人工的につくられた生産要素（投入物）をさす。例えば，精製された原油や天然ガスなどのエネルギーや住宅地，商業地や農耕地，工業地などの土地は資本に含まれるが，未開発の鉱物資源，整備されていない土地，森林や草原などは資本に含まれない。
7) 変数の上の「—」はその変数が固定されていること，すなわち，定数として扱われることを示している。$\bar{k}$ は固定された資本であるから，定数扱いとなる。
8) MPL と n との関係を生産関数で表すと，$\dfrac{dMPL(n)}{dn} = f''(n)$ である。
9) 企業は生産を行うにあたって，予め必要な資本を用意しなければならない。それゆえ，実際に生産がなされなくても，資本にかかる費用は発生する。
10) 労働の質に違いがないので W は労働の提供者すべてに共通であるから，定数とみなしてよい。また，生産関数は n に関しての単調増加関数であるので，逆関数が定義でき，そのとき，n は x の関数とみなされる。

第3章

企業の行動と供給曲線

本章では，完全競争市場における供給曲線を導出する。普通には，価格が高くなれば生産（供給）が増えるから，供給曲線とは価格と生産量（供給量）との右上がりの関係を描いたものであると何となく分かったようなつもりでいるが，ここではこの関係を理論的に導くことにする。市場の供給曲線はその市場で活動するそれぞれの企業の個々の供給曲線を価格について集計したものであるから，まず，個別企業の供給曲線を求めることから始めよう。

1 限界費用曲線，平均費用曲線，平均可変費用曲線

本節では，総費用曲線から導かれる3つの費用曲線，すなわち限界費用曲線，平均費用曲線，および平均可変費用曲線について説明しよう。ただし，限界費用曲線についてはすでに分析が終わっているので，主な分析は残りの2本の曲線に向けられる。前章の設例で取り上げた総費用曲線を例にとろう。

$$TC(x) = x^3 - 6x^2 + 60x + 100 \tag{1}$$

限界費用曲線は，

$$MC(x) = 3x^2 - 12x + 60 \tag{2}$$

である。(2)式はU字形の曲線で表されるから，図2-3の形状と整合的である。

生産物1単位当たりの費用が平均費用（AC：average cost）である。平均費用を求めるには，(1)式をxで割ればよい。これを平均費用曲線とよぶ。

$$AC(x) = \frac{TC(x)}{x} = x^2 - 6x + 60 + \frac{100}{x} \tag{3}$$

総費用が固定費用と可変費用に分けられたことから，平均費用も平均固定費用（AFC：average fixed cost）と平均可変費用（AVC：average variable cost）

に分けられる。それぞれ，

$$AFC = \frac{FC}{x} = \frac{100}{x} \tag{4}$$

$$AVC(x) = \frac{VC(x)}{x} = x^2 - 6x + 60 \tag{5}$$

である。AFC は生産物1単位当たりの固定費用であり，AVC は生産物1単位当たりの可変費用である。

図3-1は MC 曲線，AC 曲線および AVC 曲線を描いている。この図より，次のことが読み取れる。

① MC 曲線，AC 曲線，そして AVC 曲線はいずれも U 字形である。
② AC 曲線と AVC 曲線は x が大きくなるにつれて，その差が小さくなる。
③ MC 曲線は AC 曲線と AVC 曲線の最低点を左下から右上へと横切っている。

まず，①については，(2)式，(3)式，(5)式から明らかである。

②については，次のように説明される。平均費用を平均固定費用について解くと，

$$AFC = AC(x) - AVC(x)$$

図 3-1 最適生産量の決定

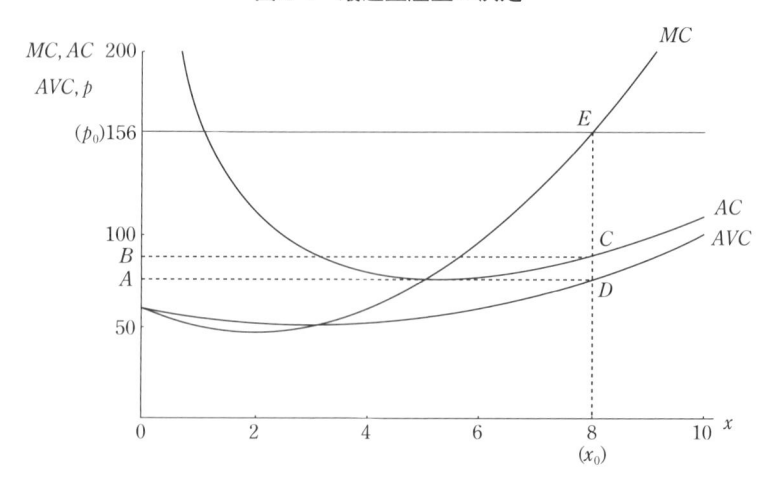

である。ここで，x を大きくすることを考えると，$x \to \infty$ のとき，$AFC \to 0$（つまり，$100/x \to 0$）であるから，右辺はゼロに収束する。すなわち，

$$x \to \infty \text{ のとき,} \quad AC(x) - AVC(x) \to 0$$

である。これは，x が大きくなるにつれて平均費用と平均可変費用の差が小さくなっていくことを示している。

③の関係は，AC 曲線上の任意の点における接線の傾きを調べることで，知ることができる。そこで，AC 曲線を x で微分しよう。

$$\frac{d\,AC(x)}{dx} = \frac{d}{dx}\frac{TC(x)}{x} = \frac{1}{x^2}(TC' \cdot x - TC) = \frac{1}{x}(MC - AC) \tag{6}$$

(6)式の最右辺の式が AC 曲線の傾きを AC 曲線と MC 曲線の相対的な位置関係に結びつけている。AC 曲線は U 字形であることから，次のようにいえる。

① AC 曲線が右下がりである領域では，$AC' < 0$ であるから，$MC - AC < 0$ である。したがって，AC は MC の上に位置する。
② AC 曲線が最低点であるときには，$AC' = 0$ であるから，$MC - AC = 0$ である。したがって，AC は MC と一致する。
③ AC 曲線が右上がりである領域では，$AC' > 0$ であるから，$MC - AC > 0$ である。したがって，MC は AC の上に位置する。

なお，AVC 曲線と MC 曲線の位置関係も，同様にして確認できる。

$$\frac{d\,AVC(x)}{dx} = \frac{d}{dx}\frac{VC(x)}{x} = \frac{1}{x^2}(VC' \cdot x - VC) = \frac{1}{x}(MC - AVC) \tag{7}$$

① AVC 曲線が右下がりである領域では，AVC は MC の上に位置する。
② AVC 曲線が最低点であるときには，AVC は MC と一致する。
③ AVC 曲線が右上がりである領域では，MC は AVC の上に位置する。

最後に，3 つの曲線の位置関係は，AVC 曲線は AC 曲線よりも常に AFC だけ下方に位置し，かつ MC 曲線が AVC 曲線と AC 曲線の最低点を左下から右上に横切るように決まるから，図 3-1 に描かれるとおりとなる。

なお，読者自身で(6)式と(7)式を(2)式，(3)式および(5)式から求められた

い。

2 最適生産量

利潤を極大化するような生産量を最適生産量とよぶことにする。このような生産量は図3-1のx_0（=8）である。x_0が最適生産量であることは，x_0の下で，MC曲線とp_0（=156）線が交わることで（点E），完全競争企業の利潤極大化条件が満たされているからである[1]。

図3-1を使うと，利潤や諸費用の大きさを具体的に知ることができる。まず，総収入は $TR = p_0 \cdot x_0$ より面積$0p_0Ex_0 = 1,248$，総費用は$TC = AC \cdot x_0$より面積$0BCx_0 = 708$，利潤は$\pi = TR - TC$より面積$Bp_0EC = 540$，可変費用は$VC = AVC \cdot x_0$より面積$0ADx_0 = 608$，固定費用は$FC = AFC \cdot x_0 = (AC - AVC) \cdot x_0$より面積$ABCD = 100$となる。

ところで，いま価格がp_0から上昇するとしよう。p線は上へシフトするから，MC曲線との交点EはMC曲線上を右上へ移動する。すると，最適生産量もx_0から右へ移動する。このように，価格の上昇は企業の生産量，すなわち供給量を増加させることになる。ここに，価格が上昇すれば，供給量が増加するという個別企業の供給曲線が得られる。そして，この供給曲線はその企業のMC曲線の右上がりの部分と同じであることが分かる。

しかし，価格が次第に下落していくとき，企業の供給はどうなるであろうか。次に，この問題を考えよう。

3 損益分岐点と操業停止点

今度は価格がp_0からp_1へ下落したとする。$p_1 = 75$とする。すると，p線は下方へシフトし，MC曲線と点Fで交わることになる。このときの最適生産量は，$x_1 = 5$である（図3-2）[2]。また，このときの利潤は，

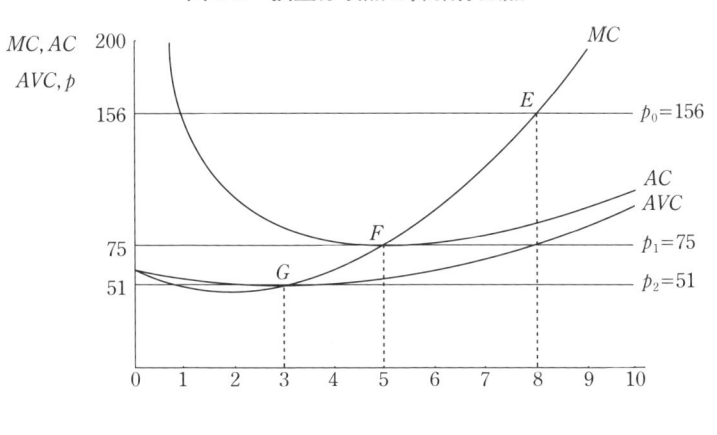

図 3-2 損益分岐点と操業停止点

$$\pi = TR - TC = p_2 \cdot x_1 - AC \cdot x_1$$
$$= 75 \cdot 5 - 75 \cdot 5 = 0$$

である。この結果は当然である。それは価格が平均費用の最小値と一致するため，その企業の総収入と総費用が等しくなるからである。このように利潤がゼロになる点を損益分岐点とよぶ。しかし，たとえ利潤がゼロであっても，その企業は生産活動（操業）を取り止めることはしない。なぜならば，その総収入の下で，固定費用も可変費用も完全に回収されているからである。

次に，価格がより大きく p_2（$=51$）まで下落したとする。このときの MC 曲線との交点は G であり，最適生産量は $x_2=3$ である。利潤は，

$$\pi = TR - TC = TR - (FC + VC)$$
$$= p \cdot x_2 - (AFC \cdot x_2 + AVC \cdot x_2)$$
$$= 51 \cdot 3 - 100 - 51 \cdot 3 = -100$$

となる。この生産量の下では，固定費用に等しい額の負の利潤が発生している。これはこの総収入の下ではもはや可変費用しか回収できておらず，固定費用の分だけ総費用が超過していることを意味している。しかし，この状態は企業にとって，生産量がゼロであったときと同じである。生産を開始する以前は，可

変費用はゼロであったが，固定費用はすでに発生していたからである。しかし，価格がp_2よりも僅かでも下落することになれば，ここに至って初めて企業は操業を停止し，しばらく市場の様子をみるか，あるいは速やかにこの市場から撤退するかの決断を迫られることになる。この意味で，この点 G は操業停止点とよばれている。

ところで，企業にとって市場からの撤退という判断は慎重になされなければならない。例えば，市場の状態が改善し，価格がp_2よりも少しでも上昇すれば，それは固定費用の一部でも回収できることを意味しているからである[3]。それゆえ，その企業がもはや市場が改善するという予想がもてなくなったときに，この市場からの撤退を選択することになる。

4　個別企業の供給曲線と市場の供給曲線

個別企業の供給曲線（s : supply curve）は，限界費用曲線の操業停止点より右上の部分になる。したがって，それぞれの企業の費用構造の違いによって供給が開始される価格も供給曲線の傾きも違ったものになる。図 3-3(a) と (b) はそのような違いを際だたせるように描かれた 2 つの企業の個別的な供給曲線である。図 (a) は企業 A の供給曲線 s_A（MC_A）であり，図 (b) は企業 B の供給曲線 s_B（MC_B）である。企業 A は企業 B よりも技術が優れていることを反映して，操業停止点は低く，生産の拡大に伴う限界費用の増加の仕方も小さくなるように描かれている。

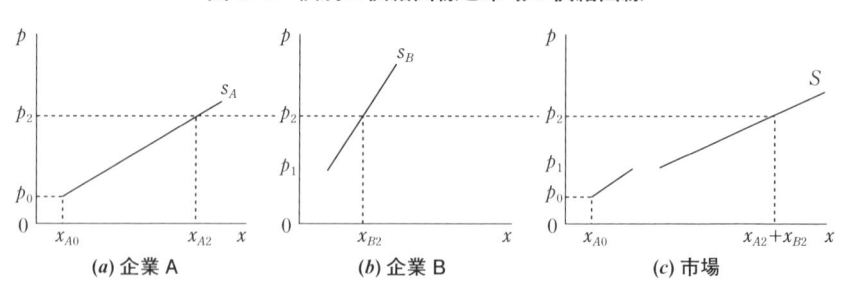

図 3-3　個別の供給曲線と市場の供給曲線

(a) 企業 A　　(b) 企業 B　　(c) 市場

いま，この市場には，企業Aと企業Bの2つの企業しか存在しないとしよう。そのときには，市場の供給曲線は2つの企業の供給曲線 s_A と s_B を価格について水平に集計することによって求められる[4]。

市場の供給曲線は図(c)に描かれた右上がりの曲線であり，この曲線の下限点は企業Aの操業停止点に一致している。この供給曲線 S は企業Bが供給を開始する価格では滑らかさを失うが，より多くの企業を想定すればするほど，どの価格の下でも滑らかな曲線として描くことができる。

5　供給の価格弾力性

いま，企業 i の供給量を x_i とすると，この企業 i の供給曲線（関数）は，

$$x_i = s_i(p), \qquad \frac{dx_i}{dp} = s_i'(p) > 0 \tag{8}$$

である。市場の供給曲線はこれら個別の供給曲線を集計したものであるから，企業の数を n とすれば，

$$x = \int_0^n x_i \, di = \int_0^n s_i(p) \, di = S(p)$$

すなわち，市場の供給曲線は，

$$x = S(p), \qquad \frac{dS(p)}{dp} = S'(p) > 0 \tag{9}$$

と書くことができる[5]。この供給曲線が価格に如何に反応するかを測る尺度が供給の価格弾力性（ε_s：the price elasticity of supply）である。

$$\varepsilon_s = \frac{dx/x}{dp/p} \tag{10}$$

供給の価格弾力性は，価格が1パーセント変化したときに，供給が何パーセント変化するかを測っている。

　　　$\varepsilon_s < 1$ のとき，p が1％上昇しても，x は1％増加しない
　　　$\varepsilon_s = 1$ のとき，p が1％上昇すれば，x も1％増加する
　　　$\varepsilon_s > 1$ のとき，p が1％上昇すれば，x は1％を越えて増加する

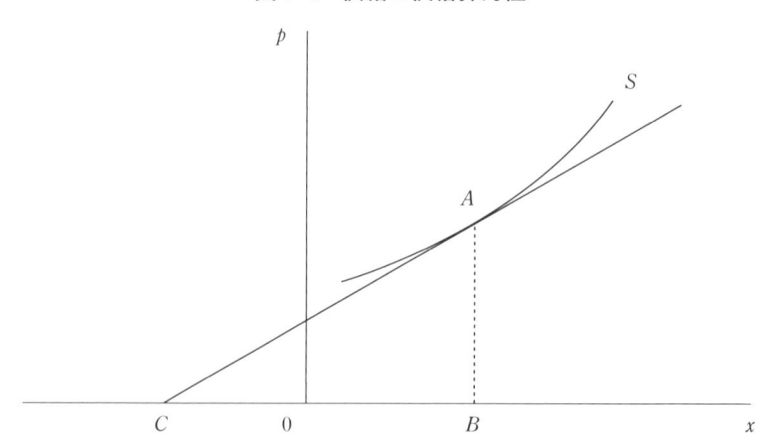

図 3-4　供給の価格弾力性

弾力性は 1 よりも大きいときには弾力的, 1 よりも小さいときには非弾力的と表現する。

例えば, 図 3-4 の点 A では, 供給の価格弾力性は弾力的である。このことを確認しよう。まず, (10) 式を変形すると,

$$\varepsilon_s = \frac{dx/x}{dp/p} = \frac{dx}{dp}\frac{p}{x} = \frac{p/x}{dp/dx}$$

となるから, 点 A では弾力的であることがいえる。

$$\varepsilon_s = \frac{AB/0B}{AB/CB} = \frac{CB}{0B} > 1$$

[注]
1)　計算結果については, 前章の設例を参照されたい。
2)　経済的に意味があるのは正の実数値である。
3)　固定費用の全額を回収できるのは価格が損益分岐点まで上昇したときである。それ以上に価格が上昇すると, 今度は, 利潤が発生する。
4)　供給曲線は価格と供給量の関係を表したものである。導く過程から分かるように, 供給関数は価格が独立変数で供給量が従属変数である。しかし, それをグラフ化すると, 縦軸に独立変数である価格がとられる。これは, 価格を表す変数を縦軸に, 数量を表す変数を横軸にとるという, マーシャル (Alfred Marshall) 以来の経済学の慣例である。
5)　ここでの定積分は, n 個の企業を集計することを意味している。

第4章
消費者の行動と効用の極大化

　本章では，個々の消費者が財やサービスに対する需要（あるいは，消費）をどのようにして決定しているのかという問題を考察する。消費者は自らが獲得した所得が許す範囲で財やサービスを購入する。このとき，彼や彼女の目的が消費によって得られる効用を極大にすることであるという考えを効用最大化仮説とよぶ。消費者は，この仮説にしたがって行動するとみなされる。

1　効　　　用

　私たちが財やサービスを需要（消費）するのは，そのような財やサービスが私たちの生活に役に立つものであり，あるいは，それらを消費することで何らかの満足が得られるからである。このような財やサービスの消費から得られる満足を，効用（utility）とよぶ。
　いま，x_1 と x_2 という2つの財があるとする。消費者はこれらの財を消費することで効用を得ることができる。2つの財の消費とそれから得られる効用の大きさとの関係を表しているのが，効用関数（utility function）である。

$$U = U(x_1, x_2) \tag{1}$$

ここで，U は効用を表す。(1)式は $x_1 x_2$ 平面上に任意の点 A（点 (x_{1A}, x_{2A})）をとれば，それに対応する効用水準 U_A が与えられることを意味している。したがって，効用関数は，例えば図4-1のような，$x_1 x_2$ 平面を定義域とする上に凸の右上がりの曲面で表される。この曲面を効用曲面とよぶ[1]。

図 4-1 効用曲面と無差別曲線

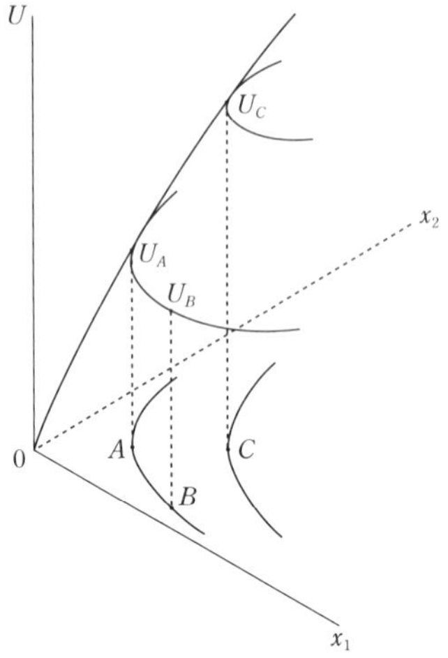

いま，$x_1 x_2$ 平面に 3 つの点をとる。

$$点 A = 点(x_{1A}, x_{2A}) \to U_A$$
$$点 B = 点(x_{1B}, x_{2B}) \to U_B$$
$$点 C = 点(x_{1C}, x_{2C}) \to U_C$$

それぞれの点に対応する効用曲面上の各点が，U_A，U_B，U_C である。ただし，U_A と U_B は同じ高さの効用曲面上の点であるとする。次に，縦軸上の任意の効用水準の下で，$x_1 x_2$ 平面に平行に効用曲面に包丁を入れよう。その切り口はどの部分も $x_1 x_2$ 平面から同じ高さであるので，同じ効用水準を表している。次に，その切り口を $x_1 x_2$ 平面に写すと，原点に凸の曲線が得られる。この曲線を無差別曲線とよぶ。図 4-1 は無数に得られる無差別曲線のうちの 2 本が描かれている。1 本の無差別曲線は 1 つの切り口に対応しているから，その無差別曲線上の消費の組合せ (x_1, x_2) はすべて同じ効用をもたらす消費の組合せである。例えば点 A と点 B は同じ効用水準をもたらす消費の組合せであるから，同じ無差別曲線上にある。また，効用水準が高くなるほど，切り口は高くなるから，無差別曲線は原点から遠くなる。それゆえ，外側に位置する無差別曲線

ほど効用も高くなる．したがって，点Cは点Aや点Bよりも高い効用をもたらす消費の組合せである．

2　無差別曲線の傾きと限界代替率

無差別曲線は，横軸にx_1，縦軸にx_2をとったグラフでは右下がりの，原点に凸の曲線である．無差別曲線を数学的に表すと，

$$\overline{U} = U(x_1, x_2) \tag{2}$$

と書くことができる．ここで，$\overline{U}$は効用水準がある任意の水準に固定されていることを意味しているから，(2)式は効用水準$\overline{U}$を満たすようなx_1とx_2の組合せの軌跡を表している．

無差別曲線の傾きを得るために，(2)式を全微分して，整理しよう．

$$\begin{aligned} d\overline{U} &= \frac{\partial U}{\partial x_1}dx_1 + \frac{\partial U}{\partial x_2}dx_2 \\ \frac{dx_2}{dx_1} &= -\frac{MU_1}{MU_2} < 0 \end{aligned} \tag{3}$$

ここで，$d\overline{U}=0$，$\partial U/\partial x_1 = MU_1 > 0$，$\partial U/\partial x_2 = MU_2 > 0$である．$d\overline{U}=0$であるのは$\overline{U}$が定数として扱われているからである．$\partial U/\partial x_1 = MU_1$は，第2財を不変として第1財のみの消費を追加的に1単位増加したときの効用の増加分を表している．これを限界効用（MU：marginal utility）とよぶ．第2財の限界効用$\partial U/\partial x_2 = MU_2$も同様に定義される．限界効用を正と仮定することで，無差別曲線の傾きが負であることや，効用曲面が滑らかな右上がりの曲面になることが保証される[2]．

無差別曲線の傾きの絶対値を限界代替率（MRS：marginal rate of substitution）とよぶ．

$$MRS = -\frac{dx_2}{dx_1} = \frac{MU_1}{MU_2} \tag{4}$$

限界代替率は，第1財の消費を追加的に1単位増加させるときに，同一の無

差別曲線上に留まるために，あるいは同じことであるが，効用を一定に保つために，犠牲にしなければならない第2財の量である。これは第2財で測った，第1財1単位の主観的な価値を表している。

　無差別曲線上を右下に移動するにつれて，限界代替率が小さくなっていく。これは，無差別曲線の接線の傾きが小さくなっていくことで確かめられる。この性質を，限界代替率逓減の法則とよぶ。限界代替率が逓減する理由は次のように説明される。当初，消費者は点Aの消費の組合せを選択しているとする。この組合せの下では，x_2の消費は多く，x_1の消費は少ない。このとき，彼や彼女は少ない量しか消費していないx_1について希少性を感じているから，x_1を1単位増やすために多くの量のx_2を犠牲にしてもよいと考えている。ところが，消費点が点A，点B，さらに点Cへと移動するにしたがって，x_1の消費は多くなり，x_2の消費は少なくなるから，彼や彼女はx_2に希少性を感じるように変わっていく。その結果，x_1を1単位増加させるために犠牲にするx_2の量を少なくしていくという訳である。

　これまでに得られた無差別曲線の性質をまとめると，
（ⅰ）　右上方に位置する無差別曲線ほど，効用は大きい。
（ⅱ）　無差別曲線は交わらない。
（ⅲ）　無差別曲線は右下がりである。

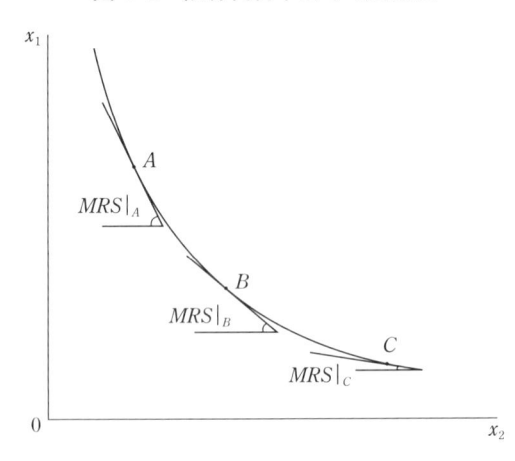

図4-2　限界代替率とその逓減性

（iv） 無差別曲線は原点に対して凸である。
という4つの性質があることが分かる。

3　予算の制約

　消費する財の量が多くなればなるほど，得られる効用も大きくなる。しかし，消費者が消費できる財の量には上限がある。消費者は労働などの生産要素を提供して，所得を獲得する。この所得が消費の源泉であるため，自らが獲得した所得を越えて財を消費することができないからである[3]。

　いま，第1財と第2財の価格をそれぞれ p_1 と p_2 で表そう。完全競争市場では，これらの価格は所与である。また，消費者の所得（I：income）も所与とする。消費者が第1財と第2財を購入するときには，x_1 と x_2 への支出額の合計について，

$$p_1 x_1 + p_2 x_2 \leq I$$

でなければならない。これを予算制約とよぶ。図4-3の三角形の領域 $AB0$ がこの予算制約の下で，消費者が購入できる財の量を表している。これを消費可能領域とよぶ。消費者は与えられた予算の下で，最大の効用をもたらす消費の組合せを選択しようとすれば，それは直線 AB 上のどこかの点で与えられる。この直線を表す式を予算線とよぶ。

$$p_1 x_1 + p_2 x_2 = I \tag{5}$$

　図4-3の横軸や縦軸の切片はそれぞれの財のみを購入するときの最大量を示している。例えば，横軸切片 I/p_1 は x_2 を購入しないとき（$x_2 = 0$），所得 I で購入できる x_1 の最大量である。いま，第1財の価格が低下したとすると（$p_1 \to p_1'$），横軸切片の値は大きくなるから（$I/p_1 \to I/p_1'$），予算線は水平に近くなる。これを価格比 p_1/p_2 が小さくなったと表現する。価格比は予算線の傾きの絶対値である（予算線の傾きは(5)式を x_2 について解くことで求められる）。価格比は市場において第1財1単位を増加させるために，第2財をどれだけ犠牲にしなければならないかを表している。これは，この市場に参加しているすべての

44　第1編　ミクロ経済学

図4-3　予算線

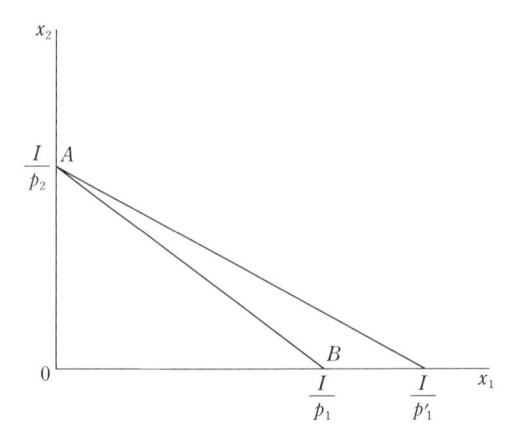

消費者が同じように直面していることであるから，第2財で測った第1財1単位の客観的な価値を表しているといえる。それゆえ，価格比は第1財1単位の主観的な価値を表す限界代替率に対応している。

4　効用の極大化

消費者が与えられた予算制約の下で，効用を極大にする消費の組合せは図4-4の点Eである。点Eが予算の制約を満たした上で，原点から最も遠い無差別曲線上の消費の組合せであることによる。他の点，例えば，点Aや点Bは予算の制約を満たしているが，より原点に近い無差別曲線上にあるため，点Eよりも効用は小さい。一方，点Cは点Eよりも遠くに位置する無差別曲線上の点であるから点Eよりも大きい効用をもつが，この消費点は予算の制約を満たしていないため実現は不可能である。このような比較によって，点Eは効用が極大になっている消費点であることが分かる。これを最適消費点とよぼう。

最適消費点では，無差別曲線が予算線と接しているので，

$$MRS = \frac{p_1}{p_2} \tag{6}$$

が成立している。(6)式は第2財で測った第1財1単位の主観的な価値と客観

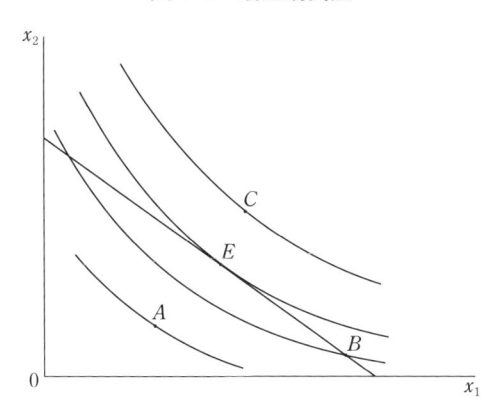

図 4-4　最適消費点

的な価値が一致するような消費の組合せを選択するとき，消費者の効用は極大になることを示している。

設 例

消費者の効用関数が次式で与えられているとする。初めに，この関数を使って，これまでに学んだいくつかの概念を具体的に確認しよう。

$$U = 2x_1 x_2 + 2x_1 + 2x_2$$

限界効用はそれぞれ，

$$MU_1 = 2x_2 + 2 > 0$$
$$MU_2 = 2x_1 + 2 > 0$$

であるから，限界代替率は，

$$MRS = \frac{MU_1}{MU_2} = \frac{x_2 + 1}{x_1 + 1} > 0$$

である。したがって，この関数から導かれる無差別曲線の傾きは，

$$\frac{dx_2}{dx_1} = -\frac{x_2 + 1}{x_1 + 1} < 0$$

となる。また，無差別曲線が原点に対して凸であることは，

$$\frac{dMRS}{dx_1} = \frac{(dx_2/dx_1)(x_1+1)-(x_2+1)}{(x_1+1)^2} = -\frac{2(x_2+1)}{(x_1+1)^2} < 0$$

であることから確認できる。

いま，与えられた任意の効用水準を $\overline{U}=194$ とすれば，無差別曲線は，

$$194 = 2x_1x_2 + 2x_1 + 2x_2$$

であるから，これを x_2 について解くと，

$$x_2 = \frac{97-x_1}{1+x_1} \qquad ①$$

となる。次に，第1財と第2財の価格をそれぞれ，$p_1=2$ と $p_2=4$，そして所得を $I=50$ とすると，予算線は，

$$50 = 2x_1 + 4x_2$$

で表されるから，この式を x_2 について解くと，

$$x_2 = \frac{25}{2} - \frac{1}{2}x_1 \qquad ②$$

となる。①式と②式を表しているのが，図4-5である。

最適消費点 E における x_1 と x_2 の消費量は，①式と②式を等置して，

$$\frac{97-x_1}{1+x_1} = \frac{25-x_1}{2}$$

x_1 について解くと，

$$x_1 = 13$$

これを②式に代入して，

$$x_2 = 6$$

を得る。

なお，最適消費点における限界代替率と価格比はそれぞれ，

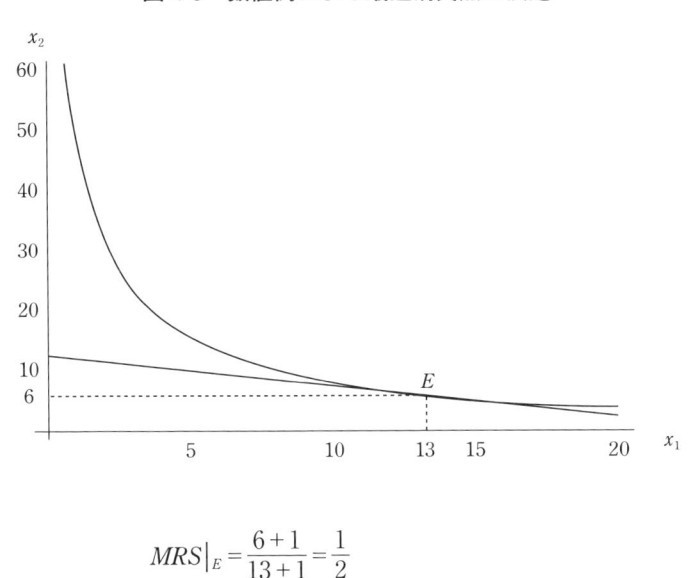

図4-5 数値例による最適消費点の決定

$$MRS|_E = \frac{6+1}{13+1} = \frac{1}{2}$$

$$\frac{p_1}{p_2} = \frac{2}{4} = \frac{1}{2}$$

となって，一致していることも確認できる。

[注]
1) 本書をつうじて序数的効用を前提とする。序数的効用の下では，効用の大きさは順序づけのみに反映される。例えば，図4-1の $x_1 x_2$ 平面上の任意の2つの点（点 A と点 B）は効用曲面上に2点（点 U_A と点 U_B）を与える。そして，これらはそれぞれの消費の組合せにおける効用の大きさを表している。しかし，U_A と U_B の大きさについては，どちらの効用が大きいか，あるいは，同じかという，順序だけが意味をもつ。
2) 本書では，第16章で紹介する資産選択理論を除いて，限界効用は正値をとると仮定されている。
3) 現実には，過去の所得の一部を貯蓄して，それを現在の消費に廻すことができる。その場合には，消費は所得を越えることが可能である。しかし，本章では，消費者は獲得した所得を第1財や第2財にすべて支出すると仮定する。したがって，貯蓄は捨象される。

第5章
消費者の行動と需要曲線

　財の価格と需要との関係を表しているのが需要曲線である。ある財の市場需要曲線は個々の消費者の需要曲線を集計したものである。本章では，市場需要曲線を導くことにする。まず，個々の消費者の需要曲線を導くことから始めよう。

1　財の分類

　これまでは，それぞれの財の特徴を気にすることなく分析を進めてきたが，本節では，財はそれが有する特徴から2つの分類の仕方があることを説明しよう。

　まず，消費者の所得を不変としよう。第1財の価格が上昇したために，第1財の需要が減少し，その代わりに第2財の需要が増加すれば，このとき第1財と第2財は代替財という。このような財としては，コーヒーと紅茶，パンとご飯，ビールと発泡酒などがある。

　一方，第1財の価格の上昇が，第1財の需要を減少させ，同時に第2財の需要も減少させるとき，これらの財を補完財という。このような財として，コーヒーとミルク，パンとバター，ビールと焼き鳥などがある。

　以上は2つの財の特徴を，第1財の価格の上昇と第2財の需要との関係からみたものである。もちろん，第1財の価格の低下は逆の効果をもつ。

　もう1つの分類の仕方は，価格を不変として，所得の変化について財の需要がどのように変化するかという観点からみたものである。所得が増加したときに，需要が増加するような財を上級財あるいは正常財とよび，かえって需要が減少するような財を下級財あるいは劣等財とよぶ。例えば，下宿生や寮生が懐具合が寂しくなってきたとき，お昼にカップ麺が多くなり，仕送りが届いてからは学食の定食が多くなれば，カップ麺は下級財で，定食は上級財である。た

だし、この例からも分かるように、上級財や下級財の区別は個々の消費者で違いがあり、また同じ消費者であっても年齢や経済状態によって変化する。

本章をつうじて、第1財と第2財は代替財であり、かつ、上級財であるとみなして分析を進めることにする[1]。

2　価格の変化による2つの効果

いま、第1財の価格が上昇した場合に、何が起こるかを検討しよう。

第1財の価格の上昇は価格比 p_1/p_2 を大きくする。価格比は第2財で測った第1財の客観的な価値であったから、価格比の上昇は第1財の価格を相対的に引き上げ、第2財の価格を相対的に引き下げる。その結果、消費者は高くなった第1財の需要を減らし、安くなった第2財の需要を増加させる。これを代替効果とよぶ。すなわち、第1財と第2財は代替財であるから、価格比の上昇は第1財から第2財へ需要のシフトをもたらすことになる。

また、第1財の価格の上昇は消費可能領域を縮小させる。つまり、財の価格の上昇は所得が不変であっても実質的な意味で所得を目減りさせるため（購買力の実質的な低下）、もはや価格上昇前の最適消費点は実現不可能になる。これを所得効果とよぶ。

第1財と第2財は上級財であるから、第1財の価格の上昇は所得効果をつうじてそれぞれの需要を減少させることになる。

したがって、第1財の価格が上昇すれば、

（ⅰ）　代替効果をつうじて、第1財の需要は減少し、第2財の需要は増加する。
（ⅱ）　所得効果をつうじて、第1財と第2財の需要はともに減少する。

以上をまとめると、

　　第1財について：代替効果（－）＋所得効果（－）＝総効果（－）
　　第2財について：代替効果（＋）＋所得効果（－）＝総効果（？）

となる。第2財については、代替効果と所得効果の相対的な大きさによって、総効果の符号が決まることが分かる。総効果が「＋」であれば、第2財は粗代

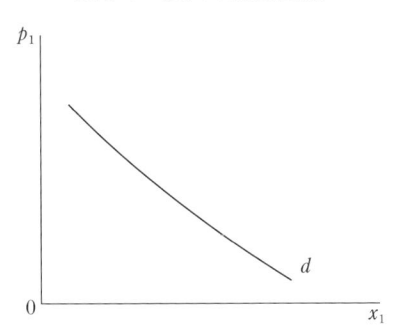

図 5-1　個人の需要曲線

替財とよばれる[2]。

　なお，第1財については，価格の上昇が必ず需要を減少させるから，財の価格と需要の間に負の関係があることが分かる。これを需要法則とよび，価格と需要の関係を表す右下がりの曲線を需要曲線（d：demand curve）とよぶ。

3　需要曲線の導出

　本節では，最適化問題の解として第1財と第2財の需要曲線を求めよう[3]。効用関数は前章の設例で採用したものをそのまま使うことにする。ただし，価格には具体的な数値は与えないが所与とし，また，所得も所与とする。

　最適消費点は，消費者が所得という制約条件にしたがって効用を極大にするような第1財と第2財の組合せであるから，それを求めるための制約条件は，

$$p_1 x_1 + p_2 x_2 = I$$

であり，極大化される目的関数は，

$$U = 2x_1 x_2 + 2x_1 + 2x_2$$

である。このモデルのラグランジュ関数は，

$$Z = 2x_1 x_2 + 2x_1 + 2x_2 + \lambda(I - p_1 x_1 - p_2 x_2) \tag{1}$$

となる。すると，1階の条件として次の連立方程式を得る。

$$Z_\lambda = I - p_1 x_1 - p_2 x_2 = 0$$

$$Z_1 = 2x_2 + 2 - \lambda p_1 = 0 \tag{2}$$

$$Z_2 = 2x_1 + 2 - \lambda p_2 = 0$$

このうち,最後の2つの式を,それぞれ λ について解いて,等置する。

$$\lambda = \frac{2x_2 + 2}{p_1} = \frac{2x_1 + 2}{p_2}$$

これを x_2 について解くと,

$$x_2 = \frac{p_1}{p_2}(x_1 + 1) - 1 \tag{3}$$

を得る。この(3)式を(2)式の第1番目の式に代入して,x_1 について解けば,

$$x_1^* = \frac{I - p_1 + p_2}{2p_1} \tag{4}$$

を得る。次に,この(4)式を(3)式に代入して,整理すると,

$$x_2^* = \frac{I + p_1 - p_2}{2p_2} \tag{5}$$

を得る。(4)式と(5)式で表される第1財と第2財の組合せ (x_1^*, x_2^*) が最適消費点を表わす。これを確認するために,$p_1 = 2$, $p_2 = 4$, $I = 50$ をそれぞれ(4)式と(5)式に代入し,得られた結果を目的関数に代入すると,

$$(x_1^*, x_2^*) = (13, 6) \quad \text{および} \quad U = 194$$

となって,前章の数値例の結果と一致する。

次に,この解が効用極大のための2階の条件を満たすことを確認しよう。縁つきヘシアンは,

$$|\overline{H}| = \begin{vmatrix} 0 & p_1 & p_2 \\ p_1 & 0 & 2 \\ p_2 & 2 & 0 \end{vmatrix} = 4p_1 p_2 > 0 \quad \text{および} \quad |\overline{H}| = 32 > 0 \tag{6}$$

となって極大の条件を満たしている。

なお，最適消費点におけるラグランジュ乗数は，

$$\lambda^* = \frac{I+p_1+p_2}{p_1 p_2} \quad \text{および} \quad \lambda^* = 7$$

となる。これは経済学的には，所得の限界効用を表している。

ところで，(4)式について，x_1とp_1を変数，p_2とIをパラメーターとみなせば，この式はx_1とp_1との関係を表す需要関数（需要曲線）とみなされる[4]。本節では，パラメーターであることを強調するために，「‾」をつけて表すことにする。

$$x_1^* = \frac{\overline{I} - p_1 + \overline{p_2}}{2p_1} \quad \text{および} \quad x_1^* = \frac{54 - p_1}{2p_1}$$

この需要関数が需要法則を満たしていることは，

$$\frac{\partial x_1^*}{\partial p_1} = -\frac{\overline{I}+\overline{p_2}}{2p_1^2} < 0 \quad \text{および} \quad \frac{dx_1^*}{dp_1} = -\frac{27}{p_1^2} < 0$$

であることから保証される。また，x_1が上級財であることも，またx_2の粗代替財であることも，次のように確認される。

$$\frac{\partial x_1^*}{\partial \overline{I}} = \frac{1}{2p_1} > 0 \quad \text{また，} \quad \frac{\partial x_1^*}{\partial \overline{p_2}} = \frac{1}{2p_1} > 0$$

また，第2財の需要関数も(5)式のp_1とIをパラメーターとみなすことで導かれる。この需要関数もまた第1財の需要関数と同様の性質をもつことは容易に確認できる。

第1財と第2財の最適消費点における消費量が具体的に求められたところで，第1財価格の上昇がこれらの消費の組合せに及ぼす効果について検討しよう。最適消費点におけるx_1^*, x_2^*, λ^*はp_1, p_2およびIの関数であるから，

$$\lambda^* = \lambda^*(p_1, p_2, I)$$
$$x_1^* = x_1^*(p_1, p_2, I)$$
$$x_2^* = x_2^*(p_1, p_2, I)$$

と表され，p_1の上昇はλ^*, x_1^*, およびx_2^*のすべてに影響を及ぼすことになる。その効果を知るために，(2)式を全微分して，整理する。

$$-p_1 dx_1{}^* - p_2 dx_2{}^* = -dI + x_1{}^* dp_1 + x_2{}^* dp_2$$
$$-p_1 d\lambda^* - 2dx_2{}^* = \lambda^* dp_1 \qquad (7)$$
$$-p_2 d\lambda^* + 2dx_1{}^* = \lambda^* dp_2$$

次に，$dp_1 \neq 0$ および $dp_2 = dI = 0$ として，dp_1 で両辺を割って，その微分の比を偏導関数と解釈しよう．その結果を行列で表すと，

$$\begin{bmatrix} 0 & -p_1 & -p_2 \\ -p_1 & 0 & 2 \\ -p_2 & 2 & 0 \end{bmatrix} \begin{bmatrix} \partial \lambda^*/\partial p_1 \\ \partial x_1{}^*/\partial p_1 \\ \partial x_2{}^*/\partial p_1 \end{bmatrix} = \begin{bmatrix} x_1{}^* \\ \lambda^* \\ 0 \end{bmatrix}$$

と書くことができる．$\partial x_1{}^*/\partial p_1$ および $\partial x_2{}^*/\partial p_1$ は第1財価格の上昇が第1財と第2財の最適購入量に及ぼす効果を表しているから，それらを求めることで効果の方向を知ることができる．クラメールの公式を使うと，

$$\frac{\partial x_1{}^*}{\partial p_1} = \frac{-x_1{}^*}{|\overline{H}|} \begin{vmatrix} -p_1 & 2 \\ -p_2 & 0 \end{vmatrix} + \frac{\lambda^*}{|\overline{H}|} \begin{vmatrix} 0 & -p_2 \\ -p_2 & 0 \end{vmatrix} = -x_1{}^* \frac{2p_2}{|\overline{H}|} - \lambda^* \frac{p_2{}^2}{|\overline{H}|} \qquad (8)$$

$$\frac{\partial x_2{}^*}{\partial p_1} = \frac{x_1{}^*}{|\overline{H}|} \begin{vmatrix} -p_1 & 0 \\ -p_2 & 2 \end{vmatrix} - \frac{\lambda^*}{|\overline{H}|} \begin{vmatrix} 0 & -p_1 \\ -p_2 & 2 \end{vmatrix} = -x_1{}^* \frac{2p_1}{|\overline{H}|} + \lambda^* \frac{p_1 p_2}{|\overline{H}|} \qquad (9)$$

という結果を得る．(8)式は p_1 の上昇が $x_1{}^*$ に及ぼす効果が2つの効果に分けられることを示している．そして，(9)式もまた同様である．ここで，これらの効果の意味を理解するために，さらに計算を続けよう．予算の制約式が満たされているとき，第1財の価格が1円上昇したとすると，最適消費点における第1財の購入量は $x_1{}^*$ であるから，所得は1円×$x_1{}^*$ 個の金額だけ目減りすることになる．(10)式でこの価格の上昇に伴う所得の実質的な減少効果を表そう．

$$\frac{\partial I}{\partial p_1} = -x_1{}^* < 0 \qquad (10)$$

この(10)式を(8)式と(9)式の最右辺の第1項に代入しよう．

次に，(2)式に戻って，$dI \neq 0$ および $dp_1 = dp_2 = 0$ とおいて，dI で両辺を割って，先と同様な計算をしよう．

$$\begin{bmatrix} 0 & -p_1 & -p_2 \\ -p_1 & 0 & 2 \\ -p_2 & 2 & 0 \end{bmatrix} \begin{bmatrix} \partial \lambda^*/\partial I \\ \partial x_1^*/\partial I \\ \partial x_2^*/\partial I \end{bmatrix} = \begin{bmatrix} -1 \\ 0 \\ 0 \end{bmatrix}$$

$$\frac{\partial x_1^*}{\partial I} = \frac{2p_2}{|\overline{H}|} > 0 \quad \text{および} \quad \frac{\partial x_2^*}{\partial I} = \frac{2p_1}{|\overline{H}|} > 0 \tag{11}$$

(11)式は所得の増加が2つの財の最適購入量に及ぼす効果を表している。この効果も(8)式と(9)式の最右辺の第1項に代入すれば，それぞれの式の第1項で表された効果が所得効果を表していることが分かる。

$$-x_1^* \frac{2p_2}{|\overline{H}|} = \frac{\partial x_1^*}{\partial I} \frac{\partial I}{\partial p_1} < 0 \quad \text{および} \quad -x_1^* \frac{2p_1}{|\overline{H}|} = \frac{\partial x_2^*}{\partial I} \frac{\partial I}{\partial p_1} < 0$$

再び(2)式に戻って，今度は，$dp_1 \neq 0$ および $dp_2 = dI = 0$，加えて，$x_1^* dp_1 = 0$ とおいて，dp_1 で両辺を割って，同じ計算を繰り返そう。ここで，$x_1^* dp_1 = 0$ とおくことは，(10)式より，

$$x_1^* dp_1 = -\frac{\partial I}{\partial p_1} dp_1 = -dI = 0$$

となるから，第1財の価格の上昇が所得に及ぼす効果を無視することに他ならない。これは，価格の上昇が所得を目減りさせる額を補償することで，所得が実質的な意味で不変に保たれることを意味する。それゆえ，導かれる結果は，第1財の価格の上昇がもたらす代替効果のみを表すことになる。

$$\begin{bmatrix} 0 & -p_1 & -p_2 \\ -p_1 & 0 & 2 \\ -p_2 & 2 & 0 \end{bmatrix} \begin{bmatrix} \partial \lambda^*/\partial p_1 \\ \partial x_1^*/\partial p_1 \\ \partial x_2^*/\partial p_1 \end{bmatrix} = \begin{bmatrix} 0 \\ \lambda^* \\ 0 \end{bmatrix}$$

$$\left.\frac{\partial x_1^*}{\partial p_1}\right|_{compensated} = -\lambda^* \frac{p_2^2}{|\overline{H}|} < 0 \tag{12}$$

$$\left.\frac{\partial x_2^*}{\partial p_1}\right|_{compensated} = \lambda^* \frac{p_1 p_2}{|\overline{H}|} > 0$$

(12)式を(8)式と(9)式の最右辺の第2項に代入しよう[5]。それぞれを代入した

結果，

$$\frac{\partial x_1^*}{\partial p_1} = \underbrace{\frac{\partial x_1^*}{\partial I}\frac{\partial I}{\partial p_1}}_{\text{所得効果}} + \underbrace{\left.\frac{\partial x_1^*}{\partial p_1}\right|_{compensated}}_{\text{代替効果}} < 0$$

$$\frac{\partial x_2^*}{\partial p_1} = \underbrace{\frac{\partial x_2^*}{\partial I}\frac{\partial I}{\partial p_1}}_{\text{所得効果}} + \underbrace{\left.\frac{\partial x_2^*}{\partial p_1}\right|_{compensated}}_{\text{代替効果}}$$

(13)

を得る。(13)式は第1財の価格の上昇が所得効果と代替効果を通じて，第1財と第2財の最適購入量に及ぼす効果を明らかにしている。第1財については購入量は必ず減少することを示しているから，図5-1で描かれるような需要法則が成立することになる。一方，第2財に対する効果は所得効果と代替効果の相対的な大きさにより決定されることになる。代替効果の方が大きければ，総効果は正になる。この場合には第2財は粗代替財となる。なお，(13)式をスルツキー方程式とよぶ。

次節では，(13)式の結果をもとに，第1財の価格の上昇が最適消費点に及ぼす効果をグラフを使って説明することにしよう。

4 最適消費点の移動のグラフ的表現

グラフを使って第1財の価格の上昇がもたらす効果を表すにあたり，第2財は粗代替財であるとする。図5-2は，初期の最適消費点を E^1，新しい最適消費点を E^2，代替効果による消費点の移動を E' で表している。

初期の最適消費点は縦軸切片 I/p_2 と横軸切片 I/p_1 を結ぶ予算線と無差別曲線 u^1 との接点で与えられている。第1財の価格が p_1 から p_1' へ上昇すると，横軸切片は I/p_1' に変わるから，予算線はより厳しい傾きをもつ直線になる。新しい最適消費点はこの新しい予算線と無差別曲線 u^2 の接点で与えられる。最適消費点の移動 ($E^1 \to E^2$) に伴って，2つの財の最適購入量は第1財では減少し ($x_1^1 \to x_1^2$)，第2財では増加するように描かれている ($x_2^1 \to x_2^2$)。図には破線が書き込まれている。この破線は最適消費点の移動を代替効果によるものと，所得効果によるものとに区別するために引かれている。この破線は新しい

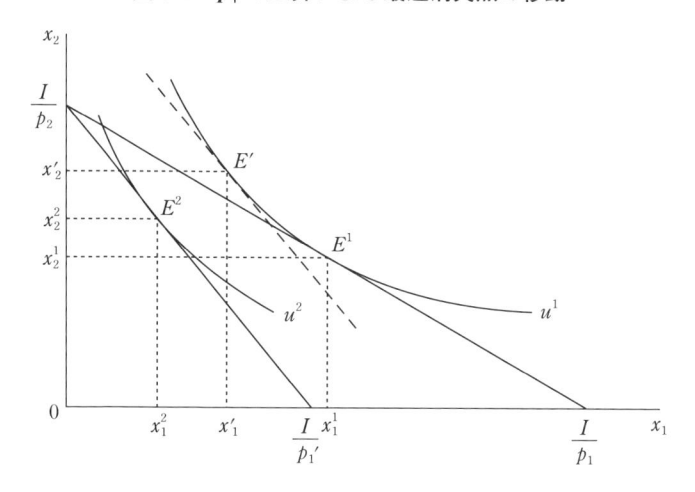

図 5-2　p_1 の上昇による最適消費点の移動

予算線を元の無差別曲線 u^1 に接するまで平行移動したものである。したがって，その接点 E' は新しい価格比の下で，価格比が変化する前と同じ効用を得るときの 2 つの財の購入量を表している。これは価格比の上昇が 2 つの財に及ぼす効果のうち，代替効果のみを取り出したことになる。というのは，価格が上昇したにもかかわらず，無差別曲線 u^1 上の点 E' で消費を行うということは，それが可能であるように所得の補償がなされていることを意味し，それは所得効果を相殺することを意味しているからである[6]。したがって，代替効果は初期の消費点 E^1 から点 E' への移動で表される $(x_1^1, x_2^1) \to (x_1', x_2')$。実質的な所得の目減り，すなわち減少は消費可能領域を縮小させるから，それは破線が新しい予算線へ向けて左シフトすることで表現される。したがって，所得効果は点 E' から点 E^2 への移動で表される $(x_1', x_2') \to (x_1^2, x_2^2)$。

5　個々の消費者の需要曲線と市場の需要曲線

　需要法則が成立している第 1 財の市場の需要曲線（需要関数）を求めよう。本節では，第 1 財のみを対象にするので，下添え字を省略し，x 財とよぶことにする。x 財の価格を p，消費者 i の需要を x_i とすると，この消費者の需要関

図 5-3　個々の消費者の需要曲線と市場の需要曲線

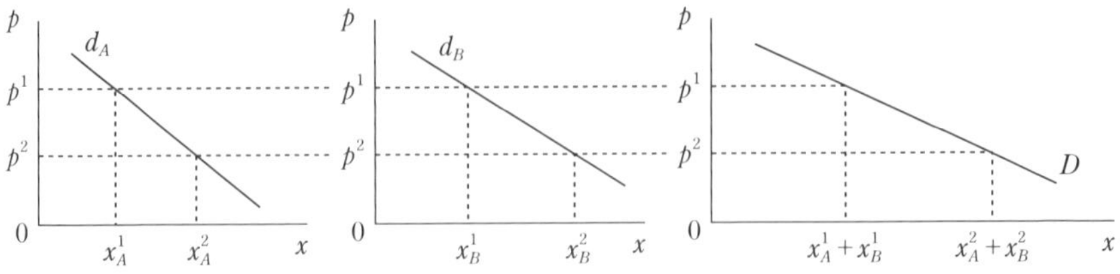

数は,

$$x_i = d_i(p), \qquad \frac{dx_i}{dp_i} = d_i'(p) < 0$$

となる。市場の需要曲線は個々の消費者の需要曲線を価格について集計したものであるから，消費者の数を n とすれば,

$$x = \int_0^n d_i(p)di = D(p), \qquad \frac{dx}{dp} = D'(p) < 0 \tag{14}$$

と書くことができる。

グラフを使って，市場の需要曲線を導くときには，2人の消費者AとBしかいない市場を想定して，個々の需要曲線を価格について水平に集計すればよい（図5-3）。

6　需要の価格弾力性

需要の価格弾力性（ε_d：the price elasticity of demand）は，供給の価格弾力性と同様に，価格が1パーセント変化したときの，需要の変化を測るものである。弾力性は正値で表される[7]。

$$\varepsilon_d = -\frac{dx/x}{dp/p} = -\frac{dx}{dp}\frac{p}{x} = -\frac{p/x}{dp/dx}$$

$\varepsilon_d < 1$ のとき，非弾力的

$\varepsilon_d = 1$ のとき，弾力性1

$\varepsilon_d > 1$ のとき，弾力的

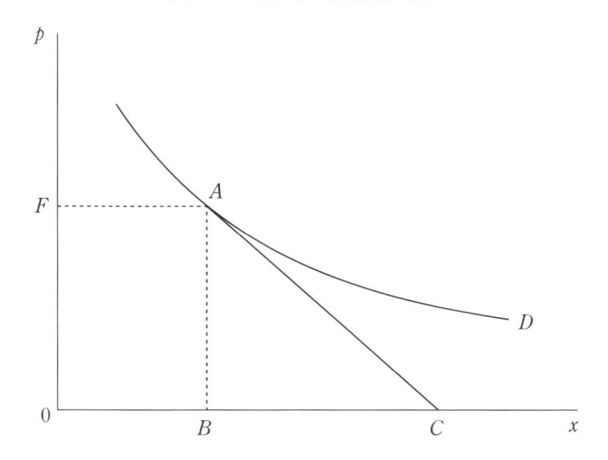

図 5-4　需要の価格弾力性

需要曲線の下側の面積は消費者の財への支出額を表している。例えば，図5-4ではx財の価格がFのときの購入量はBであるから，消費者の支出額は面積 $0FAB$ である。

(i)　$\varepsilon_d<1$ であれば，価格の低下は支出額を減少させ，価格の上昇は支出額を増加させる。
(ii)　$\varepsilon_d=1$ であれば，価格の変化に関係なく，支出額は不変。
(iii)　$\varepsilon_d>1$ であれば，価格の低下は支出額を増加させ，価格の上昇は支出額を減少させる。

ということができる。なお，図5-4の点Aでは，

$$\varepsilon_d = \frac{AB/0B}{AB/BC} = \frac{BC}{0B} > 1$$

となるから，弾力的である。

[注]
1)　なお，所得が変化しても需要が変化しない財として中級財あるいは中立財も定義される。中級財は所得に占める支出の割合が小さいような財や全く消費をしないような財である。例えば，お線香，自動車を保有していない人にとってのガソリンなどである。
2)　第2財が第1財と代替財であるとき，代替効果は必ず「＋」に働く。しかし，所得

効果を含めた全体としての効果を考えて，総効果が「＋」であるとき，粗代替財とよぶ。
　一方，第2財が補完財であるときは，代替効果は必ず「－」であるから，所得効果を含めても，総効果は必ず「－」になる。
3) 本節は Binger and Hoffman (1988) 第6章および第9章と，Chiang (1995) 第12章による。また，条件付き最適化問題については本書第1章を参照されたい。
4) 需要関数や需要曲線という言葉は便宜的に使い分けることにする。
5) 下添え字の *compensated* は所得が補償されているということを表している。
6) p_1 の上昇が元の無差別曲線上での消費を不可能にすることは，u_1 が新しい予算線の消費可能領域から外れてしまうことで明らかである。にもかかわらず，u_1 上での消費が可能となるためには，所得の補償がなされなければならない。
7) 経済学の慣例では，弾力性値は計算結果が負の値でも，正値に直して定義される。式に「－1」がかけられているのはそのためである。

第6章 市場均衡

本章では，市場が均衡するということの意味を明らかにした上で，市場均衡の安定性，あるいは市場が安定的であると表現される事象について説明しよう。また，次章以降での市場分析の準備として，簡単なモデルを紹介する。

1 均衡の意味

個別企業によるx財の供給は，価格と供給量について右上がりの曲線で与えられ，それを集計した市場の供給曲線もまた右上がりの曲線である。一方，個々の消費者の需要曲線は右下がりの曲線であり，それを集計した市場の需要曲線もまた右下がりの曲線である。

図6-1は，x財市場の供給曲線Sと需要曲線Dを描いている。これらの曲線は点Eで交わっている。この交点Eでは，価格p^*の下で，企業によるx財の供給量x^*と消費者による需要量x^*が一致しているから，両者の取引において不足や売れ残りが発生していない。このような状態を均衡(equilibrium)とよび，x^*を均衡取引量，p^*を均衡価格，点Eを均衡点という。

また，供給曲線上では企業の利潤が極大化されており，需要曲線上では消費者の効用が極大化されているから，点Eは利潤と効用を同時に極大化している点である。このような点では企業と消費者はともに満足しているから，外部より何らかの力が加わらない限り，このような状態（点）に留まり続けようとする。これもまた，均衡（点）であることの条件である。

2 簡単な市場モデル

図6-1で示された市場の均衡を簡単なモデルで表そう。x財に対する需要をx_d，供給をx_sで表す。

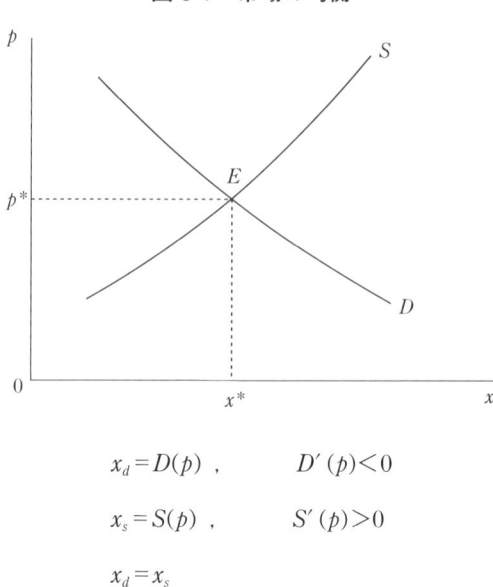

図 6-1 市場の均衡

$$x_d = D(p), \quad D'(p) < 0$$

$$x_s = S(p), \quad S'(p) > 0$$

$$x_d = x_s$$

　第1式が需要曲線（需要関数）を表し，第2式が供給曲線（供給関数）を表している。最後の式は市場を均衡させる均衡条件式である。このモデルでは，均衡価格 p^* が与えられると，最後の式より，

$$D(p^*) = S(p^*) = x^*$$

が成立することになる。

　市場分析では，モデルを線形の方程式体系で表す方が便利なときもある[1]。

$$x_d = a - bp, \quad a, b > 0$$

$$x_s = -c + dp, \quad c, d > 0$$

$$x_d = x_s$$

　ここで，パラメーター a, b, c, d は，需要曲線や供給曲線の性質を規定している。b および d は，価格の変化が需要量や供給量を変化させる程度を表す[2]。

　供給関数の定数項が $-c$ となっているのは，供給曲線が価格軸上で正値の切

片をもつように描くためであり，この切片はこの市場でx財が供給され始める価格を表す。つまり，最も効率よく生産できる企業の操業停止点価格となる。

このモデルの解を求めると，

$$p^* = \frac{a+c}{b+d} \quad \text{および} \quad x^* = \frac{ad-bc}{b+d}$$

となる。ただし，均衡取引量は正値であるため，$ad-bc>0$という条件が課せられる。

3 均衡の安定性

市場が何らかの理由で均衡状態から一旦外れても，再び均衡が回復されるようなメカニズムがあるとき，その市場あるいは均衡は安定的であるという。右下がりの需要曲線と右上がりの供給曲線をもつ完全競争市場は，このようなメカニズムを備えた市場である。

いま，価格が均衡価格を外れて，p_1にあるとする（図6-2(a)）。このとき，供給量はS_1であり，需要量はD_1であるから，S_1-D_1だけ売れ残っている。これを超過供給という。このとき，企業は価格を下げて売れ残りを捌こうとするから，価格p_1は均衡価格p^*に向けて低下することになる。逆に，価格がp_2にあるときには，需要D_2が供給S_2を上回っているから，D_2-S_2だけの超過需要が発生している。この場合には，より高い金額を支払う消費者が財を購入する

図6-2 均衡の安定性

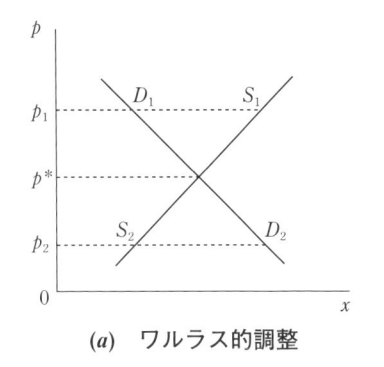

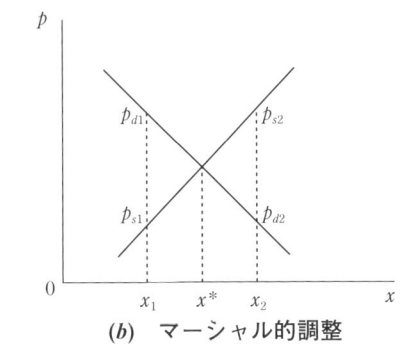

(a) ワルラス的調整　　　　　　*(b)* マーシャル的調整

ことができるため，価格が競り上げられていく。その結果，価格 p_2 は均衡価格 p^* に向けて上昇する。価格が均衡価格に到達すれば，売りたい量と買いたい量が一致するから，もはや価格の変動は起こらない。市場の安定性はこのように保証される。

この例では，価格が需要と供給の不一致を解消させるように働いている。これが市場の価格メカニズムである。

4 均衡への調整過程

前節で説明されたような価格メカニズムは，ワルラス的調整過程とよばれる。ワルラス的調整が有効に働くのは，価格に応じて供給量が素早く調整されるような市場である[3]。ワルラス的調整が安定的である条件は，均衡価格よりも高い価格の下では，需要＜供給であり，逆に，低い価格の下では，供給＜需要である（図6-2(a)）。

しかし，農産物のような財の場合，収穫までには1年が必要であるため，価格に応じて生産量が速やかに調整される訳ではない。このように生産の調整に時間が必要な財の市場で，需要と供給を一致させるように働くメカニズムをマーシャル的調整過程とよぶ。例えば，図6-2(b)はリンゴ市場を表しているとする。今年のリンゴの収穫量が均衡取引量 x^* よりも小さい x_1 であるとすると，消費者にとってのリンゴの価格は需要曲線上の価格 p_{d1} となる。この価格は需要者が支払ってもよいと考える最高の価格で，需要価格とよばれる。これに対し，供給曲線上で決まる価格 p_{s1} を供給価格とよび，供給者が x_1 を供給する際に要求する最低価格を表す。今年のリンゴの価格は x_1 をすべて売り切る価格 p_{d1} となる。農家は要求する価格よりも高い価格でリンゴが売れたことから，リンゴの増産を考えるが，それは来年の生産量を増加させることで実現しようとする。その結果，生産量は x_1 から x^* へ向けて増加することになる。

今度は，リンゴの収穫量が均衡取引量よりも大きい x_2 であるとしよう。このときには，逆の調整がなされる。農家の要求する価格は p_{s2} であるが，市場で x_2 を売り切る価格は p_{d2} である。このような場合には，農家は生産量を減少させるから，x_2 は x^* へ向かって減少することになる[4]。

よって，マーシャル的調整過程の安定条件は，均衡取引量よりも小さい生産量では，供給価格＜需要価格であり，逆に，均衡取引量よりも大きい生産量では，需要価格＜供給価格である。

5　くもの巣調整過程

くもの巣モデルは，リンゴ農家が今年の生産量を今年の価格ではなく，去年の価格をもとにして決定するというマーシャル的な世界における価格の時間経路と市場の安定性との関係を明らかにしている。

p_t を今期の価格，p_{t-1} を前期の価格とする。消費者は今期の価格の下で今期の需要量 x_{dt} を決定し，農家は今期の供給量 x_{st} を前期の価格にもとづいて決定する。そして，市場価格は各期において市場を清算するような水準に決まるものとする[5]。

$$x_{dt} = a - bp_t, \qquad a, b > 0$$
$$x_{st} = -c + dp_{t-1}, \qquad c, d > 0$$
$$x_{dt} = x_{st}$$

ここで，それぞれのパラメーターは第2節のモデルと同じ意味をもつ。第1式と第2式を第3式に代入して整理すると，

$$p_t + \frac{d}{b} p_{t-1} = \frac{a+c}{b}$$

となるから，この式を1期ずつずらして，

$$p_{t+1} + \frac{d}{b} p_t = \frac{a+c}{b} \tag{1}$$

と書き換えよう。(1)式を解くことで，価格が時間をつうじてどのような振る舞いをするかを知ることができる。

均衡状態では，もはや価格の変動は生じないから，均衡価格を p^* で表せば，$p^* = p_{t+1} = p_t$ と書くことができる。これを(1)式に代入して，p^* について解くと，

$$p^* = \frac{a+c}{b+d} \tag{2}$$

を得る。(2)式は第2節のモデルで得られた解と同じであるが，くもの巣モデルでは，価格が時間を通じて一定に留まる水準を示しているため，定常解および異時間的均衡価格という性格をもつ。すなわち，価格の時間経路が安定的であるとき，最終的に価格が収束する水準を表している。

t 期の価格 p_t と均衡価格 p^* との乖離を $\overline{p_t}$ で表すと，

$$\overline{p_t} = p_t - p^* \quad \text{および} \quad \overline{p_{t+1}} = p_{t+1} - p^* \tag{3}$$

と書くことができるから，それぞれを p_t と p_t+1 について解いて，(1)式に代入して整理すれば，

$$\overline{p_{t+1}} + \frac{d}{b}\overline{p_t} = -\left(1 + \frac{d}{b}\right)p^* + \frac{a+c}{b}$$

$$= -\left(\frac{b+d}{b}\right)\frac{a+c}{b+d} + \frac{a+c}{b}$$

$$= 0$$

よって，

$$\overline{p_{t+1}} = -\frac{d}{b}\overline{p_t} \tag{4}$$

となる。この式を逐次的に計算しよう。ただし，$\overline{p_0}$ は $\overline{p_t}$ の初期値である。

$$\overline{p_1} = -\frac{d}{b}\overline{p_0}$$

$$\overline{p_2} = -\frac{d}{b}\overline{p_1} = -\frac{d}{b}\left(-\frac{d}{b}\overline{p_0}\right) = \left(-\frac{d}{b}\right)^2\overline{p_0}$$

$$\overline{p_3} = -\frac{d}{b}\overline{p_2} = -\frac{d}{b}\left(-\frac{d}{b}\right)^2\overline{p_0} = \left(-\frac{d}{b}\right)^3\overline{p_0}$$

$$\vdots \qquad\qquad \vdots$$

すると，これらの式の解として，

第6章　市場均衡　67

$$\overline{p}_t = \left(-\frac{d}{b}\right)^t \overline{p}_0 \tag{5}$$

を得る。この式を (3)式を使って、再び書き直せば、

$$p_t - p^* = \left(-\frac{d}{b}\right)^t (p_0 - p^*) \tag{6}$$

を得る。これが、くもの巣モデルの解である。ここで、$|-d/b|<1$ であれば、

$$t \to \infty \quad \text{のとき、} \quad p_t = p^* = \frac{a+c}{b+d}$$

となるから、(6)式は均衡価格に収束することになる。

図6-3(a) は、価格が均衡価格に収束する場合の安定的な調整経路を描いている。今年（第0期）のリンゴの生産量を x_0 とすると、リンゴの市場価格は p_0

図6-3　くもの巣過程

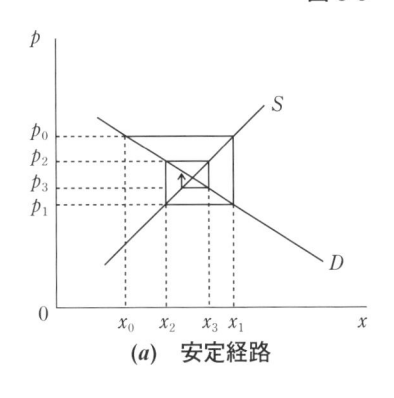

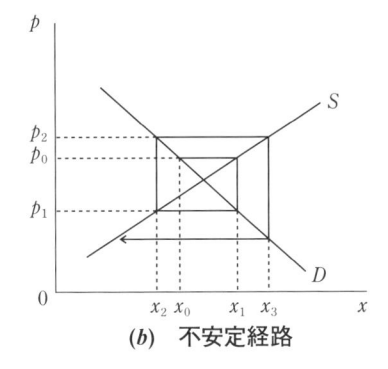

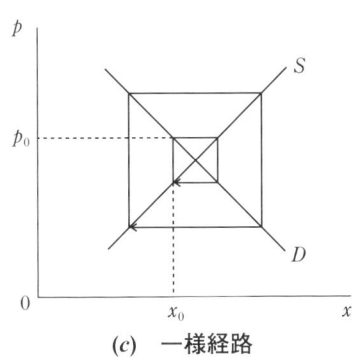

(a)　安定経路

(b)　不安定経路

(c)　一様経路

に決まる。すると、リンゴ農家は次期（第1期）の生産量をx_1まで増加させるが、価格は生産量の増加によりp_1まで低下する。このような価格の低下に直面した農家は今度は生産量を減らそうとする。そのため、翌年（第2期）の生産量がx_2まで減少し、価格はp_2まで上昇する。すると、第3期には、生産量はx_3まで増加し、価格はp_3まで低下する。このように、くもの巣過程では、需要曲線上で価格が決まり、供給曲線上で生産量が決まるので、生産量が左右に変動し、それにあわせて価格が上下に変動しながら、次第に均衡価格に収束していくという経路をたどる。このような経路をもつ市場は、動学的に安定的であるといわれる。ただし、縦軸に価格をとるグラフにおける安定性の条件は、収束の条件 $|-d/b|<1$ より、

$$d < b であるから、\frac{1}{d} > \frac{1}{b}$$

となることに注意が必要である。

図6-3(b)は、時間とともに価格経路が発散していくケースであり、不安定的といわれる。また、図6-3(c)は収束も発散もしない一様的な経路であるが、p_0がp^*に十分近ければ、価格はp^*の近くにあり続けるので安定的とみなすこともできる[6]。

最後に、これまでに検討した3つの調整過程の安定条件を、表6-1にまとめておこう。

表6-1 調整過程の安定条件

調整過程	安全性の条件
ワルラス的	均衡価格よりも高い価格では、需要量＜供給量 均衡価格よりも低い価格では、需要量＞供給量
マーシャル的	均衡取引量よりも大きい生産量では、需要価格＜供給価格 均衡取引量よりも小さい生産量では、需要価格＞供給価格
くもの巣	価格が縦軸に取られた図において、 需要曲線の傾きの絶対値＜供給曲線の傾きの絶対値

[注]
1) 線形の需要曲線と供給曲線をグラフ化するときには，注意が必要である。それぞれの関数を p について解いて，x_d と x_s を x に書き換えてグラフ化しなければならない。
2) 価格弾力性は同じ曲線上でも値が変わるため，b と d は価格弾力性を表している訳ではない。しかし，b の値が大きくなると，需要曲線はより水平に近くなるから，価格の変化に対する需要量の変化は大きくなる。これは任意の価格の下での弾力性がより大きくなることを意味している。d についても同様である。
3) このような市場の例としては，株式市場や外国為替市場などがある。
4) 図 6-2(b) では，需要価格 p_{d1} と p_{d2} の下で，市場は清算されている。つまり，今年の需要量と供給量は一致しているという意味で，それらを均衡価格とみなすこともできる。しかし，本書では，均衡価格は市場を清算する価格であり，かつ，外力が加えられない限りそのような水準に留まり続けるような価格であると定義している。それゆえ，このような価格を均衡価格とはみなさないことにする。
5) 2つの連続した期間 $(t-1, t)$ や $(t, t+1)$ についてたてられた方程式を1階の差分方程式，あるいは定差方程式とよぶ。一般的な解法については，Chiang（1995）第16章を参照されたい。
6) 均衡状態へ収束する場合のみを安定的と厳密に定義すれば，図 6-3(c) のケースは不安定経路である。

第7章
与件の変化

ある財の価格が低下すると，その財の需要量が増加する。これは需要曲線上の動きとして説明される。それでは，消費者の所得が増加したために，その財の需要が増加した場合，あるいは，消費税が引き上げられたためにその財の需要が減少した場合の需要の変化は，どのように表現すればよいだろうか。本章では，与件の変化が市場の均衡に及ぼす効果について考察する。

1 与件とは

需要に影響を及ぼすような価格以外の様々な要因を考えよう。例えば，猛暑ではビールやウーロン茶のような飲み物の需要は増加し，冷夏ではそれが減少することは容易に推測できるから，気候は飲み物のような財の需要に影響を及ぼすと考えられる。また，新しい生産技術の導入は以前より低い価格での生産を可能にするから，財の供給は増加するであろう。このように，天候や技術を考慮した場合の需要関数や供給関数は，

$$x_d = x_d(p ; p_1, p_2, I, g, w, \cdots)$$
$$x_s = x_s(p ; W, A, K, t, w, \cdots)$$

と書かれる。ここで，p_1 と p_2 は代替財と補完財の価格，I は所得，g は嗜好，w は天候，W は貨幣賃金，A は生産技術，K は資本，t は税金や規制を表している[1]。ところで，需要曲線や供給曲線はこれらの要因が変化しないという仮定の下で導出されている。分析の都合上，予め変化しないと仮定されている要因を与件とよぶ。与件は外生変数，あるいはパラメーターとよばれる。これに対し，分析の対象となっている変数 x_d, x_s, p を内生変数とよぶ。

2　与件の変化と需要曲線と供給曲線のシフト−比較静学分析

　例年に比べ真夏日が続いたためビールの需要が増加したという，猛暑のビール需要に及ぼす効果が図7-1(a)で表されている。これは次のように説明される。猛暑はビールの価格にかかわりなく，それの需要を増加させるであろう。これは同じ価格の下でビールの需要が増加することを意味するから，需要曲線を右にシフトさせる。あるいは，ビールを飲むために支払ってもよいと考える価格が上昇する。つまり，ビールを飲むことに対する消費者の貨幣的評価が上昇するため，需要曲線が上方へシフトする。いずれの理由によっても，需要曲線は外側にシフトすることになる。

　図7-1(b)は，ビール産業に新しい生産技術が導入されたときの供給に及ぼす効果を表している。まず，新しい生産技術は生産効率を上昇させるから，すべての生産水準で限界費用が低下するであろう。これは限界費用曲線を下方へシフトさせるから，供給曲線もまた下方へシフトする。あるいは，限界費用曲線の下方シフトは与えられた価格の下で利潤を極大にする生産量を増加させるため，同じ価格の下で生産量が増加する。これは供給曲線の右シフトで表される。このように，いずれの場合にも供給曲線は外側にシフトすることになる。

　ところで，ある与件が変化したために，需要曲線か供給曲線のいずれかがシフトして市場が新しい均衡点へと移動したとき，以前の均衡点と新しい均衡点とを比較することで，与件の変化が市場に及ぼす効果を知ることができる。このような分析方法を比較静学分析とよぶ。比較静学分析は変化する与件以外は一定として（これを「他の事情は一定として」と表現する），その与件のみが変化するとした場合の影響を分析する手法である。

　例えば，猛暑はビール（国産）の需要曲線を右へシフトさせるため，均衡価格は上昇し，均衡取引量は増加する。この他にも，需要曲線を右へシフトさせるような与件の変化としては，輸入ビール（代替財）の価格の上昇や焼き鳥（補完財）の価格の低下などがある（図7-1(a)）。

　一方，新しい生産技術の導入は供給曲線を右へシフトさせるから，均衡価格は低下し，均衡取引量は増加する。これと同じような効果をもつ与件の変化を挙げるとすれば，資本の拡大（生産設備の拡充）や貨幣賃金（人件費）の低下

図7-1 猛暑と新しい生産技術導入の比較静学分析

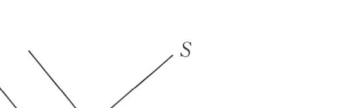

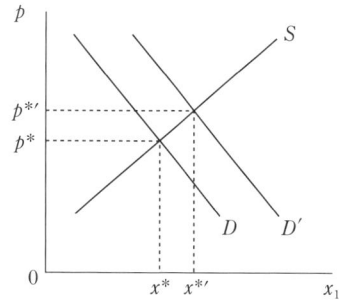

(a) 需要曲線の外側へのシフト

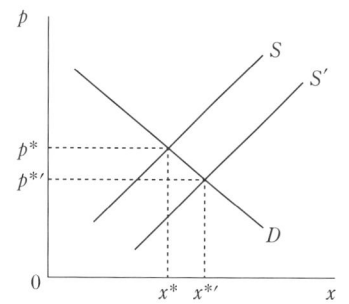

(b) 供給曲線の外側へのシフト

などがある（図7-1(b)）。

残りの節では，いくつかの経済問題をこの分析手法を使って考察しよう。

3　間接税の効果

間接税には，従価税と従量税がある。

（ⅰ）　**従価税**：価格に対して，t％という方法で課税する。代表的な税として消費税がある。

（ⅱ）　**従量税**：1単位の数量に対して，t円という方法で課税する。最近導入された環境税（地球温暖化対策のための税）がその例である。

課税後の総費用関数を $TC(x)^t$ とすると，それぞれは，

$$従価税：TC(x)^t = FC + (1+t)VC(x) \quad t は税率（t％）$$

$$従量税：TC(x)^t = FC + VC(x) + tx \quad t は税額（t円）$$

と表される。供給曲線は限界費用曲線であったことを想起すれば，課税の方法が供給曲線に及ぼす効果を描くことができる（図7-2）。ここで，MC^t は課税後の限界費用曲線である。

図7-2 課税後の供給曲線

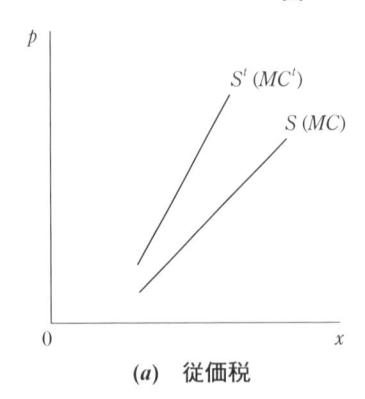

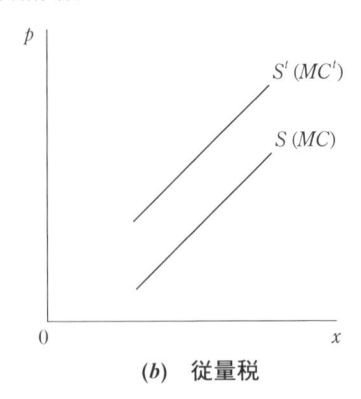

(a) 従価税 　　　　　　*(b)* 従量税

$$\text{従価税}: MC^t = (1+t)MC \quad t \text{は税率}（t\%）$$
$$\text{従量税}: MC^t = MC + t \quad t \text{は税額}（t \text{円}）$$

いずれの方法で課税されても，市場に及ぼす影響の方向は同じであるので，従量税を例にして議論を進めよう。課税されると，供給曲線は上方へシフトするから，均衡価格は上昇し，均衡取引量は減少する。図7-3は課税の効果を2つのケースに分けている。図7-3(a)は需要の価格弾力性が大きい財の市場，図7-3(b)はそれが小さい財の市場である。ただし，供給曲線は2つの市場とも同じにしてある。

図7-3 課税の効果

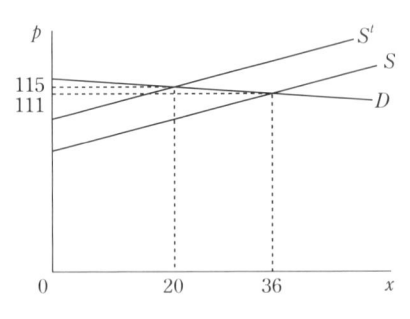

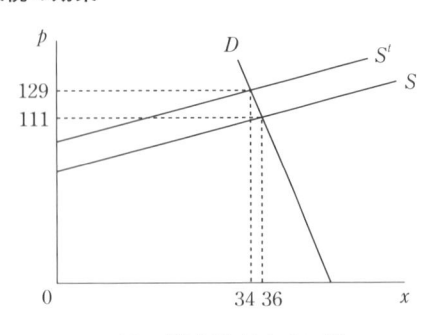

(a) 弾力性が大きい財 　　　　　　*(b)* 弾力性が小さい財

図7-3(a)・(b)　供給曲線　$p = 75 + x$

図7-3(a)　　　　需要曲線　$p = 120 - \dfrac{1}{4}x$

図7-3(b)　　　　需要曲線　$p = 435 - 9x$

それぞれの市場における均衡価格と均衡取引量は $(x^*, p^*) = (36\,単位,\,111\,円)$ である．いま財1単位について20円の従量税が課せられたとする．新しい均衡価格と均衡取引量は，

　　図7-3(a)：(20 単位，115 円)，図 7-3(b)：(34 単位，129 円)

となる．結果を比較すると，図 7-3(a) は課税による価格の上昇は小さい代わりに，需要の減少は大きい．この差異をより詳細に調べてみよう．

図 7-3(a) では課税後，均衡取引量が 20 単位に，価格は 115 円になった．消費者は課税前に 1 単位の財を 111 円で購入できていたのが，いまは 115 円の支出が必要になったので，この価格差 4 円は消費者が負担する税額である．一方，企業は 1 単位の財につき，価格 115 円を受け取るが，この価格のうち課税額 20 円を政府に納めなければならないから，企業が受け取る収入は 95 円である．課税前は 111 円の収入があったわけ訳だから，企業の課税負担額は 16 円（= 111円 − 95円 = 20円 − 4円）となる．このケースでは，企業の負担額の方が大きくなっている．政府が 20 単位分の財の消費から受け取る税収は 400 円（= 20 円×20 単位）であり，そのうち，消費者が 80 円を負担し，企業が 320 円を負担している．

図 7-3(b) についても同様な計算を試みよう．消費者の課税負担額は 18 円（= 129 円 − 111 円）であり，企業の負担額は 2 円（= 111 円 − 109 円 = 20 円 − 18 円）であるから，消費者の負担額が大きくなっている．また，消費 34 単位分の政府の税収は 680 円（= 20 円×34 単位）となり，消費者と企業の負担額はそれぞれ，612 円と 68 円である．

このような違いが発生する理由は，需要曲線の傾きが水平に近い（需要の価格弾力性が大きい）財には，多くの代替財が存在するため，消費者は価格の上昇した当該財から代替財へ消費をシフトできることにある．一方，傾きが急な

需要曲線をもつ（需要の価格弾力性が小さい）財の場合には，価格が上昇したとき，別の財で代替することが困難であるため，消費者は当該財を購入せざるを得なくなる。このような財の場合には，課税後の需要量もあまり減少させることができないため，課税負担は消費者が被ることになるからである。しかしながら，政府にとっては需要の価格弾力性が小さい財への課税は，租税収入を確保できるという利点がある。

　租税収入の確保という目的ばかりではなく，環境税のように環境に負荷をかけるような財の使用を抑制させるために税を課す場合もある。例えば，図7-3(a)をある家庭用洗剤の市場とする。ただし，この洗剤には生活排水となって河川に投棄されると水質を悪化させるような材料が使われているとしよう。家庭用洗剤には多くの代替財が存在するので，政府はこの洗剤のみに課税することによって，消費者にあまり負担をかけることなく，その使用量を減少させることができる。一方，この洗剤を生産している企業は課税負担を回避しようとして，より環境負荷の小さな製品を開発しようとするであろう。このように，環境税は環境負荷の大きな財の需要と供給をそれが小さい財へシフトさせるインセンティブを与えることができる。

　しかし，環境税が常に有効に働くとは限らない。ガソリンは自動車の燃料として，なくてはならないものであるが，その排気ガスは環境に負荷を与えるものである。現在では，ハイブリッド・カーや電気自動車が売られているとはいえ，まだまだガソリン車のシェアは大きいので，排気ガスの抑制は政府の重要な課題である。そこで，政府はガソリンの使用量を抑制しようとして課税したとしよう。しかし，その効果は小さなものに過ぎない。というのは，ガソリン需要の価格弾力性は小さいため，消費量はそれほど削減されないためである。この結果を表すのが図7-3(b)である。しかも，課税の負担は消費者が負うことになるので，所得が低い消費者ほど課税負担が大きくなるという逆進的な税になるという問題も生じることになる。

　図7-3(a)と(b)の比較から分かるように，価格弾力性が相対的に小さい曲線をもつ主体ほど相対的に課税負担が大きくなる。

4 豊作貧乏

需要の価格弾力性の小さな財の生産者ほど収入が大きく変動する理由を説明するモデルに，豊作貧乏のモデルとよばれるものがある。図7-4は，そのような財の例としてスイカの市場を表している。特に，供給曲線は農産物の特徴として，今年の収穫量が価格とは関係なく，春の作付け量で決まることを表すように，価格に対して完全非弾力的に描かれている。

$$需要曲線 \quad p = 2{,}000 - 25x$$

$$供給曲線 \quad x = 40 \quad (S_1)$$

例年のスイカの収穫量は $x = 40$ 単位であり，毎年のスイカの均衡価格は $p = 1{,}000$ 円であるとする。ところが，今年の収穫は例年になく天候に恵まれた結果，60単位になったとしよう。

$$供給曲線 \quad x = 60 \quad (S_2)$$

このときの，均衡価格は $p = 500$ 円である。これは大幅な下落である。

逆に，例年の収穫量と価格が（60単位, 500円）で，たまたま今年の天候が

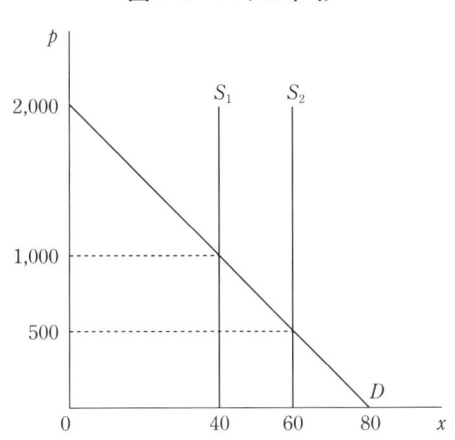

図7-4　スイカ市場

悪く 40 単位しか収穫できなかった場合には，価格は 1,000 円へと大幅に上昇する。このように，需要曲線が急な傾きをもつ財の場合には，供給量の変化が大きな価格の変化をもたらすことになる。

また，これら 2 つの結果について農家の収入を計算すると，生産量と価格が (40 単位，1,000 円) のときの収入は 40,000 円であるが，豊作になったとき (60 単位，500 円) の収入は 30,000 円となって逆に減少することになる。豊作貧乏とは，このような価格と生産量との関係を言い表したものである。年によっては，スイカが収穫されず，畑で放置されていたり，耕耘機などで踏みつぶされている映像をテレビの報道でみることもあるが，その背景にはこのような理由がある[2]。

5　貿易の利益

本章を終えるにあたって，貿易が国内市場に及ぼす影響について考察しよう。図 7-5 の D 曲線と S 曲線は，国内における牛肉の需要曲線と供給曲線である。ただし，本節では便宜上単位を無視することにする。

$$需要曲線 \quad p = 100 - \frac{1}{3}x$$

$$供給曲線 \quad p = 20 + x$$

貿易がない場合の国内の牛肉市場における均衡取引量，すなわち国内での消費量は $x_0 = 60$ であり，均衡価格または販売価格は $p_0 = 80$ である。したがって，貿易がない場合には，消費者の支出額（購入額）と生産者の収入額（販売額）は $p_0 x_0 = 4,800$ で一致する。これが図 7-5 の点 E における状況である。

国内産の牛肉と外国産の牛肉との間に質的な差がなく，それぞれが完全に代替的であり，この外国産の牛肉は国際価格 p_f で望むだけ輸入できるものとする[3]。

$$輸入曲線 \quad p_f = 40$$

牛肉が国際価格 p_f で輸入され，販売されるようになると，消費者と生産者

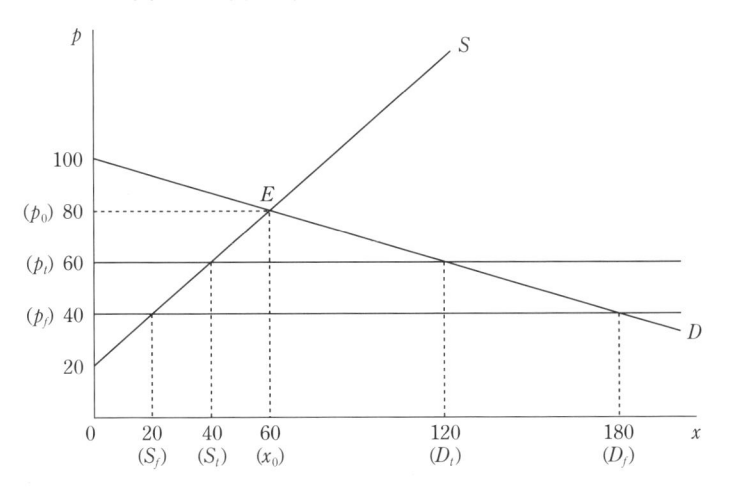

図7-5 牛肉の輸入が国内市場に及ぼす効果

が直面する価格はp_fとなる。すると，国内における牛肉の需要量は$D_f=180$，国内生産者の供給量は$S_f=20$になるから，輸入量は$D_f-S_f=160$となる。貿易の結果，消費者はより安い価格の下で，より多くの牛肉を消費できるようになる。一方，牛肉の販売価格の低下は国内生産者の供給量を減少させるため，この市場から撤退する生産者も現れることを意味している。自由貿易の下での，消費者の支出額は$p_f D_f=7{,}200$，生産者の収入は$p_f S_f=800$，輸入額は$p_f(D_f-S_f)=6{,}400$である。したがって，消費者の支出額（7,200）のうち輸入額分（6,400）は外国への支払いに廻され，その残りの額（800）が国内生産者への支払いに廻されることになる。

ところで，日本の場合には輸入牛肉には関税がかけられている[4]。そこで，関税が国内市場に及ぼす効果を検討しよう。

$$関税 \quad t=20$$
$$販売価格 \quad p_t=p_f+t=60$$

関税が課せられた場合には，消費者と生産者が直面する販売価格は$p_t=60$となるから，需要量は$D_t=120$，国内生産者の供給量は$S_t=40$，輸入量はD_t-

$S_t = 80$ となる。関税により販売価格が上昇したため，国内の供給量は増加するが，一方で，消費者の牛肉消費は抑制されることになる。このように，関税は自由貿易と比べ消費者に負担を強いることになるが，それでも貿易がない場合と比べると，消費者には利益をもたらしているといえる。関税がかけられたときの，消費者の支出額は $p_t D_t = 7,200$，生産者の収入は $p_t S_t = 2,400$，輸入額は $p_f (D_t - S_t) = 3,200$，そして，政府の関税収入は $t(D_t - S_t) = 1,600$ となる[5]。

現在，環太平洋パートナーシップ協定（TPP：Trans-Pacific Partnership）への参加の是非を巡って議論が交わされているが，本節での結果はそのまま参加を促す根拠を示しているものではない。TPPと農畜産物の問題だけを取り上げても，輸入農畜産物の安全性やわが国の食料自給率にかかわる安全保障という重要な問題がある。あるいはまた，TPPへの参加は社会制度に大きな影響を及ぼすため，わが国の将来像を視野に入れた包括的な議論が必要であると主張している人たちも多い。

[注]
1) 資本 K には，機械や設備，工場，あるいは原材料などが含まれる。また，天候は財の需要面ばかりではなく，農産物の生産面にも影響を及ぼす。
　　もちろん，需要と供給に影響を及ぼす価格以外の要因には，ここに挙げたものの他にも様々なものが考えられる。
2) 需要の価格弾力性と消費者の支出額との関係は，第5章第6節を参照されたい。
3) 外国との取引において，関税や様々な制約（非関税障壁）がないような場合を自由貿易とよぶ。また，この国が国際価格 p_f で望むだけ輸入できるという想定は，この国の輸入量は国際取引全体に占める割合が小さく，国際市場の価格に影響を及ぼさないと仮定していることになる。これを，小国の仮定という。
4) 例えば，牛肉の関税率は38.5％，精米は778％，天然はちみつは30％である。
5) 消費者の支出額は自由貿易の場合と関税あり貿易の場合で同じであるにもかかわらず，関税あり貿易の場合の牛肉の消費量が小さくなるのは，関税が消費者への負担となっているからである。

第8章
完全競争市場の効率性

　需要曲線と供給曲線の交点で，均衡取引量と均衡価格が決まる。本章では，この均衡点の下で社会的な利益が最大になることを明らかにする。もちろん，そのときには，消費者についても，生産者についてもそれぞれの利益が最大化されていなければならない。部分均衡分析という枠組みの中では，それは労働や資本という生産要素が経済活動に適切に利用された結果としてもたらされる。このような状態を資源の最適な配分という。

1　部分均衡分析と一般均衡分析

　1つの市場を取り出して分析する手法を部分均衡分析という。これまでのビール市場や家庭用洗剤市場などについての分析がこれである。この手法は当該財の需給曲線に焦点を当てて，消費者と生産者の間の様々な経済問題を解明しようとするものである。

　しかし，現実の経済は1つの市場だけが独立して動くのではなく，ある市場の需給の変化は他の市場の需給を変化させるように波及していくのが普通である。このような視点に立つと，特定の市場のみを取り出して分析を加えるのではなく，多くの市場の需給関係を同時に考えようということになる。このような分析手法を，一般均衡分析という。

　一般均衡分析と部分均衡分析はともにミクロ経済分析の両輪である。しかし，本書では，部分均衡分析を中心に議論を展開している。

2　余剰と最適な資源配分

　マーシャルの世界では，需要曲線上の価格は消費者がその財に対して支払ってもよいと考えている価格（需要価格）p_d を表している。すると，図8-1(a) で

は，x 財を x^* まで需要するときに消費者が支払ってもよいと考える貨幣額は $\int_0^{x^*} p_d(x)\,dx$ であるから，これは面積 $0p_1Ex^*$ で表される．

消費者が財を購入するときに，支払ってもよいと考える最大の貨幣額から実際に支払わなければならない貨幣額を差し引いた額を消費者余剰（CS：consumer's surplus）という．したがって，x 財の均衡価格が p^* であるとき，x^* まで需要するときの消費者余剰は，

$$\text{消費者余剰} = \text{面積}\, 0p_1Ex^* - \text{面積}\, 0p^*Ex^* = \text{面積}\, p_1Ep^*$$
$$CS = \int_0^{x^*} p_d(x)\,dx - p^*x^* = \int_0^{x^*} (p_d(x) - p^*)\,dx$$

となる[1]．この消費者余剰は，消費者が経済活動から得られる利益を測定する尺度である．

一方，生産者あるいは企業が経済活動から得られる利益を測る尺度を，生産者余剰（PS：producer's surplus）という．生産者余剰とは，生産者が実際に受け取った貨幣額から財を供給するときの費用を差し引いた額である．費用とは，生産者にとってその財を供給する際に要求する最低価格である供給価格 p_s であるから，x^* における生産者余剰は，

$$\text{生産者余剰} = \text{面積}\, 0p^*Ex^* - \text{面積}\, 0p_2Ex^* = \text{面積}\, p^*Ep_2$$
$$PS = p^*x^* - \int_0^{x^*} p_s(x)\,dx = \int_0^{x^*} (p^* - p_s(x))\,dx$$

となる（図 8-1(a)）[2]．

消費者余剰と生産者余剰を加えたものが，社会的厚生（SW：social welfare）や社会的総余剰とよばれるものである．図 8-1(a) は，均衡取引量 x^* の下で社会的厚生が最大になることを示している．

$$\text{社会的厚生（面積}\, p_1Ep_2\text{）}$$
$$= \text{消費者余剰（面積}\, p_1Ep^*\text{）} + \text{生産者余剰（面積}\, p^*Ep_2\text{）}$$
$$SW = \int_0^{x^*} p_d(x)\,dx - \int_0^{x^*} p_s(x)\,dx = \int_0^{x^*} (p_d(x) - p_s(x))\,dx$$

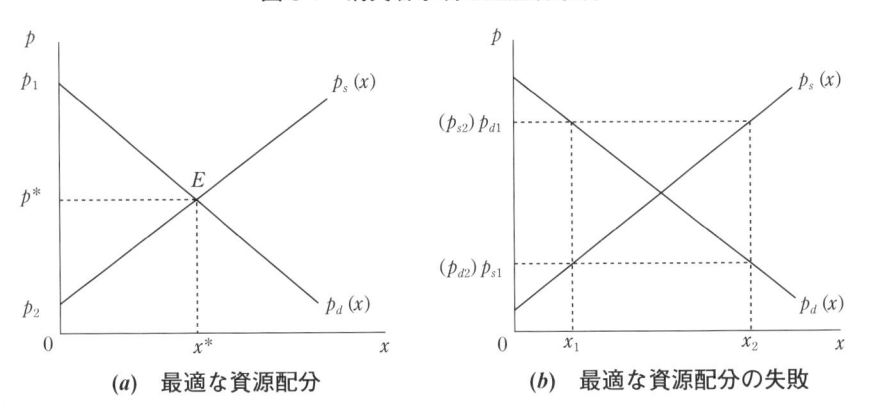

図 8-1　消費者余剰と生産者余剰

(a) 最適な資源配分　　　*(b)* 最適な資源配分の失敗

　均衡取引量の下で社会的厚生が最大になるということは，その生産量が社会的にみて望ましい水準にあり，それゆえに最も望ましい資源の使われ方がされていることを意味している。例えば，生産量が x_1 であるときには，需要価格と供給価格は $p_{d1} > p_{s1}$ という関係にある（図8-1(b)）。これは，この財の追加的な生産に対する社会的な評価（社会的限界評価）が生産の費用（社会的限界費用）よりも上回っていることを意味しているから，生産を拡大することで社会的利益，すなわち社会的厚生を増加させることができる。したがって，生産量 x_1 は財が必要だけ生産されていない，資源の利用も過小である状態であるといえる。

　生産量が x_2 であれば，$p_{d2} < p_{s2}$ であるから，社会的な評価を越える費用をかけて財が生産されていることになる。これは，生産に無駄な費用がかけられている，あるいは過剰に資源が利用されているという状態を意味しているから，生産を縮小することで，無駄な費用を削減し，社会的厚生を増加させることができる。

　結局，財が社会的な評価と見合うだけの費用をかけて生産されているのは生産量が x^* のときであるから，この生産水準の下では無駄は発生していない。それゆえに，x 財の生産に対し資源も最適に配分されているといえる。

　次節以降では，政府による市場介入が資源配分，あるいは社会的厚生に及ぼす影響について考察しよう。

3　価格規制の効果

図8-2は，政府がx財の価格を規制するときの2つのケースを描いている。1つのケースは上限価格$\overline{p}$の設定であり，これを越えないように規制がなされる。もう1つのケースは下限価格が$\underline{p}$に設定され，この水準より低下することのないように価格が規制される。いずれのケースでも企業は販売可能な数量しか供給しようとしないから，市場で購入できる数量はx_0である。

規制のない場合には，均衡価格と均衡取引量はp^*およびx^*であるから，社会的厚生は面積$p_1 E p_2$となり，これが政策を評価する判断基準となる。

価格規制なし　　　$SW(p_1 E p_2) = CS(p_1 E p^*) + PS(p^* E p_2)$

上限価格$\overline{p}$の効果　$SW(p_1 A B p_2) = CS(p_1 A B \overline{p}) + PS(\overline{p} B p_2)$
$$= p_1 E p_2 - A E B$$

下限価格$\underline{p}$の効果　$SW(p_1 A B p_2) = CS(p_1 A \underline{p}) + PS(\underline{p} A B p_2)$
$$= p_1 E p_2 - A E B$$

となり，いずれのケースも規制のないときの社会的厚生を面積AEBだけ下回る。この差異は死荷重損失（DWL：dead-weight loss）とよばれ，市場機能の

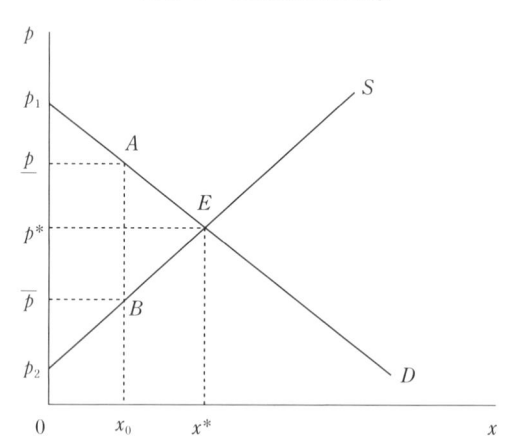

図8-2　価格規制の効果

歪みを測る尺度である。

4 間接税の効果

前章の結果を踏まえて，間接税が課せられた場合の効果を求めよう。まず，図 7-3(*a*) については，

$$\text{課税前} \quad SW\,(810) = CS\,(162) + PS\,(648)$$

である。ここで，政府は租税収入を社会の利益になるように支出すると仮定しよう。すると，課税後の社会的厚生は，

$$\text{課税後} \quad SW\,(650) = CS\,(50) + PS\,(200) + Tax\,(400)$$

となる。課税の前後で比較すれば，課税後の方が社会的厚生は 160 だけ小さくなる。この 160 は死荷重損失に他ならない。

図 7-3(*b*) についても同様な計算をしよう。課税前の社会的厚生は 6,480 であり，課税後のそれは 6,460 である。これより死荷重損失は 20 となる。

2 つのケースを比べると，後者の方が死荷重損失が小さい。これは課税による市場機能の歪みが小さいことを意味しているから，政府としては課税が避けられないならば，このような市場に課税することが望ましいことになる。しかし，需要の価格弾力性が小さいような市場は生活必需品のような財の市場の特徴である。よって，このような市場での課税は所得の低い消費者により重くのしかかる。これを逆進性という。

5 貿易の利益

前章の例より，貿易がない場合と自由貿易の場合の社会的厚生は，

$$\text{貿易なし} \quad SW\,(2{,}400) = CS\,(600) + PS\,(1{,}800)$$

$$\text{自由貿易} \quad SW\,(5{,}600) = CS\,(5{,}400) + PS\,(200)$$

となる．明らかに安い輸入牛肉が自由に購入できるようになった結果，消費者余剰は大きく増加する．一方，国内生産者は価格競争に負けた結果として，牛肉の生産量が落ち込んだため生産者余剰は大きく減少することになる．このように自由貿易が消費者余剰を増加させるのは国内価格よりも国際価格が低いからである．ところで，国内価格も国際価格もそれぞれに牛肉生産の限界費用を表しているから，国内では外国よりも高い費用をかけて牛肉を生産していることになり，無駄な資源の使い方がされていることになる．それゆえ，牛肉生産に使われている資源をより効率的な生産が可能な産業に移動させることで，限られた資源を有効に利用できるようになる．自由貿易はこのような効率的な資源配分を実現する．

政府が関税収入を社会的厚生を向上させるように支出するとしよう．この場合の社会的厚生は，

$$\text{関税あり貿易} \quad SW(4,800) = CS(2,400) + PS(800) + Tax(1,600)$$

$$\text{死荷重損失} \quad DWL = 800$$

となる．関税が課せられた結果，消費者余剰は減少し，生産者余剰は増加する[3]．しかし，社会的厚生は貿易がない場合よりも明らかに大きい．これは，関税あり貿易は，たとえ死荷重損失が発生するとしても，貿易がない場合よりも消費者に有利に作用することを意味している．

ところで，政府が国内の農畜産業の企業化あるいは中規模・大規模経営に言及することがあるが，それはどのような意味をもつのであろうか．経営規模が大きくなるにつれて規模の経済が働くから，生産効率が向上し，限界費用が引き下げられる．これは国内生産者の供給曲線を下方にシフトさせる．このケースの供給曲線を，

$$\text{生産効率改善後の供給曲線} \quad p = 4 + x \quad (S')$$

で表そう．図8-3はこの効果を表している．需要曲線と国際価格は不変であるから需要量は180のまま不変．国内生産者の供給量は36に増加し，輸入量は144に減少する．このとき，社会的厚生は，

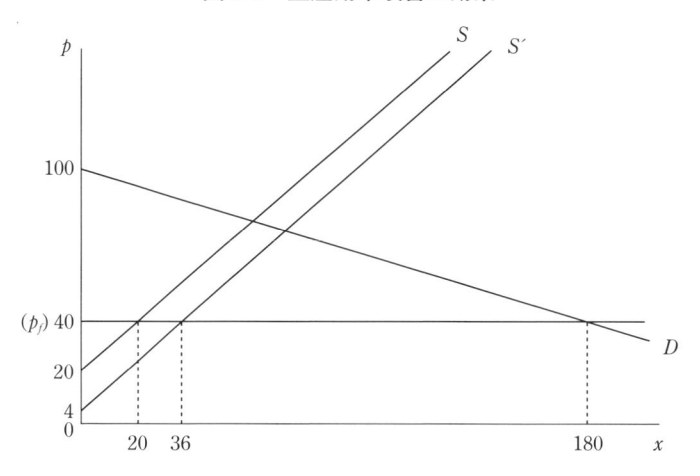

図 8-3 生産効率改善の効果

生産効率改善後　　　$SW(6,048) = CS(5,400) + PS(648)$

となる。生産効率の改善は国内生産量を16増加させることで（これを相殺するように輸入量は16減少する），生産者余剰を増加させる。その結果，社会的厚生は6,048となる。このように生産効率の改善は，自由貿易の下でも消費者余剰を減らすことなく，生産者余剰を増加させ，社会的厚生を増加させることができる。この意味で政府の提言は正しい。

　しかしながら，すでにみてきたように自由貿易は社会的厚生を増加させる一方で，余剰の配分に影響を及ぼす。これは，効率性とは別の公平性にかかわる問題である。このことからも，自由貿易（TPP問題）は慎重に議論されなければならない。

[注]
1) 市場需要曲線は個々の消費者の需要曲線を価格について集計したものであるから，市場需要曲線上の需要価格はこの財の市場における評価（追加的1単位に対する限界的評価）を表している。この意味で，社会的評価である。また，市場の需要曲線で定義される消費者余剰は，個々の消費者の消費者余剰を集計したものとなる。
2) もちろん，市場の供給曲線から得られる生産者余剰は個別企業の生産者余剰を集計したものとなる。また，市場の供給曲線はこの産業全体における限界費用曲線となる

から，社会的限界費用曲線とみなされる。ところで，限界費用曲線の下側の面積は可変費用になるから，生産者余剰は当該産業全体の利潤と固定費用を集計したものと一致する。

3) 消費者の支出額は，自由貿易と関税あり貿易で同じである。しかし，消費者余剰は明らかに関税あり貿易の方が小さい。

第9章

市場分析の応用

　本章では，市場分析の応用例として２つの理論を紹介しよう。１つ目は労働市場の理論である。第１節と第２節では，労働の供給と需要がどのようにして決まるかが説明され，この２つの結果を結合することで，労働市場で賃金と雇用量が決定されるメカニズムが説明される（これが第３節である）。次に紹介するのは，資金市場における利子率の決定理論である。消費者の貯蓄行動（すなわち，資金の供給）と企業の投資行動（資金の需要）が第４節と第５節で説明され，利子率の決定メカニズムが第６節で説明される。

1　労働の供給曲線

　消費者が自分の意志で労働時間を選択できるものとして，彼や彼女が労働時間を増やしたり減らしたりするときの条件を導こう。例えば，消費者が１カ月という一定の期間に供給する労働サービスを n で表し，その労働サービスの単位当たりの賃金を W とする。n の単位は時間であり，W は時間当たりの貨幣賃金である[1]。すると，１カ月当たりの貨幣所得は Wn となる。

　消費者は貨幣所得をすべて生活に必要な財やサービスの購入に充てるものとする。つまり，貯蓄は考えない。貯蓄と消費の関係は第４節以降のテーマにしよう。消費者が１カ月間に購入する財やサービスの量を x で表し，１単位の x を１単位の合成財とする。１単位の合成財とは，生活に必要な様々な財やサービスを少量ずつ適切な割合で組合せてつくった１個のバスケットである。この x 財の単位当たりの価格を P で表そう。

　消費者の貨幣所得と彼が購入できる財の間には次の関係が成り立つはずである。ただし，W と P はそれぞれ市場で決まる労働の価格と x 財の価格である。

$$Wn = Px \tag{1}$$

消費者が1カ月間に供給する労働時間は720時間（24時間/日×30日）であるが，実際には，睡眠，食事あるいは休息などのためにすべての時間を労働に費やすことはできない。そこで，労働以外に費やされるすべての時間を余暇（l : leisure）と総称しよう。すると，労働時間の供給について，

$$n = 720 - l \tag{2}$$

と書くことができる。(2)式を(1)式に代入して，xについて解くと，

$$x = \frac{720W}{P} - \frac{W}{P}l \tag{3}$$

を得る。この式は1カ月間についての余暇時間と財の購入量との関係を表す予算制約式である。この式の右辺第2項の係数は余暇を1時間増やすときにあきらめなければならないx財の量であるから，余暇の単位時間当たりの客観的な価格とみなされる[2]。

次に，余暇とx財の消費についての消費者の選好を表す無差別曲線を導入しよう。この無差別曲線の傾きはx財の数量で測った余暇の主観的な価格を表している。ところで，この無差別曲線は第4章で説明された性質を満たし，また，x財と余暇はともに上級財であるとする。

$$\overline{U} = U(l, x) \tag{4}$$

消費者にとって最適な余暇時間l^*とx財の消費量x^*は予算線と無差別曲線の接点Eで決まる。そして，横軸切片とl^*との差分として最適な労働供給量n^*が求められる（図9-1(a)）。

いま，貨幣賃金が上昇したとしよう（図9-1(b)）。これは余暇の価格を上昇させるので，消費者は余暇へ廻す時間を減らして働く時間を増加させようとする。これは貨幣賃金の上昇に伴う代替効果である。一方，貨幣賃金の上昇はいままでよりも少ない労働時間でいままでと同じだけの貨幣所得を稼ぐことを可能にする。この効果は働く時間を減らして余暇を増やすように働く。これは貨幣賃金の上昇に伴う所得効果とみなされる。結果として，貨幣賃金の上昇が労働の供給量を増加させるかあるいは減少させるかは，代替効果と所得効果の相対的な大きさによって決まることになる。通常は，代替効果が強く働くため，

図 9-1　個々の消費者の労働供給量の決定

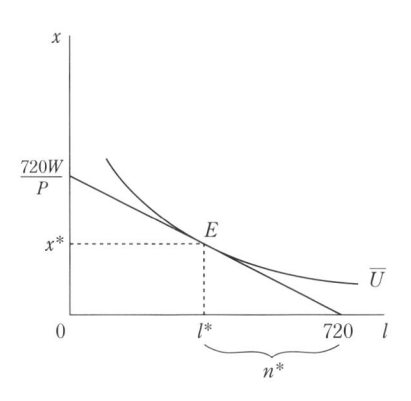

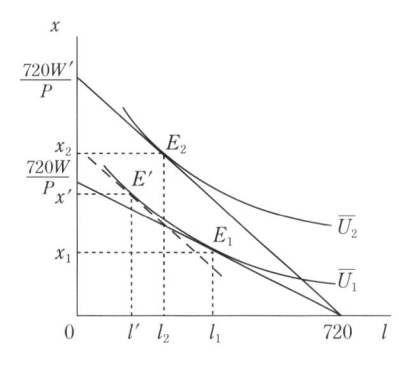

(a)　最適な労働供給量　　(b)　貨幣賃金の上昇による効果

貨幣賃金の上昇は労働の供給量を増加させると考えてよい[3]。ところで，貨幣賃金の上昇は実質賃金の上昇に他ならないから，労働の供給は実質賃金の関数とみなされる。

$$n_s = n_s\left(\frac{W}{P}\right) \qquad n_s'\left(\frac{W}{P}\right) > 0$$

この式はさらに，

$$W = P n_s^{-1}(n) \qquad n_s^{-1'}(n) > 0$$

図 9-2　一国全体の労働供給関数

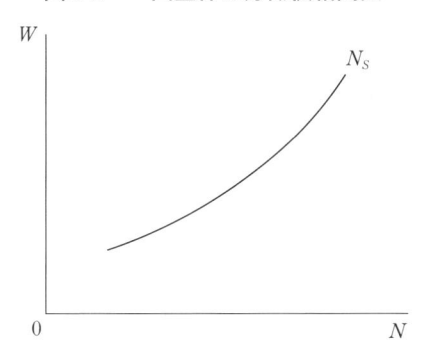

と書き直すことができる。ここで，上添字の「－1」は逆関数であることを示している。x 財の価格を所与とし，個々の消費者の労働の質に違いがないと仮定するならば，任意の貨幣賃金についてすべての労働者の供給関数を集計して一国全体の労働供給曲線 N_S を得ることができる（図9-2）。ここで，図中の N は集計された労働量を表す。

2　労働の需要曲線

まず，すべての企業が合成財 x を生産し，その生産技術（生産関数）も同じであるとする。個別企業の労働投入量の決定は第2章(4)式と(6)式で記述されるから，この2つの式を整理すると，

$$P = \frac{W}{dx/dn} = \frac{W}{MPL(n)}$$

となる。さらに書き換えると，

$$W = P\,MPL(n) \qquad MPL'(n) < 0 \tag{5}$$

を得る。この式は，所与の P と W の下で，個別企業が利潤を極大にする生産量を選択するとき，同時に，必要な労働投入量 n も決定されることを表している。というのは，労働の限界生産物 $MPL(n)$ は生産関数の接線の傾きを表すから，(5)式を成立させるように $MPL(n)$ が決まるとき，同時に，n の値も一意的に決まるからである（図9-3）。ところで，労働の限界生産物は労働の投入量が増加するにつれて，逓減することが分かっている。したがって，企業が労働需要を増加させるためには，貨幣賃金が低下しなければならない。それゆえ，個別企業の労働需要曲線は右下がりとなる[4]。いま，x 財の価格が P_1 であるとする。この価格の下で，すべての企業の労働の限界価値生産物曲線を集計して得られた曲線が図9-4の D_1 曲線である。

$$D \text{ 曲線}：W = P\,MPL(N)$$

貨幣賃金が W_1 であるとき，労働需要はこの曲線上の点 E_1（N_1）に決まる。いま，貨幣賃金が W_1 から W_2 まで低下したとする。貨幣賃金の低下は労働需

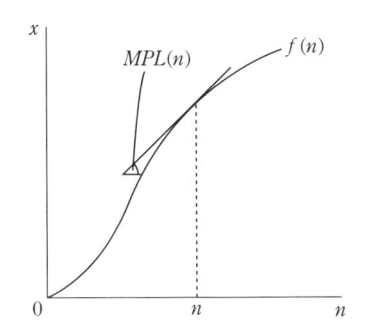

図 9-3　労働の限界生産物　　　図 9-4　一国全体の労働需要曲線

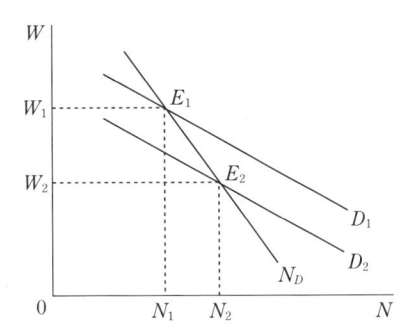

要を増加させるから、x財の生産量は増加する。これはx財の価格を低下させて、労働の限界価値生産物を引き下げる。その結果、D_1曲線は下方へシフトする。これをD_2曲線としよう。貨幣賃金がW_2であるとき、D_2曲線上の点はE_2 (N_2)である。この2点、すなわちD_1曲線上の点E_1とD_2曲線上の点E_2を結ぶ曲線が一国全体の労働の需要曲線N_Dである。このN_D曲線はすべての企業によって労働投入量が増加した場合に、x財の価格が低下することを考慮して導かれた労働の需要曲線であり、一方、D_1曲線やD_2曲線はx財の価格が不変であるという仮定の下で導かれた労働の需要曲線である。

3　労働市場の均衡 – 貨幣賃金と雇用量の決定

　図9-5は貨幣賃金W^*の下で、一国全体の労働の需給がN^*で決まることを示している。仮に、貨幣賃金が均衡貨幣賃金を上回ったとしても ($W_1>W^*$)、労働市場では超過供給が生じ、W_1はW^*に向かって低下する。逆の場合 ($W_2<W^*$) には、逆のことが起こる（これは、ワルラス的調整過程である）。この意味で、市場は安定的である。

　均衡貨幣賃金が変化するのは労働の供給曲線か需要曲線がシフトするときである。例えば、すべての消費者が余暇よりもx財を選好するようになれば、供給曲線は右にシフトするから、均衡貨幣賃金は低下し、均衡労働取引量は増加する。また、すべての企業の生産工程が改善されて労働の限界生産物が増加す

図9-5 労働市場の均衡

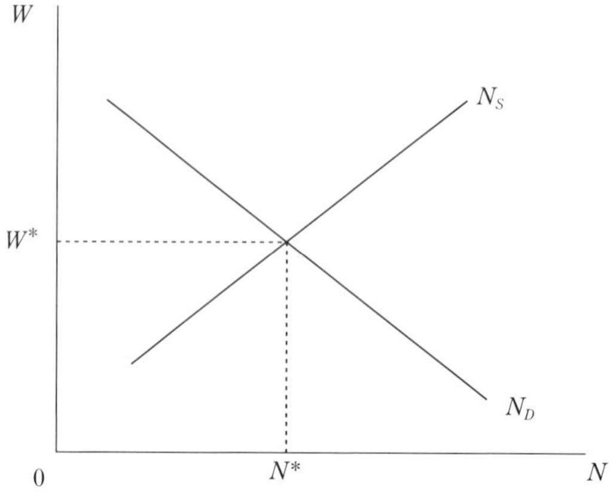

る場合には，労働の需要曲線は右にシフトし，均衡貨幣賃金は上昇し，均衡労働取引量は増加する。

4 貯蓄曲線

　消費者の貯蓄（S：savings）を，彼や彼女の所得のうち消費されなかった部分であると定義しよう。本節ではこの貯蓄がどのように決定されるかを考える。そのために，まず消費者の生涯を現在と将来の2つの期間に分けることにする。彼や彼女はそれぞれの期間において消費の大きさを自由に決めることができると仮定する。ここでは，消費も貯蓄も貨幣額で表されている。すると，消費者は現在における消費を受け取る所得よりも低く抑え，残った部分を貯蓄することで，将来に受け取る所得以上に消費をすることができる。あるいは，将来に受け取る所得を担保にして借入を行い，現在の所得以上に消費することもできる。貯蓄や借入には利子が発生するが，この利子は通常の預金などの利子とは異なり，現在から将来にかけて一度だけ発生し，貯蓄や借入にかかわらず同じであると仮定しよう。したがって，解くべき問題は生涯をつうじて最も効用が大きくなるような最適な消費の組合せがどのように決まるかということであり，これは同時に，最適な貯蓄がどのように決まるかという問題を解くことに

まず，現在で可能である最大の消費 $\underline{c_1}$ を求めよう。これは現在に受け取る所得と最大に可能な借入の合計額をすべて消費に廻すことであるから，

$$\underline{c_1} = y_1 + \frac{y_2}{1+i}$$

である。ここで，y_1 は現在の所得，i は利子率（rate of interest），右辺第2項は可能な最大の借入である[5]。次に，将来に可能である最大の消費 $\underline{c_2}$ を求めよう。これは現在の消費をゼロにして，つまり受け取る所得をすべて貯蓄することで得られる元利合計と将来に受け取る所得をすべて消費することである。

$$\underline{c_2} = y_2 + (1+i)y_1$$

ここで，y_2 は将来の所得，右辺第2項は貯蓄の元利合計である。$\underline{c_1}$ と $\underline{c_2}$ を結ぶ直線は現在と将来の消費の選択についての予算線を表している。この予算線は，

$$\frac{c_1}{\underline{c_1}} + \frac{c_2}{\underline{c_2}} = 1$$

を c_2 について解くことで求められるから，

$$c_2 = y_2 + (1+i)(y_1 - c_1) \tag{6}$$

である。ここで，この式の右辺第2項は貯蓄 $(1+i)(y_1-c_1)$ の元利合計を表す。

消費者は現在の消費と将来の消費を組合せた生涯の消費から得られる効用を極大化しようとする。彼や彼女の現在の消費と将来の消費についての選好を無差別曲線で表そう。もちろん，この無差別曲線も必要な性質は満たしている。

$$\overline{U} = U(c_1, \ c_2) \tag{7}$$

図 9-6(a) は(6)式と(7)式から描かれたものである。点 e は貯蓄も借入もゼロであるような消費の組合せである。また，この消費者が選択した最適な消費の組合せは点 E^* であり，彼や彼女は現在の消費を抑えることで，$S\ (=y_1-c_1)$ だけの貯蓄をしている。

いま，利子率が上昇した $(i \to i')$ としよう。まず，利子率の上昇は予算線

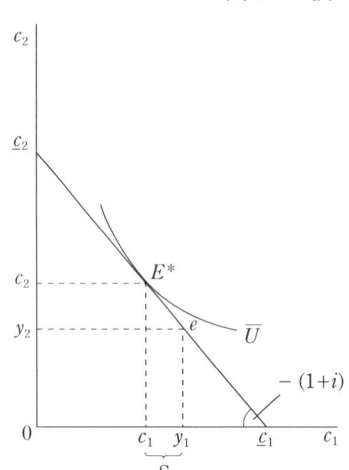

図 9-6　個々の消費者の貯蓄の決定

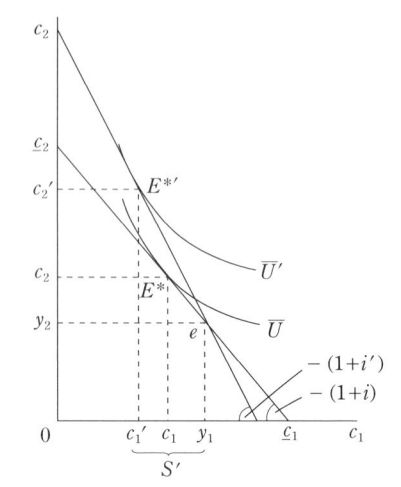

(a) 最適な貯蓄の決定　　　　*(b)* 利子率の上昇が貯蓄に及ぼす効果

の傾きをより厳しくする。それは，消費者が貯蓄をしていれば，利子率の上昇は利子所得を増加させるから将来の消費を増加させる。逆に，借入をしていれば利子払いが増えるので借入可能額が小さくなる。このような理由により，予算線は点 e を支点にして時計回りに回転することになるからである。

　また，利子率の上昇は現在の消費を増加させることで失う利子所得を増加させるから，利子所得で測った現在の消費の価格が上昇する。それゆえ，消費者は現在の消費を抑えて貯蓄を増やそうとする。これは利子率の上昇がもたらす代替効果である。しかし一方で，利子率が上昇すると，以前より少ない貯蓄で以前と同じだけの利子所得が得られるから，かえって現在の貯蓄を減少させる，つまり現在の消費を増加させる。これは利子率の上昇がもたらす所得効果である。したがって，利子率の上昇が貯蓄を増加させる効果をもつかどうかは代替効果と所得効果の相対的な大きさで決まることになる。図 9-6(*b*) は代替効果が所得効果を上回る場合を描いている。代替効果が所得効果を上回る限り，利子率の上昇は貯蓄を増加させることになる。

5 投資曲線

　企業が資本を増加させるために機械や設備，建物を購入することを投資（I: investment）とよぶ。投資は企業にとって生産能力を維持，拡大するという目的のために行われる。企業は投資資金を自己資金で賄うかあるいは借入によって調達する。いずれの場合にも，投資資金の調達コストは借入れ利子率iである。これは貯蓄の利子率と同じであると仮定する[6]。

　まず，この企業は，現在に，借入れた資金で新たな機械を購入し，将来には，その資金に借入れ利子を加えて返済する。この投資の費用Kは，

$$K = (1+i)I$$

で表される。しかし，将来に，この企業は新たに追加された機械を稼働させることで収入を得ることができる。この収入から投資の費用を差し引いた差額を純収入Rと定義しよう。すると，企業はこの純収入を極大化するように現在の投資を決定することになる。

$$R = y(I) - K \tag{8}$$

　ここで，$y(I)$は現在の投資Iによってもたらされる将来の収入である。この企業の最適な投資額は(8)式をIで微分して，極大化のための１階の条件を適用して求めることができる。

$$\frac{dR}{dI} = 0 \text{ より, } \quad \frac{dy(I)}{dI} = 1+i \tag{9}$$

図9-7は最適な投資の決定条件(9)式を成立させるような現在の投資がI^*であることを示している。

　(9)式の右辺の形に注目すれば，左辺を，

$$\frac{dy(I)}{dI} = 1+m$$

と書くことができる。すると，(9)式で表された最適化の条件は，

$$m = i \tag{10}$$

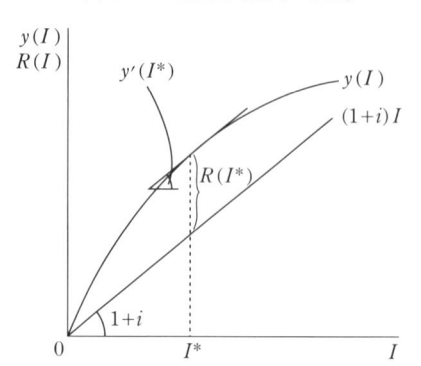

図 9-7 最適な投資の決定　　図 9-8 投資の限界収益率と利子率の
　　　　　　　　　　　　　　　　　　　一致による最適投資の決定

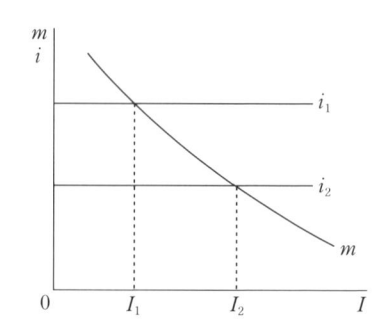

と書き直される。m は投資の限界収益率あるいは投資の限界効率とよばれる投資の採算性を表す指標である。ところで，投資の限界収益率は投資機会曲線 $y(I)$ の接線の傾き $y'(I)$ に依存しているので，右下がりの曲線として描かれる[7]。すると，(10)式は，与えられた利子率と投資の限界収益率が一致するまで投資をすることが，企業にとって最適な選択であることを示している。

図 9-8 は利子率が低くなるほど，企業にとっての最適な投資が増えることを示している。よって，投資は利子率の減少関数となることが分かる。

6　資金市場における利子率の決定

資金市場は，余剰資金をもつ消費者と資金に不足している企業との間で資金の貸借が行われる市場である。現在では，消費者の貯蓄は企業の投資資金として貸し出される。企業は借りた資金で機械を購入し，生産過程に投下する。将来には，その機械が生み出した収入のなかから，借りた資金に利子を加えた額を消費者に返済する。消費者はこの返済額に将来の所得を加えたものをすべて消費に支出する。この意味で，資金市場は資金という限られた資源を異時点間において最適に配分する役割を担っている。

図 9-9 は利子率 i^* の下で，貯蓄（資金の供給量）と投資（資金の需要量）が一致することを示している。仮に，利子率がこの水準にない場合には，ワルラス的調整過程を通じて資金の需給は一致するように調整される。なお，均衡

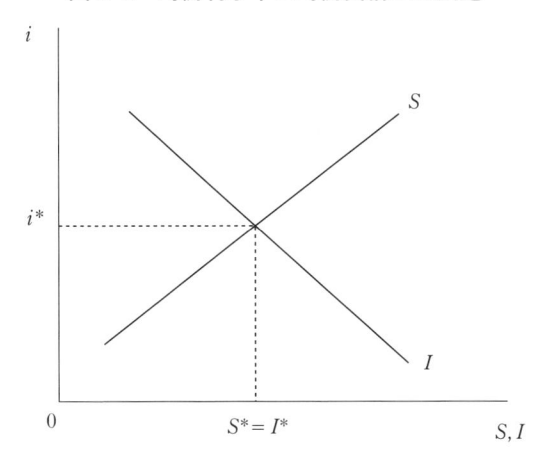

図 9-9 均衡利子率と均衡貸借量の決定

利子率が変化するときは，貯蓄曲線か投資曲線がシフトするときである。例えば，消費者が現在の消費よりも将来の消費を選好するようになれば，貯蓄曲線は右にシフトするから，均衡利子率は低下し，均衡貸借量は増大する。また，投資の限界収益率が大きくなるように投資機会曲線が上昇シフトすると，投資曲線は右方へシフトするから，均衡利子率は上昇し，均衡貸借量も増大する[8]。

[注]
1) 「貨幣」あるいは「名目」という言葉のつく変数は金額で表された変数であり，その単位は「円」である。
2) この予算制約式は，貨幣単位ではなく数量単位で表されている。W/P は 1 時間当たりの貨幣賃金で購入できる x 財の数を表している。すると，右辺第 1 項は 1 カ月間の総時間をすべて労働のみに費やしたときに可能な購入量，第 2 項は余暇に時間を費やしたときに失う数量である。このように，「貨幣」賃金を購入できる財の数量で表したものを「実質」賃金とよぶ。またここでは，x 財の価格 P は一般物価水準とみなされる。
3) 貨幣賃金の水準が高くなると，いずれ所得効果が代替効果を上回るようになる。そのときには，その貨幣賃金の水準の下で労働の供給曲線は屈折して，左上がりの曲線となる。
4) (5)式の第 1 式の右辺は 1 単位の労働を追加的に投下したときの生産物の増加分と単位当たりの生産物の価格の積を表しているから，労働の追加的な投入によって得られる収入の増加分である。これを労働の限界価値生産物とよぶ（限界収入と区別する必要がある）。

したがって，(5)式は労働を追加的に雇用する場合には，労働 1 単位の市場価格，つまり貨幣賃金と労働の追加的投入によって得られる収入の増加分とが一致するように雇用することが利潤を極大にすることを意味している。

 また，企業が利潤を極大にする生産量は，限界費用曲線が逓増する領域で与えられる。これは限界生産物が逓減していることを意味する。

5) 最大の借入は将来の所得をすべて借入の返済に充てる場合である。このときには，将来の所得＝借入金＋支払利子という関係が成り立つ。借入金を D で表せば，$y_2 = D + iD$ であるから，$D = \dfrac{y_2}{1+i}$ となる。

6) 自己資金で投資をする場合にも借入れ利子率が調達コストとみなされるのは，その資金を投資に廻さずに，貸付けに廻せば，利子率 i が得られるからである。このことは，自己資金の利用コストがそれを貸付けたときに得られるであろう i で測られることを意味している。

 なお，本節は岩田（1993）pp.432〜436 による。

7) 投資の機会曲線 $y(I)$ が下に対して凹の形をしているのは，投資の限界収益率が逓減するからである。投資の限界収益率が逓減する理由は「第 14 章　生産物市場における金融的側面」を参照されたい。

8) その企業が生産している生産物の価格が上昇して収入が増加するような場合には，投資の限界収益率は上昇する。

第10章

市場の失敗

　市場の価格メカニズムがうまく働かず，財やサービスの適切な供給ができなくて，市場で決まる取引量が過剰であったり過小になることを，市場の失敗とよぶ。完全競争市場では，適切な取引量が実現するとき市場は資源を最適に配分しているといえるので，市場の失敗とは完全競争市場が資源の最適配分に失敗している状況と言い換えることができる。

　本章では，外部性と公共財という2つのケースを取り上げて，市場が失敗する理由を考察する。

1　外　部　性

　ある市場に参加している消費者と企業の経済活動が，市場取引の結果としてではなく，他の経済主体へ影響を及ぼすことを外部性，または外部効果とよぶ。例えば，義務教育を終えた人々がより高いレベルの教育を受けようとする理由は，より高いレベルの教育から修得できる技術，知識あるいは教養が就職先の選択を広げるとか，生涯賃金を高くするなど，自分にとって利益をもたらすからであろう。このように教育サービスを需要するのは自己の利益の実現のためであるが，より高いレベルの教育を受けた人々が多くなればなるほど，道徳的で法を尊重するような住みやすい社会になるだろう。この例のように，個々の人々が教育サービスを需要することが結果として住みやすい社会を実現するならば，それは他の経済主体に望ましい影響を及ぼしていることになる。このような望ましい外部性を外部経済という[1]。

　一方，他の経済主体に対して望ましくない影響を及ぼすとき，外部不経済が存在するという。例えば，旅客輸送サービス市場では鉄道会社と消費者の間で取引がなされるが，鉄道輸送がもたらす騒音は取引の当事者以外の人々に損害を与えている。このように外部不経済は公害や環境問題という形で表面化する

ことが多い。本節では，外部不経済の例を取り上げよう。

　第8章では，均衡価格の下では，財に対する社会的限界評価とそれを生産するための社会的限界費用が一致し，それゆえ均衡取引量は社会的にみて最適な消費量と生産量であるという意味で，最適な資源配分が実現している状態であることが説明された。ところで，この社会的限界費用は企業が負担する生産費用であるため，限界内部費用とよばれることもある[2]。

　企業による生産活動には何某かの外部不経済が発生する。例えば，生産過程で生み出される廃液は河川や海に捨てられ，有害なガスは大気中に捨てられて，環境を汚染する。バスなどの運輸サービスであっても，騒音や廃棄ガスが環境に排出される。このような外部不経済がもたらす被害を貨幣的に評価できるものとしよう[3]。この被害額を負担するのは，この財を生産している企業やそれを消費している消費者というわけではない。結局，社会全体でこの被害額を負担することになる。それゆえ，これを外部費用（EC：external cost）とよぶ。外部費用は財の生産量が増えれば増えるほど大きくなるので，財の生産量の増加関数となる。

$$EC = EC(x), \qquad EC'(x) > 0, \ EC''(x) > 0$$
$$\text{ただし，} 0 \leq x \leq \underline{x} \text{のとき，} EC(x) = 0 \tag{1}$$

　(1)式は，外部費用関数を横軸切片をもつ右上がりの曲線と定義している。実際，自然界には自助浄化能力が働いているので，ある程度の汚染物質の排出は浄化されて環境に被害を及ぼさないと考えられるため，ある水準の生産量までは外部費用が発生しないとみなされる。これが横軸切片の意味である。

　市場の供給曲線は，財を追加的に生産するときの社会的な限界費用曲線を表している。そこで，財を追加的に生産するときの外部費用の増加分として限界外部費用（MEC：marginal external cost）を定義しよう。環境は悪化し始めると加速的に状態が悪くなるため，外部費用は逓増すると考えられる。よって，限界外部費用関数は右上がりの曲線となる（図10-1）。

$$MEC(x) = \frac{dEC(x)}{dx} \quad および, \quad MEC'(x) > 0 \tag{2}$$

ただし，$0 \leq x \leq \underline{x}$のとき，$MEC(x) = 0$

　すると，ある財が市場で取引されるときに考慮すべき社会的費用とは実際に社会が負担すべき費用であるから，それは内部費用と外部費用を合計したものでなければならない。図10-2のS^Eは限界外部費用を考慮した場合のこの市場における供給曲線であり，x^Eとp^Eはそのときの均衡取引量と均衡価格を示している。もし，市場の供給曲線がS^Eであれば，この財は社会的評価と等しいだけの社会的な費用をかけて生産されているという意味で，

$$p^E = MC(x^E) + MEC(x^E)$$

が成立しており，社会的にみて無駄がない最適な生産量が選択され，市場は資源を最適に配分しているといえる。一方，内部費用のみを考慮したときの最適生産量x^*は明らかに過剰生産であるため，市場は最適な資源配分に失敗しているとみなされる[4]。市場が失敗する原因は個々の企業が外部費用を無視して財を生産するためであるから，政府が外部費用を企業の生産費用に反映させるように介入することで，市場の失敗は是正できることになる。

　いま，政府は生産された財に対し従量税という方法で環境税tを課すことにしよう[5]。図10-2中のS^tが課税後の供給曲線である。この新しい市場供給曲線は，社会的に望ましい均衡取引量を実現している。

図 10-1　限界外部費用関数　　　　図 10-2　外部不経済

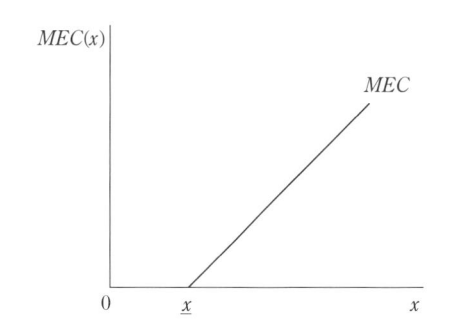

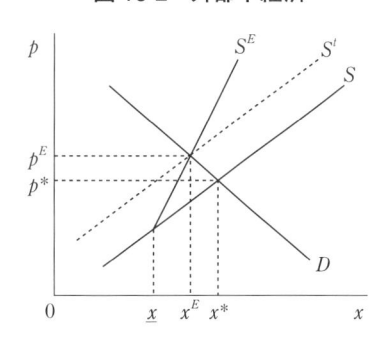

$$p^E = MC(x^E) + MEC(x^E) = MC(x^E) + t$$

　このように市場が機能不全を起こしているときには，政府の介入は市場の機能を取り戻すことに成功する。しかしそのためには，適切な水準の環境税が課せられなければならないが，実際にそれは困難である。というのは，外部費用のみならず，その市場における需要曲線や供給曲線について正確に把握していなければ，環境税の適切な水準を決めることができないからである。

　ところが，コースは市場の機能をうまく利用すれば，政府の介入がなくても環境問題が解決される可能性があることを主張した。その方法とは，環境の利用権を明確にすることで，環境問題の解決を加害者と被害者の交渉に委ねるというものである。

2　コースの定理

　ある地域に1つの企業，つまり1つの工場が操業しており，その工場の排煙によって地域住民が健康被害を受けているとしよう。地域住民の健康被害が，図10-1の限界外部費用曲線で表されるとする。この曲線が再び図10-3に書き込まれている。一方，この企業は当然自らの利潤を極大化するべく操業している。この企業の利潤関数は，

$$\pi(x) = p \cdot x - TC(x)$$

であるから，限界利潤曲線は，

$$M\pi(x) = \frac{d\pi(x)}{dx} = p - MC(x) \tag{3}$$

となる。限界利潤曲線（$M\pi$曲線）は，図10-3では右下がりの曲線で描かれている。この曲線の高さは操業停止点から右上がりの限界費用曲線と価格線との距離を表しているから，横軸切片x^*はこの企業が利潤を極大にする生産量であり，x^*の下で$p = MC(x^*)$が成立している。

　政府の介入がない場合に，この企業が利潤を極大化しようとすれば，生産量はx^*であり，そのときの利潤は面積$0Ax^*$で表される。一方，地域の住人が

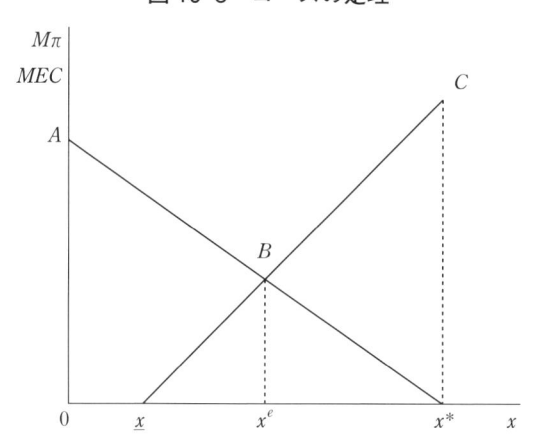

図 10-3　コースの定理

被る健康被害は外部費用 $\underline{x}Cx^*$ となる。いま，政府が地域住人に清浄な空気を吸う権利を保証したとすると，住人は企業に対して被害を補償するよう交渉を要求できることになる。このとき，企業にとって利潤が極大になる生産量は x^e である。というのは，生産量が x^e よりも大きい領域では，生産を減らすことで失う利潤（限界利潤）よりも節約できる補償額（限界外部費用）の方が大きいため，生産を減少させることが最適な選択となる。逆に，x^e よりも小さい領域では，生産を増やすことで獲得できる限界利潤の方が限界外部費用よりも大きいため，補償額を支払っても生産を増やすことが最適な選択になるからである。結果として，この企業は生産量 x^e の下で，面積 $\underline{x}Bx^e$ だけの補償を支払い，面積 $0AB\underline{x}$ だけの純利潤を確保しようとする。

今度は，政府は企業に対し排煙を大気中に投棄する合法的な権利，すなわち汚染権を与えるとしよう。この場合には，企業は合法的に x^* の生産を実現できる権利を有している。しかし，地域住人は $\underline{x}Cx^*$ の被害を少しでも軽減しようと，企業の利潤を補償することを条件に生産量を減らすように交渉をもちかける。住人にとっては限界外部費用が限界利潤を上回る限り，生産を減少するように交渉することが最適な選択であるから，交渉の結果として企業の生産量は x^e に決まることになる（例えば，x が $\underline{x} < x < x^e$ の範囲にある場合の地域住人の最適な選択はどうなるのか，読者自身で考えられたい）。

コースの定理にしたがうと，加害者と被害者のいずれに環境の利用権が設定されたとしても，最適な生産量は同じになる。このことは，交渉の費用が無視できるならば，環境問題は当事者間の交渉によって解決できる，ということになる。それは，外部不経済が内部化されて市場で解決されることを意味することに他ならない。しかしながら，以下のような問題の存在も指摘されている。

① 環境権がいずれに帰属するかという問題が環境問題を複雑にする原因であること。
② 権利の帰属先が利益を受けるということから所得の分配問題が生じること。
③ 実際には，企業と交渉をする際には弁護士費用のような金銭的な費用やいろいろな手間や多くの時間が割かれるという非金銭的な費用（これらを取引費用という）がかかり，このような取引費用は被害者が多くなればなるほど大きくなるということ。
④ 現実的には加害者を特定することが難しく，それゆえ交渉の対象を特定化することが困難であること。

3　公共財

筆者が居住している長野市では，毎年11月23日の勤労感謝の日に，恵比須講花火大会が開催される。この花火大会は大変規模が大きく，数キロ離れたデパートの屋上からでも11月の澄んだ夜空に咲く花火を楽しむことができる。テレビでは仕掛け花火や打ち上げ花火の映像や千曲川沿いに夜店が連なり，所狭しと行き交う人々の映像などが紹介され，長野市民がこの花火大会を楽しんでいる風景が映し出される。このような風景は規模や季節の違いを別にすれば，どこの花火大会でも同じではないだろうか。ところで，このような地域の住民を対象にした花火大会は，筆者の知る限り特別観覧席という席を除けば，どこでも無料で楽しむことができるはずである。花火鑑賞券などを販売しているところをみたことがないから，花火大会は無償で提供されている余暇財といえる。なぜ，無償で提供されているのだろうか。

誰もが自由に望むだけを消費できて，しかも彼や彼女の消費よって他の誰も

その財の消費を妨げられないような財があれば，そのような財について市場は成立しないと考えられる（これを市場の欠落という）。花火大会は，あなたが花火をみたからといって，他の誰かが同じ花火をみることができないという訳ではなく，特定の誰かに（鑑賞券を持っていない人などに）花火をみせないでおくようなこともできないので，花火大会についての市場は成立しないことになり，花火をみるという余暇財の市場取引は発生しない。経済学では，このような財を公共財という。公共財は，次の2の性質をもつ財と定義される。

(i) **非排除性**：特定の条件を満たさない人が消費できないようすることができない。
　　　　　　例えば，花火鑑賞券を購入しない人には花火がみれないようにする，ということができないという性質。

(ii) **非競合性**：ある人がその財を消費したら，別の誰かがその財を消費できなくなるということがない。
　　　　　　あなたが花火をみたら，他の人が花火をみることができなくなる，ということがないという性質。

　花火大会のような余暇財はそれぞれの地域で，お花見，時代行列やカーニバルなど様々なものが提供されているが，それらが公共財であるのは協賛者が，株式会社○○，○○銀行，あるいは○○商工会議所，○○市などのような公共的な存在であるからではなく，それらをたとえ個人で提供したとしても，性質(i)と(ii)を有するからである[6]。

　前章までの分析の対象となっていた財は，消費するためには価格を支払う必要があり，あなたが購入すれば他の人はそれを購入することはできない，つまり排除性（価格を支払わない人には売らない）と競合性（あなたがパンを食べると，他の人はそのパンを食べることはできない）という2つの性質をもつ財であることが分かる。このような性質をもつ財を私的財とよび，公共財の対極にあるものとみなされる。ただし，公共財と私的財の間には準公共財とよばれる財があり，定義されたような公共財は実際には少なく，非排除性か非競合性の性質を満たさなくなった財は私的財のように提供されることが多い。これらの関係を表したものが，表10-1である[7]。

　共有財の代表的なものが海洋資源である。鰯や鰹のような回遊魚はどこの誰

表 10-1　財の性質

		排除性	
		可　能	不可能
競合性	有り	私的財	共有財
	無し	クラブ財	公共財

でもが漁をすることができる。しかし，漁獲された魚は，もはや他の漁業者の手には入らない。また，クラブ財の代表的なものにアミューズメント・パーク内で開催される花火やパレードなどのイベントがある。これらは入場料を支払えば，誰もが好きなだけ楽しむことができる。

4　公共財の最適供給

　前節では，公共財には市場が成立し難い理由が説明された。しかし，その理由だけでは政府や地方自治体のような公共機関が公共財を提供する理由とはならない。本節では，もう一歩踏み込んで，公共財を公共機関が供給しなければならない理由を検討しよう。いま，消防のような社会にとって必要とされる公共財の市場があるとしよう[8]。この市場は完全競争市場であるが，需要者は個人Aと個人Bの2人しかいないものとする。個人Aと個人Bがこの公共財をどう評価しているかは，それぞれの需要曲線で表されるから，市場の需要曲線を求めることで，この公共財に対する社会的な評価を知ることができる。

$$\text{Aの需要曲線} \quad p^A = p^A(x)$$

$$\text{Bの需要曲線} \quad p^B = p^B(x)$$

$$\text{市場需要曲線} \quad p = p(x)$$

　ここで，p^A と p^B は個人Aと個人Bの需要曲線，p は市場需要曲線，x は公共財である。公共財は個人Aが x だけ消費しても，個人Bもまた x を消費できるので，市場需要曲線は私的財の場合とは求め方が違うことになる。私的財の場合には，第5章の図5-3のように任意の価格の下で需要量を集計して求

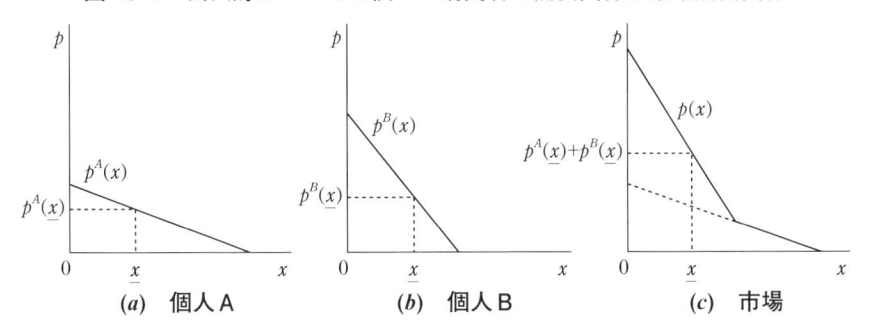

図 10-4　公共財についての個々の消費者の需要曲線と市場需要曲線

られるが，公共財の場合には任意の需要量の下で限界的評価額（すなわち，価格）を集計して求められる（図 10-4）。

　図 10-5 は公共財市場における最適な供給量が x^* であることを示している。これは x^* の下で社会的厚生が最大になることからも確認できる。したがって，この供給量を何らかの私的な方法で実現できれば，市場で公共財を供給することが可能となる。x^* を実現するためには，市場需要曲線 $p(x)$ を知らなければならない。その方法として，個人Aと個人Bにそれぞれのこの公共財への評価を申告してもらうことにする。彼らが正直に答えてくれるならば，市場需要曲線 $p(x)$ が導かれ，最適取引量 x^* が実現できる。これを，リンダール均衡（E^L: Lindahl equilibrium）とよぶ。そのときの公共財の均衡価格は $p^*(x^*)$ であるが，これは2人が申告したそれぞれの評価に応じて分担して支払えばよい[9]。

$$p^*(x^*) = p^A(x^*) + p^B(x^*)$$

　しかし，公共財は個人Aと個人Bの消費に対して排除性をもたないから，それぞれが応分の負担をしなくても消費は可能となる。つまり，彼や彼女らはできるだけ自分の負担を軽くしようとするに違いなく，そのときにはそれぞれの評価を過小申告することになる。その結果，公共財の供給は最適な水準よりも過小になってしまう。このように，自己の負担を減らしながら，公共財を消費しようとする行為をただ乗りとよぶ。個人Aも個人Bも全く費用を負担せず相手にただ乗りしようとするならば，市場はこの公共財を私的に供給できな

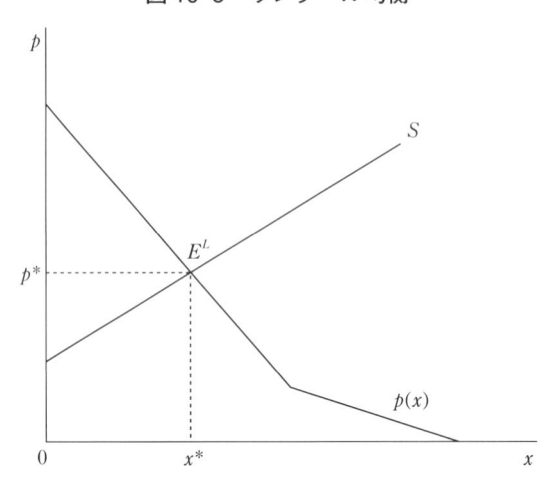

図 10-5　リンダール均衡

くなってしまう。あるいは，個人 A が篤志家で自分一人で費用を全額負担すると宣言したらどうなるであろうか。そのときには，個人 B は自己の評価を過大に申告し，公共財を必要以上に消費しようとするであろう。この場合には，公共財は過剰に供給されることになる。ここで指摘したことは，市場に任せていては公共財の最適な生産量を実現することは困難であり，その意味で最適な供給量の確保に失敗するということである。

しかしながら，消防のようなサービスが過小に供給されたり，全く供給されなくなるような事態は社会として絶対に避けなければならない。ここに，公共財といわれるものを政府や地方自治体などの公の機関が供給することになる理由がある。

本章では，市場の失敗の例として外部性と公共財を取り上げた。この 2 つのケース以外にも，市場が失敗する要因としては，情報の偏在，不確実性，あるいは独占などが挙げられる。これらの要因を一瞥しただけでも，市場が失敗するのが通常の状態であり，市場が成功することの方が希なケースであることが容易に想像できよう。それゆえ，市場が失敗する理由を理解することは市場経済を正しく理解する上で欠くことができないことなのである。

[注]
1) 日本などの先進諸国では，日常の生活や仕事の現場で必ずといっていいほど，コンピューターが利用されている。コンピューターは便利な機器であるが，それがどこでも利用できるようになるまでに普及するには，その社会で使いこなせる人が多くならなければならない。コンピューターが普及し誰にとっても便利になったことは，コンピューターの利用技術を習得した人々が増えたことによる外部経済である。
2) 内部費用とは，これまで総費用 $TC(x)$ とよんでいたものである。これはまた私的費用ともよばれる。
3) 外部費用は必ずしも貨幣的に評価できる訳ではない。例えば，動植物が死滅した場合や，大気や河川の汚染なども貨幣的に評価することは困難である。このような場合には，物的な単位（死滅した動植物の量や人の生存余命）などで測られる。しかし，経済学的には貨幣的に評価できるものと仮定して議論を進めよう。
4) 一般的に，外部不経済を伴う財の生産は過剰になる。逆の推論により，外部経済を伴う財の生産は過小になることが分かる。その理由を読者自身で考えられたい。
5) 市場の失敗を解消するために課せられる税を，初めてそれを提唱したイギリスの経済学者 A.C.Pigou の名前にちなんで，ピグー税とよぶことも多い。
6) 公共財の例としては，テレビやラジオの電波，灯台の灯り，公園，道路，司法制度，消防活動や国防などがある。
7) 準公共財という言い方に対して，本文で定義した公共財を「純粋公共財」とよんで区別することもある。
8) 消防が提供するサービスは地震などの災害時には同時に需要が集中するので，混雑効果が発生する。その場合には，競合性が発生する。しかし，通常の状態では非排除性や非競合性を備えているので公共財とみなしてよい。
9) このように，公共財の消費について個人別に課せられる価格をリンダール価格とよぶ。

第2編

マクロ経済学

第11章
国内総生産

　マクロ的な経済活動は3つの側面からその姿を把握することができる。初めは財やサービスの生産，次に所得の受け取り，そして生産された財やサービスの購入である。本章では，マクロ経済におけるこれらの側面の関連性を明らかにしよう。

1　マクロ経済の循環

　図11-1は民間部門のみからなる単純化されたマクロ経済のある一定期間における循環図を示している。上段の**実線：生産**は，企業が財やサービスを生産しそれらを消費者（家計）に対して販売するという経済の生産面を表している[1]。一方，逆に流れる**実線：支出**は，消費者が企業によって供給された財やサービスを購入するという，財やサービスに対する支出面を示している。

　下段の**点線：生産要素**は，消費者が企業に対して，労働，土地，資金などの生産要素を提供することを示し，逆に流れる**実線：所得**は，企業がこれらの生

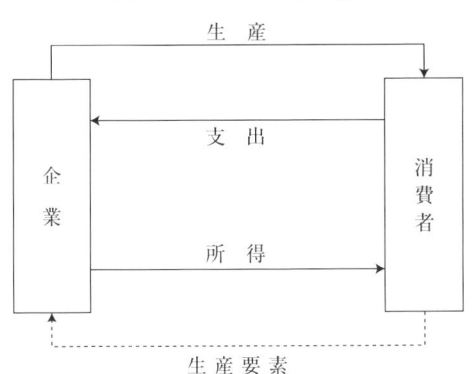

図11-1　マクロ経済の循環

産要素を雇用した対価として賃金，地代，利子，配当などを消費者に支払うことを示している。これは経済における所得の受け取りという側面を表している。

図 11-1 で示された 3 本の矢印，企業による財やサービスの生産（生産面）と消費者による支出（支出面）および消費者の所得の受け取り（分配面）は，ある一定期間の経済活動をそれぞれの側面からみたものにすぎないから，その結果は一致するはずである。これを三面等価の原則とよぶ。次に，このことを示そう。

2　国内総生産の三面等価

経済活動を生産面から捉えたものを国内総生産（GDP：gross domestic product）とよぶ。国内総生産は，「ある一定期間（通常 1 年）にその国の国内で生み出された付加価値の合計である。」と定義される。

ここで，付加価値とは新たに生み出された価値，あるいは付け加えられた価値のことである。例えば，これは次のように説明される。図 11-2 は，乾パンのみを生産している単純な一国経済の各生産段階を示している。乾パンの原材料は小麦粉のみとしよう[2]。この経済は小麦を生産し，小麦を小麦粉に加工し，小麦粉から乾パンを生産し，最後に乾パンを流通にのせて消費者に販売するという 4 つの生産段階からなっている。最初の段階では，農家は小麦を生産し，それを製粉業者に販売する。その取引で，農家は 20 万円の所得を得る。この 20 万円は何もない状態から小麦を生産したことによって新たに生み出された価値である。次に，製粉業者は仕入れた小麦から小麦粉を生産し，それを乾パン生産業者に 50 万円で販売する。この取引で，製粉業者は小麦を小麦粉に加工することで 30 万円の新たな価値を生み出したことになる。このようにして新たに生み出された価値が付加価値である。それに対して，製粉業者が原材料として仕入れた小麦を中間投入物とよぶ。したがって，付加価値は，生産額から原材料費用あるいは中間投入額を差し引いたものになる。このように計算すれば，乾パンの製造段階と販売段階ではそれぞれ 40 万円と 50 万円の付加価値が生み出されたことになるから，経済全体として生み出された付加価値は 140 万円となる。これが，この経済の国内総生産である。

図 11-2　付加価値と国内総生産

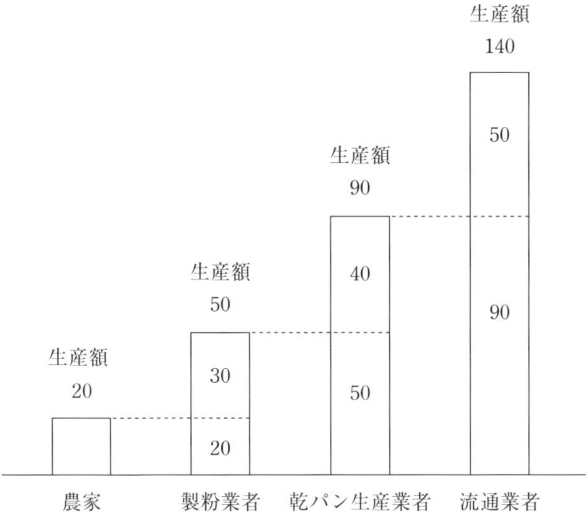

```
                                              生産額
                                              140
                                          ┌────────┐
                                          │   50   │
                                   生産額  ├────────┤
                                    90    │        │
                               ┌────────┐ │        │
                               │   40   │ │        │
                        生産額 ├────────┤ │   90   │
                         50    │        │ │        │
                    ┌────────┐ │   50   │ │        │
                    │   30   │ │        │ │        │
             生産額 ├────────┤ │        │ │        │
              20   │        │ │        │ │        │
          ┌────────┤  20    │ │        │ │        │
          │        │        │ │        │ │        │
          └────────┴────────┴─┴────────┴─┴────────┘
             農家   製粉業者  乾パン生産業者 流通業者
```

出所：岩田（1997）p.9 を修正。

　ところで，小麦の生産段階で生み出された 20 万円の付加価値は農家の所得となる。次の，小麦粉の生産段階で生み出された 30 万円の付加価値は，この付加価値を生み出すために雇った生産要素の所有者に，賃金，地代，利子，配当として支払われる。もちろん，この支払は生産要素の提供者にとっては所得となるから（これを要素所得という），結局，生み出された付加価値は，誰かの所得となって分配されることになる。このような所得の分配は乾パンの製造段階と販売段階でも同様に行われるから，この経済で分配された総所得額は 140 万円になる。これを国内総所得（GDI：gross domestic incom）とよぶ。すると，国内総生産と国内総所得との間に，

$$国内総生産 \equiv 国内総所得 \qquad (1)$$

という関係があることが分かる。

　次に，支出面から経済を捉えよう。図 11-2 に戻って，生産の最終段階である乾パンの販売に注目する。この段階に至ると，乾パンの販売を中間投入物とするような次の段階は存在しない。このように，もはや中間投入物となら

ないような財やサービスを最終生産物という。この経済では，140万円の最終生産物が生産されたことになる。最終生産物である乾パンは消費者か流通業者自身によって購入されるから，結局，140万円に等しい支出が生じることになる。国内で生産された最終生産物に対する支出を国内総支出（GDE：gross domestic expenditure）とよび，140万円がそれになる。それゆえ，国内総生産と国内総支出の間には，

$$\text{国内総生産} \equiv \text{国内総支出} \tag{2}$$

という関係が導かれる。ところで，流通業者が自ら乾パンを購入することを在庫投資という。在庫投資とは，販売活動の円滑化のため一定量の乾パンを手許に保有することをいう。また，最終生産物である乾パンに対する支出に注目すると，流通業者による在庫投資分の乾パンは投資財，消費者が購入した乾パンは消費財となる。

(1)式と(2)式より，

$$\text{国内総生産} \equiv \text{国内総所得} \equiv \text{国内総支出} \tag{3}$$

という関係が導かれる。国内総所得も国内総支出も国内総生産をそれぞれの側面からみたものであるから，(3)式は必ず成立する。これを，国内総生産の三面等価の原則とよぶ。

表11-1は，平成22年の日本経済の経済循環を『国民経済計算年報』より抜粋したものである[3]。表11-1(a)は生産面からみたGDPの統計であり，産業別に集計された付加価値と政府サービス生産者と民間非営利サービス生産者の付加価値の合計として，国内総生産が481兆7,732億円であることを示している。なお，政府サービス生産者と民間非営利サービス生産者により供給されるサービスは市場価格にもとづいて販売される訳ではないので，これらの生産者が生み出した付加価値は，そのサービスを供給するのに費やされた費用をもって測られている[4]。このような評価方法を帰属計算という。

表11-1(b)は分配面からみたGDP，すなわちGDIを計測したものである。雇用者報酬は賃金の受け取りであり，営業余剰・混合所得は法人企業・個人企業が得た所得であって，このなかから地代，利子，配当などが分配され，残余が

第11章　国内総生産　119

表 11-1　平成 22 年における GDP の三面等価

(単位：10 億円)

(a) 生産面からみた GDP

国内総生産	実　数	構成比
1. 産業	423,509.3	87.9
(1) 農林水産業	5,556.4	1.2
(2) 鉱業	287.0	0.1
(3) 製造業	93,362.2	19.4
(4) 建設業	26,655.6	5.5
(5) 電気・ガス・水道業	10,972.1	2.3
(6) 卸売・小売業	64,352.0	13.4
(7) 金融・保険業	23,629.6	4.9
(8) 不動産業	57,005.0	11.8
(9) 運輸業	23,502.5	4.9
(10) 情報通信業	26,199.0	5.4
(11) サービス業	91,988.0	19.1
2. 政府サービス生産者	44,107.5	9.2
(1) 電気・ガス・水道業	3,055.7	0.6
(2) サービス業	11,436.0	2.4
(3) 公務	29,615.8	6.1
3. 対家計民間非営利サービス生産者	10,000.7	2.1
(1) 教育	4,668.7	1.0
(2) その他	5,332.0	1.1
小　計	477,617.5	99.1
4. 輸入品に課される税・関税	4,846.5	1.0
5. (控除) 総資本形成に係る消費税	2,570.3	0.5
6. 統計上の不突合	1,879.5	0.4
合　計	481,773.2	100.0

(b) 分配面からみた GDP

国内総所得	実　数	構成比
1. 雇用者報酬	243,789.2	50.6
2. 営業余剰・混合所得	91,468.3	19.0
3. 固定資本減耗	107,968.4	22.4
4. 生産・輸入品に課される税	39,852.5	8.3
5. (控除) 補助金	3,184.7	0.7
6. 統計上の不突合	1,879.5	0.4
合　計	481,773.2	100.0

(c) 支出面からみた GDP

国内総支出	実　数	構成比
1. 民間最終消費支出	285,439.0	59.2
2. 政府最終消費支出	95,306.8	19.8
3. 総固定資本形成	96,776.4	20.1
4. 在庫品増加	-1,512.2	-0.3
5. 財貨・サービスの輸出	73,182.5	15.2
6. (控除) 財貨・サービスの輸入	67,419.2	14.0
合　計	481,773.2	100.0

注：ただし，名目値。

企業の内部留保となる。固定資本減耗は機械や設備のような固定資本に対する減価償却費の積み立てであり，その意味で当該期間中の固定資本の価値の減価分の貨幣的評価額である。それゆえ，所得ではないが，企業の手許に残される。ところで，国内総生産は市場価格で測られているから，関税や間接税あるいは補助金が含まれている。これらは生産要素に対する支払ではないから，誰かの所得として分配されない。しかし，これを受け取るのは政府であるから，生産・輸入品に課される税－補助金は政府に分配される所得となる[5]。

表 11-1(*c*) は支出面からみた *GDP*，すなわち *GDE* である。この表は最終生産物に対する支出の内訳を表している。民間と政府の最終消費支出は家計（消費者）による消費財の購入と政府の政府サービスへの自己消費をそれぞれ計上したものである。住宅や機械，設備，あるいは在庫品などの投資財への支出は総固定資本形成と在庫品増加に分けて記載されている。なお，これらを合算したものは国内総資本形成とよばれる。海外に対する輸出である財貨・サービスの輸出が含まれるのは，輸出は外国における日本国内で生産された生産物に対する支出であり，一方，輸入が控除されるのは，国内での生産物に対する支出には輸入品（外国でつくられた生産物）への支出も含まれているからである。

なお，理論分析の立場からは，国内総資本形成における民間部門と公的部門を切り離し，後者を最終政府消費支出に加えることによって，国内総支出を各部門ごとの支出額で表すことにしている。

$$国内総支出 \equiv 民間最終消費支出 + 民間総資本形成 + 政府支出$$
$$+ 財貨・サービスの純輸出 \qquad (4)$$
$$ただし，純輸出 \equiv 輸出 - 輸入$$

表 11-1 は，日本経済においても三面等価の原則が成立していることを示している。しかし，生産の主体と支出の主体が異なっている以上，生み出された最終生産物に等しい支出が必ずなされるとは限らない。この場合には，国内総生産と国内総支出の恒等関係が成立しないことはもちろんである。国民経済計算では，経済活動を事後的に処理することで，これらの恒等関係を確保している。具体的には，最終生産物に売れ残りが発生した場合には，それはその企業

に保有されるので，在庫投資とみなして処理をするという方法をとる。その結果，最終生産物は消費財あるいは投資財としてすべて販売されることになるから，国内総支出は国内総生産と事後的には必ず一致することになる。

ところで，表11-1(c)の項目「在庫品増加」に記載されている数値は，そのような事後的な調整がなされた結果である。しかし，その数値にはどれだけが，「意図された在庫」であり，「意図されない在庫（売れ残り）」であるかの区別はされていない。次章で明らかにされるように，この「意図されない在庫」の存在はマクロ経済の均衡概念にとって重要である。

3　国内総生産と国内純生産

前節の国内総所得の構成要素には，固定資本減耗が含まれていた。これは，付加価値を生み出す過程において失われた資本の価値であると説明された。すると，実際に生み出された付加価値を測るためには，失われた価値を差し引く必要がある。固定資本減耗を含む場合が「総（G：gross）」，控除された場合が「純（N：net）」で表される。

$$\begin{aligned}国内純生産(NDP) &= 国内総生産(GDP) - 固定資本減耗\\ 国内純所得(NDI) &= 国内総所得(GDI) - 固定資本減耗\\ 国内純支出(NDE) &= 国内総支出(GDE) - 固定資本減耗\end{aligned} \quad (5)$$

したがって，三面等価は，

$$国内純生産 \equiv 国内純所得 \equiv 国内純支出 \quad (6)$$

と書き直される。

4　国内総生産と国民総生産

国内総生産は付加価値が生み出された場所に注目した概念であるが，付加価値を生み出した人に注目した概念が国民総生産（GNP：gross national product）

である。国民総生産は「ある一定期間（通常1年）にその国の国民によって生み出された付加価値の合計である」と定義される。ここで，国民とはその国の居住者をさし，外国人であっても1年以上居住するものは国民とみなされる。また，外国企業の在日支店や事務所などは居住者，つまり日本国民であるが，国内企業の支店や事務所であっても海外にあるものは日本国民とはみなされない。

例えば，日本国民が外国企業の株式を購入したとする。その際，外国企業から支払われる配当は日本のGDPには含まれないが，日本のGNPには含まれる。これは，支払われた付加価値が生み出された場所が国外ではあるが，一方，それを受け取った者が日本国民であるからである。同様な例として，日本国民が一時的に外国で働き所得を得るような場合がある。

国民総生産は，国内総生産に海外との要素所得の取引を加えることで求められる。

$$国民総生産 \equiv 国内総生産 + 純要素所得$$
$$純要素所得 \equiv 要素所得の海外からの受け取り - 海外への支払い$$
(7)

図11-3 国内総生産と国民総生産

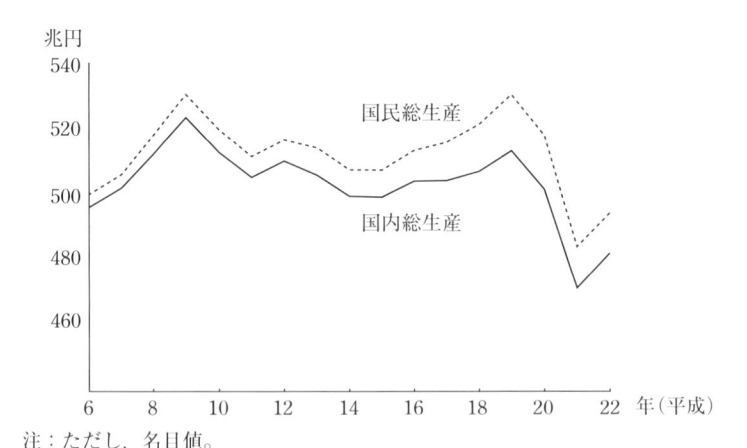

注：ただし，名目値。
出所：内閣府『国民経済計算年報 平成24年』。

近年，わが国でも国内総生産と国民総生産の乖離が大きくなりつつある。これは，経済活動のグローバル化が進んでいることを示すものである（図11-3）。

5　GDPに含まれるものと含まれないもの

　GDPは，市場で取引されて価格が支払われる財やサービスをもとに計測される。しかし，すでに触れたように公共サービスのように例外として扱われるものもある。本節では，GDPに含まれるケースとそうでないケースを整理しよう。

　まず，GDPに含まれるものとしては，政府が提供するサービスがあり，このサービスの価値はそれを生み出すための費用で測られることはすでに説明した。また，非営利団体が提供するサービスも同じである。このように市場で取引がなされない財やサービスの価値を計算する方法を帰属計算とよび，計算された価値を帰属価値とよぶ。帰属計算の対象となっているものとしてはこの他にも，農産物に対する農家の自己消費分，持ち家から得られる住宅サービスがある。

　一方，GDPに含まれないものの例としては，まず，主婦の家事労働や農作物の自家栽培がある。これは家事労働や家庭菜園で栽培された野菜は市場で取引されないからである。また，住宅の購入額に含まれる土地代金や中古車などの中古製品の販売価格も含まれない。土地や中古車は当該の期間に生産されたものではないからである。また，土地の所有者にとって土地を売ることは土地の代わりに貨幣を受け取ることであり，資産の交換に過ぎない。中古車についても同様である。ただし，土地の整備費や中古車販売の手数料は当該期間に生み出された付加価値であるからGDPに含まれる。資産価格の変動に伴うキャピタル・ゲインやロスもまた含まれない。これらは，付加価値ではないためである。最後に，生産活動によってもたらされた環境汚染や環境負荷は，その経済が生み出した負の価値（すなわち，失った価値）とみなされるが，このような経済活動における負の側面はGDPでは評価されていないことを指摘しておこう。

6　名目値と実質値

　GDP は市場価格で評価されるので，ある t 年に生産された第 i 番目の財やサービスの価格を p_t^i，その生産量を q_t^i で表すと，t 年における GDP は，

$$NGDP_t = p_t^1 q_t^1 + p_t^2 q_t^2 + p_t^3 q_t^3 + \cdots + p_t^n q_t^n$$
$$= \sum_i p_t^i q_t^i \tag{8}$$

と計算できる。これを名目 GDP とよぶ。本節では名目 GDP を NGDP で表すことにする。名目 GDP を複数年について比較することを考えよう。名目 GDP に違いがあるとすれば，それは価格の変化か，生産量の変化，あるいは両方の変化が反映されているに違いない。しかしながら，財やサービスの生産水準がいかに変化したかを知りたいならば，価格の変化が及ぼす影響を取り除かなければならない。価格が変化しないと想定して GDP を計測した指標が実質 GDP である。実質 GDP を RGDP で表そう。実質 GDP は基準年 ($t=0$) の価格と比較年 (t) の生産量を用いて計測される。t 年の実質 GDP は，

$$RGDP_t = p_0^1 q_t^1 + p_0^2 q_t^2 + p_0^3 q_t^3 + \cdots + p_0^n q_t^n$$
$$= \sum_i p_0^i q_t^i \tag{9}$$

で計算される。ここで，p_0^i は基準年の第 i 番目の財やサービスの価格である。実質 GDP は基準年の価格を用いて計算されるので，複数年で比較するときでも，価格は不変である[6]。したがって，GDP の水準に違いがあるとすれば，それは財やサービスの生産量の違いということになる。このような実質 GDP の測定方法を固定基準年方式という。

　ところで，基準年の財やサービスの価格は p_0^i であり，生産量は q_0^i であるから，基準年の実質 GDP と名目 GDP は，

$$NGDP_0 = p_0^1 q_0^1 + p_0^2 q_0^2 + \cdots + p_0^n q_0^n = \sum_i p_0^i q_0^i$$
$$RGDP_0 = p_0^1 q_0^1 + p_0^2 q_0^2 + \cdots + p_0^n q_0^n = \sum_i p_0^i q_0^i$$

となって，必ず一致する。そこで，各年の名目 GDP と実質 GDP を比べると，物価水準が年々上昇するような経済は，基準年以前では実質 GDP は名目 GDP

よりも大きくなり，基準年以降は実質 GDP は名目 GDP よりも小さくなる。そして，物価水準が年々低下するような経済では逆のことがいえる[7]。図11-4(a) は平成17年を基準年とする実質 GDP と名目 GDP を表している。平成17年の前後では，実質 GDP と名目 GDP の大小関係は逆になっていることが分かる。これは，近年の日本経済がデフレ傾向であることを示している（図11-4(b) を参照）。

　実質 GDP と名目 GDP を比較することで，基準年と比較年との間で物価水準がどれだけ変化したかを知ることができる。各年の物価水準を測る指数にGDPデフレーターがある。比較年 t 年のGDPデフレーターは，比較年 t 年における名目GDPと実質GDPの比で求められる。比較年 t 年のGDPデフレーターを P_t で表すと，

$$P_t = \frac{NGDP_t}{RGDP_t} = \frac{\sum_i p_t^i q_t^i}{\sum_i p_0^i q_t^i} \times 100 \tag{10}$$

と計算される。右辺で100 が掛けられているのは，基準年のGDPデフレーターを100とするためである。(10)式の分子は比較年にその年の価格でその年の財やサービスに支払った金額を表し，分母の実質 GDP は比較年の財やサービスを基準年の価格で購入するときに必要な支払い金額を示しているから，その比は基準年の支払い金額よりも，比較年の支払い金額がどれだけ多いかを示して

図11-4　名目 GDP，実質 GDP，および GDP デフレーターの推移

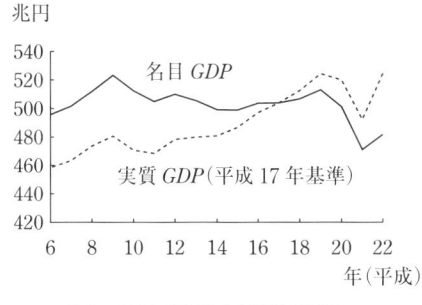

(a) 名目 GDP と実質 GDP　　　　　(b) GDP デフレーター

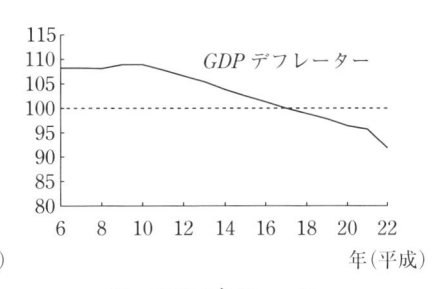

出所：内閣府『国民経済計算年報　平成24年』。

いる。例えば，平成24年の国民経済計算年報によると，平成17年固定基準の平成16年の GDP デフレーターが 101.32 であり，平成18年の GDP デフレーターは 98.86 である。このことは，平成17年に比べて，平成16年には 1.32％だけ多く支払い，平成18年には 1.14％だけ少ない支払でよかったことを意味しているから，物価水準は平成16年では 1.32％だけ高く，平成18年には 1.14％だけ低かったことを示している。

ところで，GDP デフレーターは，パーシェ指数とよばれる方法で計算される物価指数である。パーシェ指数は，それぞれの財やサービスの実質 GDP における割合をウエイトとする加重平均を計算している。それは(10)式を

$$P_t = \left[\frac{p_0^1 q_t^1}{\sum_i p_0^i q_t^i} \frac{p_t^1}{p_0^1} + \frac{p_0^2 q_t^2}{\sum_i p_0^i q_t^i} \frac{p_t^2}{p_0^2} + \cdots + \frac{p_0^n q_t^n}{\sum_i p_0^i q_t^i} \frac{p_t^n}{p_0^n} \right] \times 100$$

$$\text{ただし，} \frac{p_0^1 q_t^1}{\sum_i p_0^i q_t^i} + \frac{p_0^2 q_t^2}{\sum_i p_0^i q_t^i} + \cdots + \frac{p_0^n q_t^n}{\sum_i p_0^i q_t^i} = 1$$

と書き直すことで確認できる。ところが，このように計算される物価指数は比較年が基準値から離れるにしたがって誤差を生じ，実体経済を正しく反映しなくなる[8]。そこで，平成16年より連鎖方式による実質 GDP の評価が導入された[9]。

連鎖方式による GDP デフレーターの計算は，基準年を毎年改訂して，接続するという方法をとる。t 年の GDP デフレーターは，基準年を $t-1$ 年，比較年を t 年として，パーシェ指数で計算する。次に，比較年が $t+1$ 年であれば，基準年を t 年として計算することになる。連鎖方式による t 期の GDP デフレーターを P_t^c で表し，第0年から始めるとすると，第1年目のデフレーターは，

$$P_1^c = \frac{\sum_i p_1^i q_1^i}{\sum_i p_0^i q_1^i} \times 100$$

となる。この第1年目のデフレータは，基準年を第0年にした固定基準年方式と一致する。第2年目の GDP デフレーターは，第1年目を基準年にするから，

$$P_2^c = \frac{\sum_i p_1^i q_1^i}{\sum_i p_0^i q_1^i} \frac{\sum_i p_2^i q_2^i}{\sum_i p_1^i q_2^i} \times 100$$

となる。第 t 年の GDP デフレーターは，

$$P_t^c = \underbrace{\frac{\sum_i p_1^i q_1^i}{\sum_i p_0^i q_1^i} \frac{\sum_i p_2^i q_2^i}{\sum_i p_1^i q_2^i} \cdots \cdots \frac{\sum_i p_{t-1}^i q_{t-1}^i}{\sum_i p_{t-2}^i q_{t-1}^i}}_{t-1 \text{年目の } GDP \text{ デフレーター} = P_{t-1}^c} \frac{\sum_i p_t^i q_t^i}{\sum_i p_{t-1}^i q_t^i} \times 100$$

となる[10]。このような計算方法をとることで，固定基準年方式にみられたような基準年と比較年との隔たりによる誤差や基準年の改訂ごとに生じる実質値やGDPデフレーターの再計算は回避されるようになった。しかし一方で，固定基準年方式とは違って，実質値の加法整合性が成立しなくなったことに注意しなければならない。

[注]
1) 第1編「ミクロ経済学」に引き続き，家計（つまり，生産要素を提供し，経済的な意思決定をする個人あるいは世帯）を消費者とよぶことにする。
2) 農家は，何もない状態から小麦を生産するものとする。それゆえ，農家の生産活動における中間投入物の存在は無視されている。
3) 表11-1は，平成24年『国民経済計算年報』による。国民経済計算は，『年報』として発行されている（メディアランド株式会社）以外に，内閣府経済社会総合研究所のホームページで公開されている。
4) 付加価値は，生産額から中間投入額を差し引いて計算される。このことは，生産額も中間投入額も市場価格で評価されなけらばならないことを意味している。しかし，消防や警察などの公共サービスには，市場価格が存在しないため付加価値は計算されない。それゆえ，そのようなサービスを生産するときにかけられた費用を付加価値の代わりとする。
5) 補助金は生産費用を軽減させるので，財やサービスの市場価格を低くするが，関税や間接税は生産費用を増加させるので，市場価格を高くする。
6) t 年の実質 GDP は，$\sum_i p_0^i q_t^i = \frac{\sum_i p_0^i q_t^i}{\sum_i p_0^i q_0^i} \sum_i p_0^i q_0^i$ である。右辺の指数 $\frac{\sum_i p_0^i q_t^i}{\sum_i p_0^i q_0^i}$ は，ラスパイレス数量指数であり，この指数の変化は数量の変化分を表している。$\sum_i p_0^i q_0^i$ は，基準年の実質 GDP である。よって，右辺の積は，t 年の実質 GDP が基準年より指数の変

化分だけ大きいことを意味している。
7) ここで，物価水準とは，GDP デフレーター（後述）をさしている。持続的な物価水準の上昇をインフレーション（inflation），下落をデフレーション（deflation）とよぶ。
8) 例えば，コンピュータなどのような IT 関連の財は急速に価格が低下し，需要量も増加した。コンピュータに関する項が，$\dfrac{p_0 q_t}{\sum_i p^i_0 q^i_t} \dfrac{p_t}{p_0}$ であるとする。急速な需要の増加はウエイト $\dfrac{p_0 q_t}{\sum_i p^i_0 q^i_t}$ を大きくし，急速な価格の低下は $\dfrac{p_t}{p_0}$ を小さくする。その結果，デフレーターは低めに計算される。IT 関連の財の需要が多くなればなるほど，デフレータを低く評価するバイアスが強く働くことになる。
9) 国民経済計算では，支出系列と生産系列に連鎖方式が導入されている。ただし，従来の固定基準年方式による系列も公表されている。
10) 内閣府　経済社会総合研究所　国民経済計算部「実質 GDP（支出系列）における連鎖方式の導入について」平成 16 年 11 月にもとづいている。

第12章

国民所得決定の基礎理論

　本章では，まず，国内総生産の三面等価の原則から導かれるいくつかの概念を説明する。次に，最も基本的なマクロ経済モデルを紹介する。このモデルは，ケインジアンの所得決定モデルとよばれている。極めて単純ではあるが，マクロ経済モデルのコアというべきものである。ただし，本章で想定されている経済活動の範囲は民間部門についてのみであり，政府部門まで拡張するモデルは，次章において検討することにする。また，外国部門を含んだモデルへの拡張は，第18章まで待つことにしよう。

1　資金の過不足と三面等価

　前章では，国内総支出を理論分析に備えて書き換えた（第11章(4)式）。この式を記号で表そう。

$$GDE = C + I + G + X - IM \tag{1}$$

　ここで，国内総所得を簡潔に整理しよう。雇用者所得と営業余剰・混合所得に含まれる要素所得は，消費者に分配されてこの部門の所得になる。この所得のうち，所得税（直接税）を政府に支払った残りは消費されるか貯蓄される。営業余剰・混合所得から要素所得への支払と政府へ法人税（直接税）を支払った後の残余（内部留保）と固定資本減耗は企業部門の手許に残るので，これはこの部門の貯蓄となる。すると，雇用者所得と営業余剰・混合所得は消費 C と貯蓄 S および，政府に支払われる所得税と法人税に整理されることになる。政府はこの所得税と法人税，および純間接税収入を受け取るから，これをまとめて租税収入 T とする[1]。すると，国内総所得は，

$$GDI = C + S + T \tag{2}$$

と簡単に表すことができる。この(2)式は，国内総所得は消費されるか貯蓄される以外は政府の租税として徴収されることを示している。

国内総生産を Y で表すことにすると，三面等価の原則により，

$$Y \equiv C + I + G + X - IM \\ \equiv C + S + T \tag{3}$$

が成立する。この式を整理すると，

$$S - I \equiv (G - T) + (X - IM) \tag{4}$$

を得るが，この式は国民経済計算上，常に成立する関係を表している。左辺の $S-I$ は民間部門の貯蓄超過，右辺の第1項 $G-T$ は政府の財政赤字，第2項 $X-IM$ は純輸出（外国の輸入超過）を表している。したがって，(4)式は民間部門で生じた貯蓄のうち民間総資本形成に使われた残りが，政府および外国の2つの部門の資金不足を賄う資金として使われていることを示している。

ところで，外国部門の赤字を民間部門の貯蓄が賄うということはいささか理解しづらいが，次のように考えればよい。純輸出が黒字であるときには，日本が外国から受け取る輸出代金が外国が日本から受け取る輸入代金よりも大きいことになるので，外国は赤字分だけ日本に資金を支払わなければならない。このとき，外国は日本の生命保険会社などの機関投資家から資金を調達するが，その資金は民間部門で保険料として生命保険会社に支払われたものである。

図 12-1 は，GDP に占める各部門の資金の過不足の推移を表している。図より明らかなように各部門への資金を提供しているのは消費者（家計部門）である。平成2年までは企業部門が最大の資金不足部門であったが，現在では政府部門が最大の資金不足部門となっている。また，家計部門の過剰資金は平成2年以降低下傾向にあり，対称的に，企業部門が過剰資金をもつようになってきていることも認められる。このような変化は，平成不況と密接に関係している。

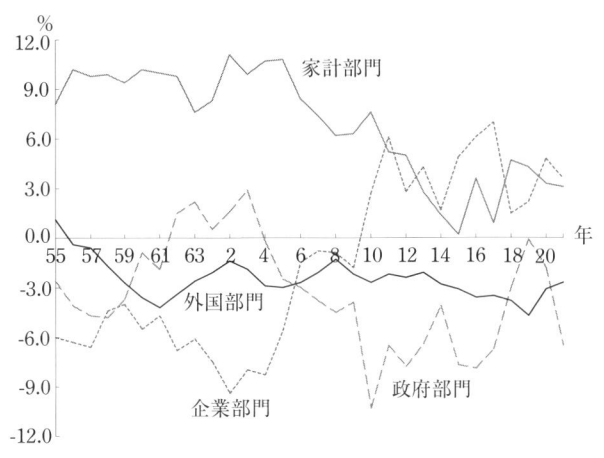

図12-1 部門別資金の過不足の推移

注：横軸の55〜63は昭和，2〜21は平成。
出所：内閣府『国民経済計算年報　平成24年』。

2　国民所得と可処分所得

　経済理論でよく使われる所得概念に国民所得がある。国民経済計算における国民所得の定義は，

$$国民所得 \equiv 国民総生産 - 固定資本減耗 - 純間接税収入$$

$$\equiv 国内総生産 + 純要素所得 - 固定資本減耗$$

$$- 純間接税収入$$

$$\equiv 雇用者所得 + 営業余剰・混合所得 + 純要素所得 \quad (5)$$

である。この定義により，国民所得は要素所得の合計であることが分かる。

　しかし，民間部門でこの国民所得を自由に処分できるわけではない。例えば，消費者は政府へ所得税（直接税）や社会保障の負担金などを支払わなければならないからである。しかし一方で，消費者は政府より退職者の受け取る年金や介護保険給付金，失業手当，あるいは生活扶助などといった社会保障給付金や公的扶助を受け取る。したがって，家計が実際に受け取る所得，すなわち家計

所得（PI：personal income）は，

$$家計所得 \equiv 国民所得 + 移転支払 - (企業の直接税 \\ + 企業の内部留保 + 社会保障負担金) \tag{6}$$

となる．また，(6)式から，家計の直接税を控除すると，消費者（家計部門）が自由に処分できる所得である家計可処分所得（PDI：personal disposable income）が求められる．

$$家計可処分所得 \equiv 家計所得 - 家計の直接税 \tag{7}$$

ところで，基礎的なモデルを使ってマクロ経済を分析する際には，簡単化のために，固定資本減耗，純要素所得，純間接税収入，および企業の直接税や内部留保を捨象することが多いので，本書でもその慣例に倣うことにする．よって，(5)式と(7)式は，

$$国民所得 \equiv 国民総生産 \equiv 国内総生産 \equiv 国内総所得 \tag{8}$$

$$家計可処分所得 \equiv 国民所得 + 移転支払 \\ - (家計の直接税 + 社会保障負担金) \tag{9} \\ \equiv 国民所得 + 移転支払 - 租税$$

と書き換えられる[2]．そして，この家計可処分所得は消費されるか貯蓄されるので，

$$家計可処分所得 \equiv 家計消費 + 家計貯蓄 \tag{10}$$

と表される．

3　総供給と総需要

ところで，国内総生産は一国の経済活動を生産面から把握したものであるから，その経済の生産物の供給面を表している．国内総所得は国内総生産と表裏の関係にあるから，これも経済の供給面を表している．そこで，国内総生産と

国内総所得をともに，総供給（AS：aggregate supply）とよぶことにする。

一方，国内総支出は一国の経済活動を支出面から把握した概念であるので，これを総需要（AD：aggregate demand）とよぶことにしよう。

ここで，「総」という言葉は一国で集計された量であることを示している。

4　マクロ経済理論における均衡

マクロ経済理論における均衡を，生産量と需要量が等しく，すなわち総供給と総需要が等しく，かつ外部より何らかの力がかからない限りそのような生産量の水準が持続する状態と定義しよう[3]。

均衡をこのように定義すると，(3)式で表される，事後的，にその経済の総供給と総需要が必ず一致するという関係はマクロ経済の均衡状態を表しているとみなすことができない。

例えば，今年(3)式が成立しているとしても，総需要に意図しない在庫投資が含まれているならば，企業は翌年の生産計画を下方に修正することで，売れ残りが生じることを回避するであろう。すると，翌年の総供給（生産量）は減少することになる。これは均衡の定義と相容れないことになるからである。逆に，負の意図しない在庫投資が発生すれば，翌年の総供給（生産量）は増加することになり，やはり均衡の定義を満たさなくなる。

したがって，経済理論からみたマクロ経済の均衡とは，意図しない在庫投資が発生しない状態で，総供給と総需要が等しくなることである。これを「事後的」という言葉に対して，「事前的」に総供給と総需要が一致する。あるいは，意図された総供給と意図された総需要が等しくなる，と表現する。このとき，もちろん意図された総需要には意図された在庫投資は含まれているが，意図しない在庫投資はゼロである。

5　最も基本的な国民所得決定モデル

最も簡単な経済は，民間部門のみからなる経済である。このような経済の総需要は，民間最終消費支出と民間総資本形成からなる。これ以降，民間の最終

消費支出を単に消費，民間総資本形成を投資とよぶことにしよう。

また，物価水準と資本は固定されているとしよう。ただし，物価に関してはいずれこの仮定を緩めることにする[4]。

消費者の消費行動は，国民所得と消費の関係で説明される。これを，消費関数（C：consumption function）とよぶ。

$$C = C(Y) \qquad C(0) = \overline{C} > 0, \\ 0 < C'(Y) < 1, \quad C''(Y) < 0 \tag{11}$$

消費には，たとえ所得がゼロであっても，これまでに蓄えた貯蓄を取り崩して支出される場合と，冠婚葬祭の費用のように所得に関係なく支出される場合がある。このような支出を一国全体で集計した大きさを独立消費といい，$\overline{C}$ で表す。$C'(Y)$ は限界消費性向とよばれ，国民所得が増加したとき，消費が増加する割合を表している。これが0より大きく1より小さいということは，国民所得が増加すれば必ず消費は増加するが，国民所得の増加と同じだけは増加しないと仮定していることを意味している[5]。すると残余が生じるが，それは貯蓄に廻されて蓄えられることになる。国民所得の増加分を dY で表せば，$dY = dC + dS$ と書けるから，両辺を dY で割れば，

$$1 = \frac{dC}{dY} + \frac{dS}{dY} \tag{12}$$

と書き直される。この式の右辺第1項は限界消費性向を表しているから，第2項を限界貯蓄性向とよぶことができる。限界貯蓄性向は国民所得の増加分のうち貯蓄に廻される割合をさしている。最後に，$C''(Y) < 0$ は国民所得が大きくなればなるほど，限界消費性向が小さくなることを示している。ところで，消費と貯蓄は表裏の関係にあるので，消費関数の性質をもとに貯蓄関数を導くことができる。

$$S = Y - C(Y) = S(Y) \\ S(0) = \overline{S} = -\overline{C} < 0, \quad 0 < S'(Y) < 1, \quad S''(Y) > 0 \tag{13}$$

企業は自らがたてた計画にしたがって，生産量を決定する。例えば，売れ残り（意図しない在庫の増加）や売れ過ぎによる生産不足（意図しない在庫の減少）

が発生したときには，生産計画を変更して生産調整を行う。したがって，企業は意図された総需要と一致するように生産物を生産する。これは，この経済で企業が果たす供給者としての行動である。

　他方で，企業は投資財の需要者としても行動する。企業は生産設備(生産能力)の適切な水準を実現するために長期の計画に則って投資を行う。このような投資計画は将来についての様々な予想や資金の調達費用の影響を受けることになるだろう。投資の決定については後の章でより詳しく検討することにして，本章では，長期的な投資計画に則って毎年一定額の投資が行われると仮定しよう。このような投資を独立投資とよぶ[6]。したがって，投資関数（I：investment function）は，

$$I = \overline{I} \tag{14}$$

となる。

　以上で，消費と投資を定式化したので，この簡単な経済は次の5つの方程式体系で説明される。

$$AD = C + I$$
$$C = C(Y), \qquad C(0) > 0, \quad 0 < C'(Y) < 1$$
$$I = \overline{I}$$
$$AS = Y$$
$$AD = AS$$

　モデルの第1番目の式は総需要の定義式，第4番目の式は総供給の定義式，そして第5番目の式は経済の均衡条件式である。このモデルは簡単に解くことができる。まず，グラフを使って解くことを考えよう。消費関数と投資関数を総需要の定義式に代入し，総需要関数を求めると，

$$AD = C(Y) + \overline{I}$$

を得る。図12-2は AD 曲線と AS 曲線の交点で，均衡国民所得が決まることが示されている。$AS = Y$ 曲線は45度線であるから，この曲線上の点は横軸から

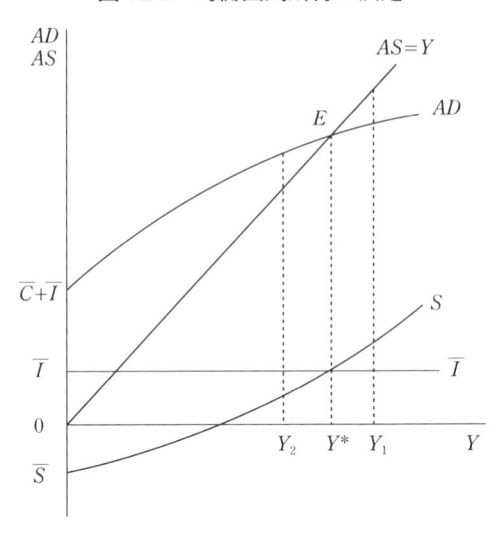

図 12-2 均衡国民所得の決定

の距離と縦軸からの距離が同じである。したがって，交点 E の下で，縦軸上では $AD=AS$ が成立し，横軸上では $AD=Y$ が成立することになる。これが点 E の下で均衡国民所得が決定されるという意味である。なお，図から理解できるように，均衡点が存在するのは AD 曲線の傾きが 45 度より小さいためであり，これは限界消費性向が 1 より小さい値であることによる。

ところで，国民所得が Y_1 のときには，総需要が総供給よりも小さくなる（$AS>AD$）。このときには，意図しない在庫投資が発生しているから，企業は生産量を減少させるように調整する。その結果，国民所得は減少する（$Y_1 \to Y^*$）。一方，国民所得が Y_2 のときには，総需要が総供給を上回り（$AS<AD$），意図しない負の在庫投資が発生しているので，生産を増加させるような調整がなされる。その結果，国民所得は増加する（$Y_2 \to Y^*$）。このように，経済が均衡状態にないときには，均衡を達成するように生産量が調整されることになる。それゆえ，この経済の均衡点は安定的であるといえる。なお，図 12-2 は生産物に対する総需要と総供給の分析を示しているので，今後この市場を生産物市場とよぶことにしよう。

生産物市場は均衡解 Y^* の一意性が保証されるので，均衡条件式より，

$$Y^* = C(Y^*) + \overline{I} \tag{15}$$

が成立する。均衡国民所得とは，(15)式を成立させるようなY^*である。また，(15)式の両辺より，$C(Y^*)$を差し引くと，左辺は(13)式より$S(Y^*)$となる。

$$S(Y^*) = \overline{I} \tag{16}$$

(16)式は総需要と総供給が一致するとき，貯蓄と投資も一致することを示している。この(16)式もまた経済の均衡条件を表している。ところで，いずれの式でも，$\overline{I}$が増加するとY^*が増加するという関係がみてとれる。そこで，Y^*を$\overline{I}$の関数とみなして，$\overline{I}$の変化がY^*に及ぼす効果を調べることにしよう。そのために，まず，(15)式を全微分しよう[7]。

$$dY^* = d\overline{C} + C'(Y^*)\,dY^* + d\overline{I}$$
$$(1 - C'(Y^*))\,dY^* = d\overline{C} + d\overline{I}$$

ここで，$d\overline{I} \neq 0$ および $d\overline{C} = 0$ とおいて，両辺を$d\overline{I}$で割って，その比を偏導関数とみなすと，

$$\frac{\partial Y^*}{\partial \overline{I}} = \frac{1}{1 - C'(Y^*)} \tag{17}$$

を得る。右辺の分母は$0 < 1 - C'(Y) < 1$であるから，$\frac{1}{1 - C'(Y^*)} > 1$となり，(17)式は独立投資の増加はその増加分を超えて必ず国民所得を増加させることを示している。このように独立支出の増加が1を超えて均衡国民所得を増加させるような効果を，乗数効果とよぶ。本節の場合には，独立投資の増加による効果であるので，投資乗数効果とよび，増加させる割合，すなわち(17)式を投資乗数という。

6 乗数効果

投資が増加すると乗数倍だけ国民所得が増加する。この効果は図12-3では，

AD 曲線と $\overline{I}$ 曲線の上方シフトの効果として示されている。このような効果が起こるメカニズムはいささか分かりづらいものであるが，マクロ経済理論において乗数効果が果たす役割は極めて大きく，これが今日の総需要管理政策（経済政策）の有効性に対する理論的根拠を提供している。

初めに，生産物市場が均衡している状態で，今期の投資が増加されたとしよう。ただし，Δはその変数の増加分を表している。投資支出が $\Delta\overline{I}$ だけ増加すると，投資財を生産している企業の生産が $\Delta\overline{I}$ だけ増加する。これは付加価値を $\Delta\overline{I}$ だけ追加的に生み出すから，国民所得が $\Delta\overline{I}$ だけ増加する。これを $\Delta\overline{I} = \Delta Y_1$ と表そう。

国民所得が増加すれば限界消費性向の割合で消費が増加するから，今度は，消費財を生産している企業の生産が増加する。これもまた，それに等しい額の付加価値を増加させることになる。これは，$\Delta C_1 = C'\Delta Y_1 = \Delta Y_2$ で表される。

再び，国民所得が増加したので，限界消費性向の割合だけ消費が増加する。その結果，消費財が生産されて，それに等しい額の付加価値，すなわち国民所得が増加する（$\Delta C_2 = C'\Delta Y_2 = \Delta Y_3 = C'^2\Delta Y_1$）。

これ以降は，消費の増大が生産の増加を引き起こす限り，国民所得の増大が継続していくから，消費の増大が止まるとき，国民所得の増大も止まる[8]。最

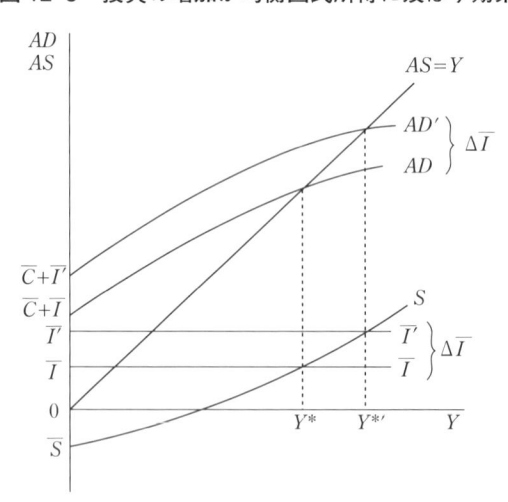

図 12-3　投資の増加が均衡国民所得に及ぼす効果

終的に，国民所得がどれだけ増加するかは，総需要の増加に等しいだけ総供給が増加する，すなわち国民所得が増加するから，

$$\Delta Y = \Delta \overline{I} + \Delta C_1 + \Delta C_2 + \Delta C_3 \cdots$$
$$= \Delta Y_1 + \Delta Y_2 + \Delta Y_3 + \Delta Y_4 \cdots$$

を計算すればよい。この式は，

$$\Delta Y = \Delta Y_1 + C'\Delta Y_1 + C'^2\Delta Y_1 + C'^3\Delta Y_1 \cdots$$

と，C' を公比とする無限等比級数で表されるから，解の公式により，

$$\Delta Y = \frac{1}{1-C'}\Delta Y_1 = \frac{1}{1-C'}\Delta I \tag{18}$$

を得る。(18)式の Δ を ∂ に書き換えれば，(17)式と同じになる。

一方，図12-3では，投資の増加はそれと等しい貯蓄の増加をもたらしている。これを確認するために，(16) 式の両辺を $\overline{I}$ で全微分し，$S'=1-C'$ および(17)式を代入すれば，

$$S'(Y^*)\frac{\partial Y^*}{\partial \overline{I}}d\overline{I} = d\overline{I} \quad \text{より，} \quad d\overline{I} = d\overline{I} \tag{19}$$

となる。左辺は，投資の増加が乗数効果を通じて所得の増加させ，さらに限界貯蓄性向分だけ貯蓄を増加させることを示しているから，左辺と右辺が一致することは，投資の増加がそれに等しいだけの貯蓄の増加を生み出したことを示している。

ところで，乗数効果の根拠は，投資の増加（総需要の増加）が国民所得の増加（総供給の増加）を誘発させ，それが消費（総需要）の増加をもたらし，さらに国民所得（総供給）を増加させるという波及効果に求められる。結果的に，総需要に見合っただけの総供給が生じることになるので，生産物市場では，需要が供給を創り出すと表現されることもある。

今度は，人々の貯蓄性向が上昇するとどうなるかを考えてみよう。私たちは所得のすべてを支出せず，将来に備えて何某かを蓄えている。個人が貯蓄に廻す割合を増加させれば，その人の貯蓄は増加するであろう。したがって，すべ

ての消費者が貯蓄に廻す割合を増加させれば，社会全体の貯蓄も増加するように思われる。しかしそうではなく，社会全体の貯蓄は変わらない。変わるのは国民所得であり，国民所得は低下することになる。

この理由は(16)式にある。(16)式は，生産物市場が均衡にあるとき，投資がそれに等しいだけの貯蓄を生み出すことを示している。したがって，投資が増加しない限り貯蓄も増加しない。それでは，なぜ国民所得が減少するのであろうか。限界貯蓄性向の上昇は，図 12-3 における貯蓄曲線の傾きを大きくし，同時に，AD 曲線の傾きを小さくする。そのため，AD 曲線と AS 曲線との交点も，また，貯蓄曲線と投資曲線との交点も，ともに左に移動することになる。その結果として，均衡国民所得は小さくなるのである[9]。

7 豊かな社会における失業

第 2 章では，x 財を生産している個別企業の生産関数を考察した。本節では，生産物市場における総供給を表すマクロの生産関数を考察しよう。本節で導入される生産関数は，個別企業の生産関数を集計したものと考えてよい。集計された総資本は固定されているので（$\bar{K}$），関数には明示的には表記されないが，生産には資本と労働の 2 つの生産要素が必ず必要であることに注意しよう。

$$Y = F(N) \qquad F'(N) > 0, \ F''(N) < 0 \qquad (20)$$

ここで，Y は生産物市場の総供給，あるいは総生産物である。N はこの経済における総労働投入量であり，簡単にいえば，この経済で働いている総労働者数である。この生産関数では，労働の限界生産物は正値をとるが，初期の状態から逓減すると仮定されている[10]。

図 12-4 の Y^* は，図 12-2 で導かれた均衡国民所得である。この図は，Y^* を生み出すために必要な総労働者数が N^* であることを示しており，それぞれの企業に雇用されている労働者数の合計が N^* であることを意味している。ここで，実際に，働きたいと思っている労働者数が N_f であるとしよう。すると，$N_f - N^*$ の労働者が働く意志がありながら働くことができない失業者ということになる。このような，働く意志があるにもかかわらず，失業している労働者

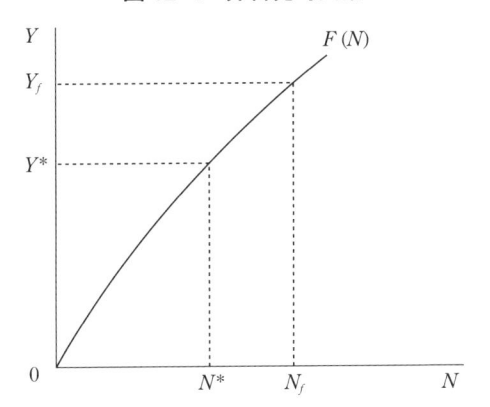

図 12-4 非自発的失業

を非自発的失業者とよぶ。

非自発的失業者が存在する理由は図 12-4 より明らかなように，生産量，すなわち総供給が少ない（$Y^* < Y_f$）からである。総供給は総需要で決まることはすでに知っている。よって，失業者が減少するためには，総需要が増加し，その結果として総供給が増加すればよいことが分かる。しかしながら，この経済が独力で Y_f を実現することは難しい。というのは，国民所得が大きくなるほど，消費は増加しにくくなる，つまり国民所得が増加するにつれて，消費の国民所得に占める割合が小さくなるからである[11]。それゆえ，消費の増加によって Y_f を実現することは困難になる。それでも，投資が十分に大きければ，総需要 $C(Y) + \overline{I}$ は Y_f を実現できるかもしれないが，投資は企業の長期計画によって実行されるためその保証はない[12]。したがって，このままでは失業問題は解決されないままに放置されることになる。

失業が発生する原因が生産物市場における総需要の不足に求められるようになると，政府が総需要の不足分を解消すればよいという考え方が生まれた。このとき，政府や中央銀行が経済に積極的に介入することの正当性が与えられたのである。

[注]
1) 純間接税収入＝生産・輸入品に課される税－補助金とする。

2)　租税を直接税や社会保障負担金などの総称とし，移転支払を社会保障給付金や公的扶助などの総称とする。
3)　ミクロ経済学における個別の市場の均衡概念と似ていることに気づくかもしれない。
4)　物価水準の固定を仮定しているので，実質値と名目値の区別に神経を使うことはなくなる。明示的に区別する必要がない限り，諸変数は実質値であるとする。
　　また，資本が固定されているという仮定は，分析の時間的枠組みが短期であることを意味している。短期とは，企業が投資計画をたてて（例えば，新しい工場の建設），それを実行する（建設する）が，追加された資本（新たにつくられた工場）が生産を開始するまでの時間期間である（第2章第4節を参照のこと）。ただし，本章における資本の範囲は土地，設備，工場などの実物資本をさす。
5)　「独立」という言葉は，その変数が Y に依存していないということを表している。一方，Y が増加するとき，増加する消費のことを「誘発」消費とよぶ。
6)　独立投資もまた Y には依存しない。
7)　消費関数は独立消費と誘発消費に分かれるから，全微分も独立消費に対する全微分と誘発消費に対する全微分に分けられる。
8)　国民所得の増加分は，限界消費性向を公比とする等比数列になっていることが分かる。限界消費性向は1より小さいから（$|C'|<1$），この数列は0に収束することがいえる。
9)　この例は，経済が景気後退期にあるような場合，個人にとって美徳であるような節約がマクロ経済においてはかえって状態を悪化させることを意味している。これを，「節約のパラドックス」とよぶ。また，ミクロレベルで成り立つ事実をマクロレベルでは成立しないにもかかわらず，間違って適用することから，合成の誤謬とよばれることもある。
10)　これは，個別企業が利潤極大条件の下で選択する最適な生産量は限界費用が逓増する，すなわち労働の限界生産物が逓減する領域で決まることによる。したがって，個別企業は労働の限界生産物が逓減する領域で生産物を生産し，供給するから，個別の生産関数の集計であるマクロの生産関数はどの生産水準でも労働の限界生産物の逓減性が仮定される。
11)　自家用車や，エアコン，テレビ，冷蔵庫やパソコンなどの電化製品を保有し，十分に消費をしている消費者にとって，所得が増加したからといって，一体，どんな消費を増加させるのだろうか。消費が国民所得に占める割合を平均消費性向とよぶ。国民所得が大きな経済ほど，国民所得のうち貯蓄に廻される割合が大きくなるため，平均消費性向は国民所得の増加にしたがって低下する。
12)　完全雇用が成立するときの生産物市場の均衡条件である $Y_f=C(Y_f)+\overline{I}$ の両辺を Y_f で割ると，$1=\dfrac{C(Y_f)}{Y_f}+\dfrac{\overline{I}}{Y_f}$ と書くことができる。右辺の第1項は平均消費性向であり，これは Y の増加とともに小さくなる。したがって，第2項の投資が国民所得に占める割合が十分に大きくなければ，この均衡条件は成立しない。

第13章 財政政策

　本章では，前章のモデルに政府部門を導入して，マクロ経済における政府の果たす役割について考察しよう。政府は民間部門から租税を徴収して，それを適切に配分して，広く国民全体の利益のために支出するという役割を果たしている。前章の終わりでは，マクロ経済に対する政府の介入の必要性を指摘した。政府のマクロ経済への介入は政府の収入や支出の変更をつうじて行われるため財政政策や財政出動とよばれている。これは総需要を望ましい水準に実現しようとする目的のためになされるために，総需要管理政策とよばれることもある。

1　政府の役割

　政府が経済面において果たす役割としては，①公共財や公共サービスの供給，②所得の再分配，③経済の安定化の3つが挙げられる。このうち，本章では，③を取り上げることにしよう[1]。

　前章の終わりには，失業が発生する理由を総需要の不足に求めた。失業はその人々から生活の手段を奪い，本人のみならず家族に精神的な苦痛を与え，生活を困難にするばかりではなく，社会との繋がりや，将来への希望を断ち切ってしまう。また，失業している人々を長期にわたってこのような状態に放置することは，社会の安定性からみても容認できることではない。

　他方，失業者の存在は労働力という限られた資源を無駄にしているという意味で，マクロ的な資源配分からみても望ましくない。また，若年者の失業は若年期に就業によって蓄積すべき知識や技術が継承，蓄積されることを妨げる。これは，一国の生産性にかかわる問題でもある。

　それゆえ，失業は単に個人の問題としてではなく，社会的な問題として解決が図られるべきであり，政府の政策的な対応が求められる問題としてみなされている[2]。

2　政府部門を含むモデル

　政府は民間から直接税，間接税，および社会保障負担金（これを租税 TA：tax とよぼう）を徴収して，それを財やサービスの購入に支出したり，社会保障給付金や公的扶助（移転支払 TR：transfer payment）に支出する。このため，政府部門を含むように拡張されたモデルでは，消費は国民所得ではなく，実際に消費者が自由に処分できる所得である可処分所得（Y_D：disposable income）の関数とみなされる。

$$可処分所得の定義式 \quad Y_D = Y + TR - TA$$

$$移転支払関数 \quad TR = \overline{TR}$$

$$租税関数 \quad TA = tY, \quad 0 < t < 1$$

　簡単化のため，移転支払を独立支出とみなすことにしよう。また，t は限界税率であり，国民所得が増加したとき租税として徴収される割合を表す。ただし，定数である。
　したがって，消費関数は，

$$C = C(Y_D)$$
$$= C(Y + \overline{TR} - tY), \quad C(0) = \overline{C} > 0, \quad 0 < C'(Y_D) < 1 \quad (1)$$

と変更される。ところで，(1)式の限界消費性向は可処分所得が増加したときの消費が増加する割合を表しているので，これを国民所得との関係に書き直すと，

$$\frac{dC(Y_D)}{dY} = \frac{dC}{dY_D} \frac{dY_D}{dY} = (1-t)C'(Y_D)$$

となる。この式は消費関数を国民所得の関数として描くときには，前節で求めた消費関数よりも傾きが小さくなることを示している[3]。また，

$$Y = 0 \quad のとき， \quad \overline{C} + C(\overline{TR}) > 0$$

とする。

政府の財やサービスの購入や公共事業などへの支出を G で表そう[4]。この支出は，社会資本の整備や公共財の供給を表している。政府はこのような支出を景気の動向を見据えて増加させたり減少させたりするが，この支出自体は政府によって決められる政策変数であるから，独立支出とみなされる。

$$G = \overline{G} \tag{2}$$

以上の変更のもとで，前節のモデルを拡張しよう。

$$AD = C + I + G$$
$$C = C(Y + \overline{TR} - tY), \quad \overline{C} + C(\overline{TR}) > 0, \quad 0 < (1-t)C' < 1$$
$$I = \overline{I}$$
$$G = \overline{G}$$
$$AS = Y$$
$$AD = AS$$

図 13-1 均衡国民所得の決定

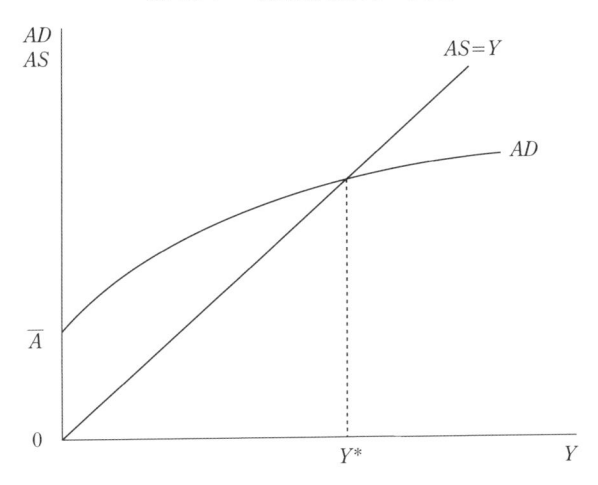

注：ここで，$\overline{A} = \overline{C} + C(\overline{TR}) + \overline{I} + \overline{G}$。

解き方は前章と同じである。総需要関数を求めて，総供給関数と等置すればよい。

$$Y = C((1-t)Y + \overline{TR}) + \overline{I} + \overline{G} \tag{3}$$

(3)式を成立させるような国民所得が均衡国民所得 Y^* であり，それの決定は図13-1で示されている。

3　財政政策の比較静学分析

本節では，追加的な公共事業や減税のような財政政策が均衡国民所得へ及ぼす効果について考察しよう。まず，生産物市場が均衡しているときには，(3)式が Y^* のもとで成立しているから，Y を Y^* で置き換えて全微分しよう。

$$dY^* = d\overline{C} + C'((1-t)dY^* - Y^*dt + d\overline{TR}) + d\overline{I} + d\overline{G} \tag{4}$$

この式を dY^* について整理すると，

$$dY^* = \frac{1}{1-(1-t)C'}(d\overline{C} + C'd\overline{TR} + d\overline{I} + d\overline{G} - C'Y^*dt) \tag{5}$$

を得る。

(5)式を使って，財政政策の効果を調べることができる。まず，政府支出の増加が均衡国民所得に及ぼす効果は，

$$d\overline{G} \neq 0 \quad \text{および} \quad d\overline{C} = dt = d\overline{TR} = 0$$

とおくことで求められる。

$$dY^* = \frac{1}{1-(1-t)C'}d\overline{G} \tag{6}$$

ここで，$0 < 1-(1-t)C' < 1$ であるから，$\frac{1}{1-(1-t)C'} > 1$ である。よって，政府支出の増加は，均衡国民所得を増加させることが分かる。他の変数についても，同様にして，比較静学的な効果を知ることができる。

$$dY^* = \frac{1}{1-(1-t)C'} d\overline{I} \qquad (7)$$

$$dY^* = \frac{C'}{1-(1-t)C'} d\overline{TR} \qquad (8)$$

$$dY^* = -\frac{C'Y^*}{1-(1-t)C'} dt \qquad (9)$$

(6)式における政府支出の増加は,一般的に,公共事業という呼び名で知られている社会資本への投資である。従来,公共事業といえば,土木事業をさす場合が普通であるが,不必要な道路や橋,公共施設などの建設に批判が集まっており,今日ではその事業の内容が重視されなければならない[5]。(7)式は民間投資が増加したときの効果を示している[6]。(8)式は移転支払,すなわち社会保障給付金や失業手当などの支払の効果を表している。(9)式は,限界税率が引き上げられたときの効果,すなわち増税の効果を表している。この効果が負であることは直観的に理解できるであろう。投資や政府支出の増加は直接的に総需要を刺激する政策手段であり,移転支払の増加や減税は可処分所得を増加させ,消費の増加をつうじて,総需要を刺激する政策手段である。この違いは,乗数の分子に C' が含まれるかどうかで見分けることができる。いずれにせよ,拡張的な財政政策は均衡国民所得を増加させることになる。

ところで,政府支出の増加 $d\overline{G}$ に伴う財源についてはなにも仮定してこなかった。そこで,その財源をすべて増税で賄うときの効果を求めることにする。この場合には,

$$d(tY^*) = t dY^* + Y^* dt = d\overline{G}$$

という関係を(4)式に代入して,整理すればよいから,

$$dY^* = d\overline{G} \quad \text{ただし, } d\overline{C} = d\overline{TR} = d\overline{I} = 0$$

という結果を得る。これは予算を均衡させるという条件の下で,政府支出を増加したときの乗数は1であることを示している。これを,均衡予算乗数の定理とよぶ。この定理によると,均衡予算にしたがった財政運営は,総需要が不足しているような不況時には総需要の不足を解消するだけの支出がなされず,逆

に，過剰であるような景気過熱時には支出を抑えるどころか支出を増加させてしまうので，かえって景気の過熱を助長してしまうことになる。それゆえ，今日では均衡予算に縛られることなく，状況に応じて，収入や支出を機動的に決定するような財政運営が行われている。

比較静学分析で明らかなように，財政政策は総需要管理政策として有効である。しかしながら，収入を越える支出が続けば，いずれ財政が破綻するのではないかという疑問が生じる。今日のわが国にみられるような累積する財政赤字をどう考えればよいのであろうか。次節ではこの問題を考察しよう。

4　政府債務

本節では，政府の予算制約という考え方を導入しよう。政府の支出が収入を上回れば，財政赤字が発生する[7]。政府はこの赤字分を民間から調達しなければならない。その方法を国債の発行であるとしよう[8]。すると，その年の国債の発行額はその年の財政赤字に一致し，財政が毎年赤字であれば，国債は毎年発行され，積み増しされていく。また，既発行の国債が存在する場合には，政府は国債の保有者に利子を支払わなければならないから，政府の支出には国債への利払い（国債費）が含まれることになる。

$$\Delta B = G + TR + iB - TA \tag{10}$$

ここで，ΔB は今年追加的に発行された国債額であり，B はすでに発行されている国債の額（これを国債残高あるいは政府債務という），i は国債の利子率，iB は国債費である。(10) 式の右辺は財政赤字を，左辺は資金の調達を表しているから，この式は政府の予算制約式である[9]。特に，右辺の $G + TR - TA$ を基礎的財政収支（プライマリー・バランス）とよぶ。基礎的財政収支が黒字であれば，政府債務の削減や国債の発行に頼らない財政政策の余地があることになる。逆に，赤字であれば国債発行が続くことになり，政府債務が増加する。それでは，政府債務の増加はどの程度までなら許されるのであろうか。それは，経済成長の程度による。政府債務が増加したとしても，国民所得もまた成長すれば，政府債務は国民所得のある一定割合で安定することも考えられるからで

ある。この可能性を以下に示そう。

まず，政府債務 B と名目国民所得 Y を時間の関数とみなして，その比 B/Y を時間で微分する。ここで，D は微分演算子（$D \equiv d/dt$）である。

$$D\left(\frac{B}{Y}\right) = \frac{DB}{Y} - \frac{B}{Y}\frac{DY}{Y} \tag{11}$$

(10) 式の ΔB を微小時間における変化とみなして DB と書き換えよう。その上で，両辺を Y で割る。

$$\frac{DB}{Y} = \frac{G + TR + iB - TA}{Y}$$

この結果を (11) 式に代入して，整理する。そのとき，名目所得の成長率を g とする。

$$D\left(\frac{B}{Y}\right) = (i - g)\frac{B}{Y} + \frac{G + TR - TA}{Y} \tag{12}$$

(12) 式の左辺は政府債務の国民所得に占める割合（政府の債務比率）の時間をつうじての変化を表しているから，右辺が正であれば，債務比率が増加していくことを示している。

仮に，基礎的財政収支が均衡しているとしよう（右辺第2項がゼロ）。それでも，過去に発行した国債が存在すれば，政府債務は消えるわけではないので，それの利払い分は国債の新規発行で賄われることになる。そのとき，債務比率（左辺の符号）がどうなるかは，右辺第1項の利子率と経済成長率の相対的な大きさに依存する。例えば，成長率が利子率よりも高ければ，右辺は負になるから，当然左辺も負，すなわち債務比率は低下する。これは，国民所得が政府債務よりも速く大きくなるためである。また，成長率が利子率と同じであれば（右辺はゼロ），債務比率は不変（左辺はゼロ）となり，ある一定の率に留まることになる。このような結論は債務が絶対量では増加するが，その比率でみれば低下・安定するということであり，既発行の国債を償還することなく利払いを国債の新規発行で賄った上でいえることである[10]。さらに，この結論を推し進めていくと，たとえ基礎的財政収支が赤字であっても（右辺第2項がプラス），成長率が十分に高ければ，債務比率が不変となる可能性も考えられることになる。

図 13-2　日本の財政収支の推移－対 *GDP* 比

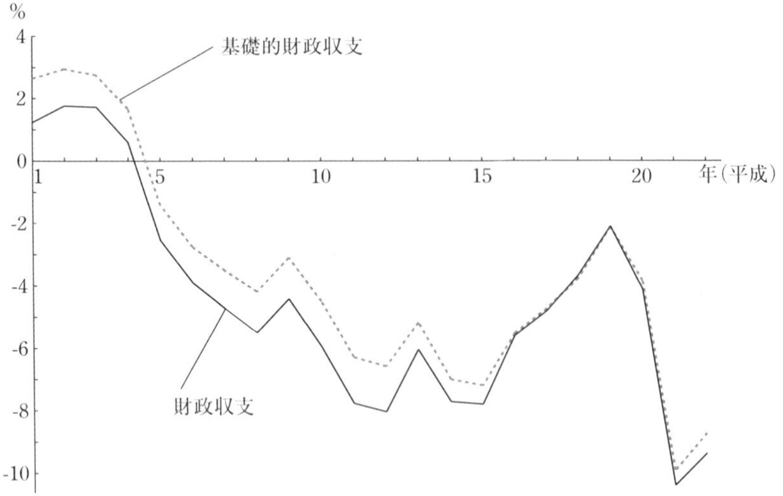

（グラフ：基礎的財政収支、財政収支）

出所：IMF, *World Economic Outlook Database*, October 2012.

しかしながら，基礎的財政収支の不均衡が政府債務を雪だるま式に増大させていく根本的な原因となっている以上，それの均衡をいかに図るかは重要な政策課題となっている。膨れ上がった政務債務はいずれ国債への信頼を失わせ，もはや政府は資金調達の手立てを失うことになりかねないからであり，それが財政破綻の意味するところである（図13-2）。基礎的財政収支の均衡を，さらなる財政出動によって景気を回復させ，その結果としての税収の増加に求めるか，あるいは財政支出の大幅な削減や消費税などの増税に求めるか，これは未だ結論が出ていないが，私たちの生活と政治がしっかりと結び付いていることを如実に示している問題である[11]。

5　乗数効果

これまで，財政政策が経済に及ぼす効果について考察してきた。ところが，最近はその政策効果に疑問を投げかける声が大きくなってきている。政府が財政支出を賄うためにはその資金を増税か国債の発行によらなければならない。

わが国では，国民への負担を先延しにするようにその財源は国債の発行で賄われてきたが，現在か将来のいずれかの時点で必ず国民への負担が求められることに違いないということは私たちの誰もが分かっている事実である。すると，国民は国債償還や社会保障費などの様々な目的の増税による将来の負担を予想し，予めそれに備えようと行動することは容易に想像できるであろう。今日のように，金融市場が発達した経済では，消費を減らし，貯蓄を増やして将来に備えるための数多くの手段が提供されている。国民がすべてこのように行動するようになれば，当然，乗数効果は低くなるに違いない。したがって，財政政策の効果は小さくならざるを得ないと考えることができる。このような主張の背景には，実際に観察された財政支出の乗数効果が小さくなっていることがある[12]。

6 自動安定化装置

ところで，これまでに議論された財政政策は，政府がそのときどきの景気や雇用の状態を見定めた上で，適切に実施されるものとされてきた。これを，「裁量的」財政政策という。これに対して，自動的に経済を安定化させるように働く財政上の機能を自動安定化装置（ビルトイン・スタビライザー）とよぶ。自動安定化装置は可処分所得に組み込まれている。

まず，所得税には累進課税制が適用されているから，国民所得が増加するときには，所得税の平均税率は自動的に上昇し，逆に国民所得が減少するときには，それは自動的に低下する。これは，国民所得の変動幅よりも可処分所得の変動幅の方が小さくなること，それゆえ，消費水準は安定的になることを意味している。

次に，失業保険や社会保障の支払いは，不況局面では，自動的に増加し，好況局面では減少する。このような移転支払いの伸縮性もまた可処分所得の変動を小さくするように働くため，消費水準を安定化させる。

しかしながら，自動安定化装置は消費需要の安定をつうじて景気変動の振幅を抑える役割を果たしているのであって，それによって完全雇用のような政策目標を実現することはできない。また，景気変動の大きな原因は投資需要の変

動に求められるが,これを安定化させるようには自動安定化装置は機能しない。これらの理由により,裁量的な財政政策は依然として総需要を管理する政策手段として重要な位置を占めている。

[注]
1) 政府が公共財や公共サービスを供給しなければならない理由については,第10章で説明している。ところで,市場経済においては,所得は生産活動に貢献した生産要素への支払いという形でもたらされる。それゆえ,各消費者の所得の受け取りは生産要素の量や質の違いに反映される。これは市場経済の必然であるが,それでもその格差が大き過ぎる場合には,社会を不安定にするような様々な問題を引き起こす。このような格差の是正のために政府が果たす役割を所得の再分配とよぶ。
2) 失業は大きく3つに分けられる。1つは,目の前に就職先があるにもかかわらず,「働きがい」や「よりよい収入」を求めて失業を選択している場合である。このような失業を「自発的失業」とよぶ。
　一方,就職先を探し求めているにもかかわらず失業している場合がある。これを「非自発的失業」とよぶ。
　また,産業構造や職種の特性によって生じる失業もある。ある産業が隆盛している一方で,衰退している産業もあれば,あるいは,人手が不足している職種もあれば,余剰になる職種もある。このように,一方で失業が発生し,他方で雇用機会が生まれているとしても,労働者は速やかにはシフトできず,失業状態に置かれることがある。むしろ,このような失業の発生は常態であるともいえる。これを「摩擦的失業」とよぶ。
　本文で議論されている総需要の不足によって発生するために政府の対応が求められる失業とは,非自発的失業をさしている。しかし,摩擦的失業をできるだけ解消するために,転職を容易にするような職業訓練や就職情報のきめ細かな提供などの取り組みもまた,政府が取り組まなければならない失業対策である。
3) 可処分所得の増加が消費を増加させる割合(可処分所得の限界消費性向)が $C'(Y_D)$ であり,国民所得の増加が可処分所得を増加させる割合が $1-t$ であるから,$(1-t)C'$ は国民所得が増加したときに可処分所得の増加をつうじて消費が増加する割合を表す。したがって,国民所得についての限界消費性向である。
4) 移転支払 TR も政府による支出であるが,ここでいう政府支出 G とは区別しよう。政府支出は公務員への給与や公共事業などに対する支出である。
5) 例えば,従来型の土木事業であっても,老朽化した高速道路や橋の改修などが考えられる。この他,自然環境を守るための取り組み,情報通信網の整備,高齢化社会へ向けた社会資本の整備,学校教育の充実や各種の専門技術者の育成など,ハード面ばかりではなく,ソフト面もまた重要視されなければならないであろう。
6) 本節の主題が政府の総需要管理政策であることから,民間投資を刺激するような財政政策も考慮される。この場合,投資補助金は企業に対する移転支払いになる。

7) 政府の収入を歳入，支出を歳出という．
8) 国債とは，これを購入した者に対して，償還期限（国が国債を買い戻す期日）と利子の支払いを約束した「借用証書」である．つまり，国債の発行とは国民に借金をすることに他ならない．国債（債券）については，第14章を参照されたい．
9) 単年度でみて，政府の支出が収入を上回るときを，財政赤字とよび，それに見合った額の国債が発行される．この国債の累積が国債残高であり，政府債務とよばれる．
　政府の予算制約式は，貨幣変数（名目変数）で表されている．一方，これまでに議論された変数は物価を一定にした場合の実質変数である．本節では，すべての変数を貨幣変数として話を進める．
10) 基礎的財政収支が均衡していれば，(10) 式より，$DB/B = i$ となることがいえる．これは，政府債務 B の増加率（成長率）が利子率 i であることを意味している．
11) 財政赤字を国債の発行で賄うことへの批判として，国債の発行は民間資金を吸い上げ，将来に残すべき資本の蓄積を困難にするため日本経済の発展を阻害する（これをクラウディング・アウト効果とよぶ）と主張されることがあるが，このような効果が懸念されるのは，景気が良く民間における投資資金の需要が大きいときである．
　また，後の世代へ負担を転化することへの批判も多い．しかし，国債の消化が日本国内でなされるのであれば，償還のための課税の対象者も，また償還を受ける者も日本人であるから，日本経済全体として債務は相殺されることになる．後の世代が引き継ぐ負担は，国債発行によってなされた社会資本の整備がそれに見合うものであるかどうかという公共投資の質の問題である．
12) 財政政策が実体経済に及ぼす効果については，「リカードの等価定理（中立命題)」に代表されるように長期的な視点から（動学分析で）議論されることが多い．より詳しくは，中級以上の教科書を参照されたい．

第14章
生産物市場における金融的側面

　本章では，マクロ経済モデルで使われる投資関数を導くことにしよう。投資関数の基本的な考え方は，第9章第5節ですでに説明した。それを，複数の期間にわたって収益をもたらすような，さらに，そのような計画が複数ある場合の投資の決定理論に拡張しよう。

　第2節では，債券の市場価格がどのように決まるかを説明している。土地や建物などの価格も同じように決定されるから，資産価格の基本的な決定理論を紹介することになる。通常ならば，別に章を設けるべきであろうが，本章で取り扱うことにした。というのは，投資や資産価格の決定にはその背景に割引現在価値という考え方があるからである。この概念は経済分析において極めて重要な位置を占めているので，正しく理解しておくことが必要である。

　最後に，利子率が変化する場合の生産物市場の均衡条件を求めることにする。

1　割引現在価値

　いま，あなたの手許にはバイト料の1万円がある。いまのところ使う予定がないので，今日から1年間銀行に預けることを考えている。銀行の預金利子率は年率5％である。ところが，友人Aがやってきて，2年後の今日1万1,000円にして返すから，その1万円を貸してくれないかと頼み込まれた。しばらくすると，今度は友人Bが現れて，同様な提案をした。Bのいうところによると，3年後の今日に1万2,000円にして返すから，貸して欲しいという。

　これで，バイト料の使い途について3つの案が示されたことになるが，あなたにとって最も有利な運用方法はどれであろうか。ここでは，友情などは考慮せずに，金銭的な利益のみを考慮して選択してみよう。

　この選択は思いのほか，難しい。というのは，1万500円，1万1,000円，1万2,000円は，それぞれ1年後，2年後，3年後の金額であり，それぞれに違っ

た将来時点における価値だからである。この問題を解決する方法を考えよう。

　当初，彼は銀行預金で運用することを考えていた。その場合には，1万円が1年後に1万500円になる。これを式で表すと，

$$10{,}500 \text{円} = (1 + 0.05)10{,}000 \text{円}$$

となる。この式は，いまの1万円は利子率5%で運用されれば，1年後には1万500円になるから，いまの1万円は1年後の1万500円と同じ価値をもつと評価されることを示している。この意味は，

$$10{,}000 = \frac{10{,}500}{1 + 0.05}$$

のように表記すれば，一層明らかになる。このとき，1万円は1年後の1万500円の割引現在価値または単に現在価値という。また，利子率0.05を割引率といい，割引現在価値を求めることを割り引くという。割引現在価値を求めるのは，1年後，2年後，あるいは3年後の金額を現在の価値に直して，直接比較できるようにするためである。

　それでは，A君とB君の申し入れを検討しよう。割引率は預金利子率を使うことにする。まず，A君の申し入れは，2年後に1万1,000円にして返済するということであるから，2年後の1万1,000円の割引現在価値は，

$$\frac{11{,}000}{(1 + 0.05)^2} \fallingdotseq 9{,}977$$

であることが分かる。この計算結果は，いま，9,977円を銀行預金で2年間運用すれば，1万1000円になることを意味している。

　次に，B君の申し入れを検討しよう。3年後の1万2,000円の割引現在価値は，

$$\frac{12{,}000}{(1 + 0.05)^3} \fallingdotseq 10{,}366$$

である。この結果もまた，10,366円を3年間銀行預金で運用すれば1万2,000円になることを意味している。

　以上で求めた割引現在価値を比較することで，バイト料の3つの使い途について優先順位を付けることができる。

A君への貸与 ≺ 銀行に預金する ≺ B君への貸与

2 債券の市場価格と市場利子率

割引現在価値という考え方に慣れるために，もう少し寄り道をしよう．政府や企業は必要な資金を調達する方法として，利付債券（あるいは，利付債ともいう）を発行する．利付債券は，それの発行者によって買い戻される金額（これを額面価格あるいは償還価格という）や，期日が決まっており（これを償還期限や満期という），償還期限までの間，毎年，確定した利子（クーポン）の支払が約束されている債券である．この債券が発行される市場を発行市場とよび，ひとたび発行された債券は流通市場で売買される[1]．債券も償還期限までの期間が長い債券ほど流通市場で価格が変動する．このとき，市場で取引される価格を市場価格とよび，この価格の下で決まる利子率を市場利子率とよぶ．本節では，債券の市場価格と市場利子率の関係を求めることにしよう．

初めに，1年ものの利付債券の市場価格と市場利子率との関係を求めよう．この債券は1年後にクーポンCを受け取った後に，発行者によって額面価格Fで買い戻される．この債券の市場価格をp，市場利子率をiで表すと，

$$p = \frac{C+F}{1+i} \tag{1}$$

という関係が成立する．(1)式は市場利子率が与えられると，債券の市場価格は1年後に受け取るクーポンと額面価格の割引現在価値であることを示している．あるいは，市場価格が与えられると，市場利子率はこの債券の現在の市場価格と1年後に受け取る金額（クーポンと額面価格）とを一致させるような割引率であることを示している．

いま，市場利子率が低下したとしよう．分子のクーポンと額面価格は不変であるから，市場価格は上昇することになる．すなわち，市場利子率の下落は市場価格の上昇を意味している．この関係は，市場価格の上昇は市場利子率の下落を意味している，と言い換えることもできる．このように，債券の市場価格と市場子利率は逆方向に変化することになる[2]．

次に，2年満期の債券について考えよう。この債券では，1年目の終わりに，1回目のクーポンが支払われ，2年目の終わりに，2回目のクーポンと額面価格が支払われて買い戻される。ここで，クーポンは毎年同じ額である。この2年ものの債券の割引現在価値を求めるために，まず，1年経った時点で，償還期限が残り1年となったときの債券の価値を求めよう。それをp_1で表すと，

$$p_1 = \frac{C+F}{1+i}$$

となる。というのは，償還期限が残り1年の債券は1年後にクーポンを受け取った後に，額面価格で買い戻される債券と同じになるからである（(1)式を参照）。すると，この債券は発行されてから1年後に，1回目のクーポンCを受け取った上で，市場で売却してp_1の金額を得ることができる。したがって，1年後に獲得できる金額$C+p_1$の割引現在価値pは，

$$p = \frac{C+p_1}{1+i} = \frac{C}{1+i} + \frac{C+F}{(1+i)^2} \tag{2}$$

で表される。(2)式は，利子率が与えられると，2年満期の債券の市場価格は1年目に支払われるクーポンの割引現在価値と2年目に支払われるクーポンおよび額面価格の割引現在価値の合計になることを示している。すなわち，この債券の市場価格は2年間にわたる受け取り金額の割引現在価値となる。一方，市場価格を所与とする場合には，利子率は2年間にわたる受け取り金額を市場価格と一致させるような割引率になることを示している。この債券においても，市場利子率と市場価格が逆方向に変化することが容易に確認できるであろう。

以上の議論をもとに，償還期限がn年であるような債券の市場価格と市場利子率の関係も求めることができる。

$$p = \frac{C}{1+i} + \frac{C}{(1+i)^2} + \frac{C}{(1+i)^3} + \cdots + \frac{C+F}{(1+i)^n} \tag{3}$$

(3)式でも，債券の市場価格は市場利子率と逆方向に変化することがいえる。ところで，(3)式を次のように書き換えよう。

$$p = \frac{C}{1+i} + \frac{C}{(1+i)^2} + \frac{C}{(1+i)^3} + \cdots + \frac{C}{(1+i)^n} + \frac{F}{(1+i)^n} \tag{4}$$

(4)式の右辺の最後の項はnが大きくなればなるほど，小さくなるので，n

の取り方によって無視できる項になる。

$$n \to \infty \text{ であるとき, } \frac{F}{(1+i)^n} \to 0$$

すると，第1項から第n項までは，公比が$0 < \frac{1}{1+i} < 1$である無限等比級数であるから，解の公式を適用すれば，

$$p = \frac{C}{i} \tag{5}$$

を得る。(5)式は償還期限が長くなればなるほど，債券の市場価格は毎年のクーポンを市場利子率で割ったものとみなしてよいことを示している。

3　バイト料の使い途 − 再論

　先にバイト料の使い途の優先順位を求めたときには，預金利子率を共通の割引率にして，それぞれの割引現在価値を求めた。そして，割引現在価値が大きい順に優先順位を決めた。本節では，別の方法で優先順位を決めることにしよう。その方法とは割引率を求めることである。

　友人Aの提案は2年後に1万1,000円にして返済するということであるから，2年後の1万1,000円を現在の1万円と一致させるような割引率mは，

$$10{,}000 = \frac{11{,}000}{(1+m)^2} \text{ より, } m \fallingdotseq 0.049$$

である。また，友人Bの提案の割引率は，

$$10{,}000 = \frac{12{,}000}{(1+m)^3} \text{ より, } m \fallingdotseq 0.063$$

となる。ところで，あなたにとって，銀行へ預金することも，いずれかの友人に貸し付けることも，バイト料という手持ちの資金の運用方法であるとすれば，これはれっきとした金融商品への投資である。すると，それぞれの割引率は投資の(限界)収益率を表していると考えられる。したがって，今度は，投資の(限界)収益率を基準にして優先順位を決めることにしよう。もっとも，その結果は現在価値を基準にしたものと同じになる[3]。

4　投資の限界収益率

投資の限界収益率という概念は，すでに第9章で検討している。また，本章のこれまでの議論のなかでも検討されてきた。本節では，より詳細に企業の投資の決定方法について考察することにしよう。

企業は投下される資金額も違えば，利益が得られる期間も違うような様々な投資計画をもっていると考えられる。もちろん，それらは経済的な観点から評価され，優先順位が付けられているに違いない。本節では，3つの投資計画についてその順位の付け方を検討しよう。

投資計画Ⅰ　この計画は1年後に10,700円の期待収益をもたらす設備を10,000円で購入するものである[4]。ただし，この設備は1年間稼働した後に，その価値がゼロになると仮定する。

この投資計画Ⅰの投資の限界収益率 m は，

$$10,000 = \frac{10,700}{1+m}$$

を成立させる m として計算される。計算結果は $m = 0.07$ である。

投資計画Ⅱ　この計画は第1年目に30,000円，第2年目に10,000円，第3年目に5,000円の期待収益をもたらす設備を40,000円で購入するものである。ただし，この設備は3年間稼働した後に，その価値がゼロになる。

この投資計画Ⅱの投資の限界収益率 m は，

$$40,000 = \frac{30,000}{1+m} + \frac{10,000}{(1+m)^2} + \frac{5,000}{(1+m)^3}$$

を成立させる m として計算される。計算結果は，$m \fallingdotseq 0.09$ である。

投資計画Ⅲ　この計画は5年間にわたって，毎年2,200円の期待収益をもたらす設備を10,000円で購入するものである。ただし，この設備は5年間稼働した後に，その価値がゼロになる。

この投資計画Ⅲの投資の限界収益率 m は，

$$10,000 = \frac{2,200}{1+m} + \frac{2,200}{(1+m)^2} + \frac{2,200}{(1+m)^3} + \frac{2,200}{(1+m)^4} + \frac{2,200}{(1+m)^5}$$

を成立させる m として計算される．計算結果は，$m \fallingdotseq 0.03$ である．

これで，3つの投資計画を投資の限界収益率の大きい順から並べることができる．1つの投資計画は1つの矩形で表されている．この矩形の幅は必要な投資資金を，その高さは投資の限界収益率を表している．

まず，市場利子率が9％であるときには，この企業は計画Ⅱを実行するであろう．そのときの投資量は40,000円である．次に，利子率が7％まで低下したときには，投資は計画ⅡとⅠが実行される．このときの投資量は50,000（40,000＋10,000）円となる．利子率がさらに3％まで低下した場合には，計画Ⅲまで実行されるから，そのときの投資量は60,000（40,000＋10,000＋10,000）円となる．このように，投資の限界収益率にしたがって投資計画の優先順位が与えられれば，投資量は利子率の関数となることが分かる．

図14-1は個別企業の投資の限界収益率と投資額との関係を描いているが，このような図はすべての企業について描くことができる．すると，任意の利子率について，個々の企業が決定する投資量を集計すれば，その利子率の下での一国全体としての投資量が求められる．利子率の水準を変えてこの手続きを繰

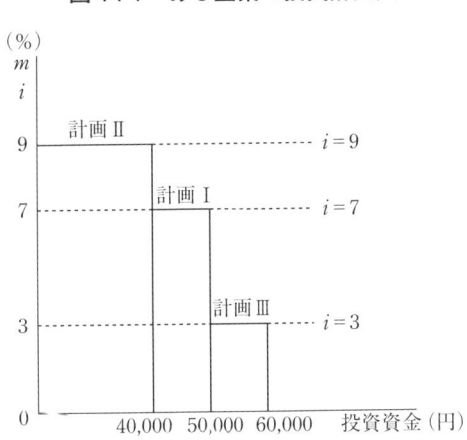

図14-1　ある企業の投資計画表

図 14-2　投資関数

り返すことで，一国全体としての滑らかな投資曲線が得られる。これを，投資関数とよぶ。

$$I = I(i), \qquad I'(i) < 0 \tag{6}$$

　一国の投資量は利子率の低下とともに，投資曲線に沿って増加する。投資は国民所得のみならず，一国全体の雇用量にも影響を及ぼす総需要の構成要素である。それが，利子率の関数としてみなされることは，国民所得もそして雇用量も利子率の影響を受けることを意味している。しかしこれまでは，利子率がどのような要因によって決まるかは議論されてこなかった。利子率の決定を議論するためには，次章まで待たなければならない。本章では，投資が利子率の関数になるという点のみに着目して，生産物市場の均衡条件を再考しよう[5]。

　なお，それぞれの投資計画の期待収益の流列（毎年の期待収益）が一様に増加する場合は，投資関数が上方にシフトすることになる。これは，投資計画の限界収益率が一様に上昇するからである。あるいは，右方にシフトすると表現することもできる。この場合には，同一水準の利子率の下で，採用される投資計画が増えたことを意味することになる。期待収益の流列が一様に増加するということは，将来の景気予想が上方に修正されたことを意味する。このように，企業の予想が上方にあるいは下方に修正されるとき，投資関数は右方へ（上方へ）あるいは左方へ（下方へ）シフトする。

5　生産物市場の均衡とIS曲線

前章で議論された，生産物市場の均衡条件式のうち，独立投資$\overline{I}$を新しい投資関数$I(i)$で置き換えよう．すると，

$$Y = C(Y - \overline{T}) + I(i) + \overline{G} \tag{7}$$

と書くことができる[6]．ここで，$\overline{T}$を租税から移転支払を差し引いた独立純租税とし，政府の政策変数とする．(7)式には，国民所得Yと利子率iが含まれているので，もはやこの式のみで均衡国民所得を求めることはできない．しかし，(7)式を常に成立させるようなYとiの組合せは求めることができる．このような組合せは無数にみつけることができるので，それぞれの組合せをプロットして，それらを結べば曲線を描くことができる．この曲線をIS曲線とよぶ．正確には，IS曲線は，生産物市場を均衡させるような国民所得と利子率の組合せの軌跡であると定義される．

IS曲線をグラフ化することを考えよう．定義より，IS曲線上では，生産物市場は常に均衡しているから，

$$Y - C(Y - \overline{T}) - I(i) - \overline{G} = 0$$

と書くことができ，この式は必ず成立している．そこで，IS曲線の傾きを求めるために，この式に陰関数定理を適用しよう．

$$\frac{di}{dY} = \frac{\overset{+}{\overline{1 - C'}}}{\underset{-}{I'}} < 0 \tag{8}$$

(8)式は，IS曲線が右下がりの曲線であることを示している．これを言葉で説明すれば，利子率の低下は投資を増加させ，投資の増加は乗数効果をつうじて国民所得を増加させるからである．

なお，同一の利子率水準の下で，国民所得が変化するような場合には，IS曲線はシフトする．例えば，拡張的財政政策がとられた場合には，投資水準が変化しないままで国民所得が増加するから，IS曲線は右にシフトする．

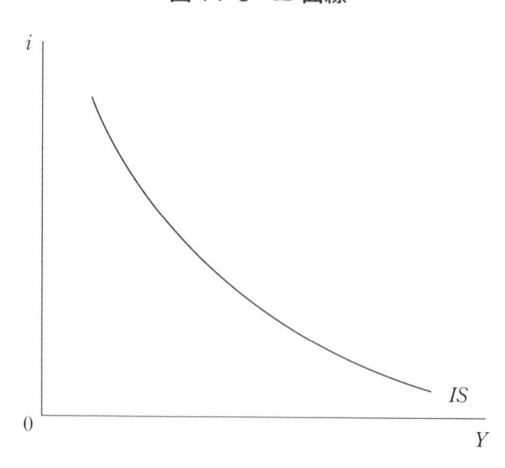

図 14-3　*IS* 曲線

[注]
1) 債券の発行による資金調達を容易にするためには，発行市場の整備も大切であるが，それ以上に流通市場の整備が重要である。というのは，一旦購入した債券を売買できる市場がなければ，政府や企業が発行する債券を引き受けようとする者もまたいなくなるであろうから，そもそも債券の発行によって資金を調達すること自体が困難になる。
2) (1)式は，債券の市場価格と市場利子率との間に負の関係があることを示しているが，市場価格や市場利子率がどのように決まるかは説明していないことに注意する必要がある。
3) ただし，多期間にわたる投資計画の場合には，割引現在価値基準と投資の限界収益率基準とは必ずしも同じ優先順位を示すとは限らない。というのは，遠い将来においてより高い（期待）収益を生じさせるような投資計画では，割引率の僅かな違いが現在価値の計算結果に大きく影響するからである。
4) 期待収益は，その設備が毎年生み出す売上げ額から労働費用や原材料費などを差し引いた残額である。しかし，将来に獲得できると「期待されている」あるいは「予想されている」収益であるから，期待あるいは予想という言葉が付いている。
5) 「第9章第6節」で，資金市場では貯蓄と投資が一致するように利子率が決まることを学んだことを憶えている読者も多いと思われるが，本書で展開されるマクロ経済理論では，利子率は金融市場で決められる金融変数として取り扱われる。
6) 第9章では，利子率が上昇すると所得代替効果の結果として，現在において，貯蓄が増加し，消費は減少することを学んだ。これは，現在の消費が利子率の変化の影響を受けることを意味している。この結果を現行のモデルに適用すれば，例えば利子率の低下はローン金利を低下させるので，ローンを組んで購入するような財やサービス

への消費が増えることを意味している。それゆえ，消費は可処分所得と利子率の関数として表されることになるが，議論を簡潔にするために，消費を可処分所得のみの関数であるとみなすことにしよう。

第15章

貨幣の需要と供給の理論

　本章は次章とあわせて,貨幣市場の分析を取り扱っている。2つの章に分けられているのは,1つの章が長くなり過ぎることを避けるためである。本章では,主に貨幣の供給面が説明される。初めに,貨幣の歴史的変遷を概観し,貨幣を定義する。次に中央銀行による貨幣の供給メカニズム（貨幣の供給理論）を説明する。以上が貨幣市場における供給面の分析である。そして,最後の節で,貨幣市場の需要面に移り,流動性選好理論とよばれる基本的な貨幣需要理論を紹介する。

1　マクロ経済理論における貨幣需要の理論

　すでに,私たちは第9章で,利子率は貯蓄曲線と投資曲線の交点で決まることを学んだ。すなわち,資金市場では,利子率は資金の需要量と供給量を一致させるように働く。ところで,投資が増加したとしよう。この効果は,図15-1では,I曲線のI'曲線への右シフトで表される。投資の増加は資金需要の増加であるから,より多くの資金の供給を誘発するためには利子率が上昇しなければならない[1]。その結果,新しい均衡利子率はi^*より高い水準に決まる。これが,第9章の資金市場の分析から得られる結果である。

　しかし,投資の増加は,乗数効果をつうじて国民所得を増加させる。すると,I曲線の右シフトは国民所得の増加をもたらし,その結果として貯蓄も増加するから,S曲線もまた右へシフトすることになる。この効果が,S_1曲線,S_2曲線,S_3曲線の3本の曲線で表されている。果たして,S曲線のシフトを考慮したときの新しい均衡利子率は初期の均衡利子率i^*と比べて,高くなるのか,不変なのか,低くなるのか。これは一意的には決まらない。そのため,国民所得が変化するようなマクロ経済理論では,利子率の決定理論として不適切である。

　本章では,マクロ経済分析と整合的な利子理論として,流動性選好理論を説

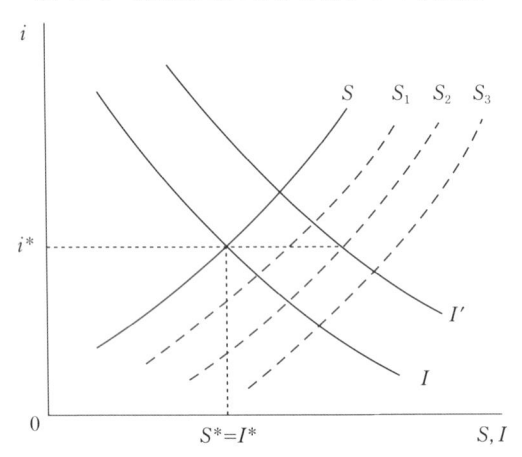

図 15-1　資金市場における利子率の不決定

明する。流動性選好理論では，ある資産の流動性はそれを決済手段である貨幣に交換する際の容易さの程度であると定義される。すなわち，ある資産を貨幣に交換しようとするとき，煩わしさ，時間，手数料などの心理的および金銭的費用がかからないほど，また，貨幣へ交換するときの価値が確実であるほど，流動性が高いとみなされる。そして，利子率は，その流動性を手放すための対価とみなされる。この考えにたつと，放棄する流動性の違いが利子率の違いに反映されることになる。現金は流動性そのものであるから，現金の保有に対して利子は生じない。また，同じ1年の運用期間であっても，普通預金と定期預金，さらに債券では利子率が違ってくるのは，それらの流動性の違いによるものとして説明される。

　資産によって利子率の違いが生じるのは流動性の違いにあるとしても，その利子率がどの水準に決まるかは，貨幣市場の分析を待たねばならない。まず，貨幣供給の理論を展開しよう。

2　貨幣の変遷

　現代経済における高度に複雑化した決済システムは，現代の貨幣の下で成り立っている。現代の貨幣とは何であろうか。貨幣の歴史を俯瞰することでこの

問に答えよう。

初期の経済の決済システムは物々交換であった。物々交換とは，必要な財やサービスを自分が提供できる財やサービスと交換するという取引である。しかし，単純に見えるこのような取引は成立することが難しい。というのは，自分が交換のために提供できる財やサービスが相手が欲しがっている財やサービスであり，同時に，相手が提供する財やサービスも自分が欲しているものでなければならないからである。この条件を欲求の二重の一致とよび，物々交換が成立することの難しさを示している。交換が困難であるような経済は必然的に自分で多くを賄わなければならないから，自給自足の経済となる。

ところが，ここに誰もが喜んで受け取るような「財」があるとしよう。この「誰もが喜んで受け取る」という性質を一般的受領性という。そのような財があれば，自分が提供したい財やサービスを，一旦この「財」に交換した後に，この「財」との交換で，自分の欲する財やサービスを手に入れることができる。このとき，物々交換はこの「財」を媒介にした間接交換へと進化することになる。このような「財」の存在は欲求の二重の一致という制約を一挙に解消することで，経済取引を円滑にし，さらには社会的な分業を促進することになった。分業は，自らが得意とする仕事で生計を立てることを可能にし，そのことが社会全体の生産性を上昇させた。まさしく，このような「財」の発見が経済を発展させる基礎となったのである。そして，このような「財」は，「貨幣」と名付けられた。

貨幣も初期の段階では，貝殻，家畜，塩，毛皮，布帛などが知られている。このような財はそれ自体に使用価値（あるいは素材価値）があるので，商品貨幣とか物品貨幣とよばれる。もちろん，商品貨幣の一般的受領性は使用価値（あるいは素材価値）に求められる。商品貨幣のなかでも，持ち運びに便利で，取引にあわせて分割でき，毀損したり摩耗することが小さく，品質が一定で価値が安定している，という性質をもつ財が不動の地位を獲得するようになった。そのような貨幣とは，周知の貴金属である。この金属貨幣も初めのころは，品質を調べて，必要な量だけを秤で量って支払に使うという秤量貨幣であった。品質や大きさが規格化され，枚数で数えて支払に使えるようになる鋳貨（コイン）が登場するのはこの後のことである。

さらに，貨幣は経済とともに発展していく。鋳貨の次に登場したのは紙幣である。しかし，この紙幣は今日私たちが目にしているような紙幣ではなく，兌換紙幣とよばれるものである。兌換紙幣とは鋳貨の代用として発行されたものであり，鋳貨との交換が保証されていた。鋳貨は金や銀でつくられたコインであるから，それ自体素材価値をもつ貨幣である。兌換紙幣は，それとの交換を保証されていることで一般的受領性を備えていたといえる。例えば，明治32年（1899年）に日本銀行が発行した日本銀行券の表題には「日本銀行兌換券」とあり，「此券引換ニ金貨拾圓相渡可申候也」と兌換を保証する文言が記されている[2]。

　しかし，今日私たちが手許に保有している日本銀行券は兌換紙幣ではなく，不換紙幣である。ということは，紙幣の価値を保証するような素材価値をもつようなコインでその価値が裏付けされていないということである。それにもかかわらず，貨幣として流通しているのは，社会が法律によって日本銀行券に一般的受領性を与えているからである。このような貨幣は，法定貨幣（法貨）とよばれている[3]。

　ところで，取引を現金で決済するような風景は日常的な買い物では依然として見慣れた風景であるが，それでも最近ではクレジット・カードで決済することも当たり前になってきている。今日では，給与が銀行の預金口座への振り込みによって支払われ，その預金口座から，電気代，ガス代，家賃，新聞代，NHKの受信料などの決済がなされている。企業間の取引でも，現金の支払ではなく小切手を振り出すとか，当座預金口座間の送金による決済が一般的である。貨幣は決済手段として発達してきたという歴史的背景からみれば，いまや預金も貨幣とみなされなければならない。それでは，クレジット・カードや小切手による支払はどう考えればいいのだろうか。クレジット・カードや小切手を使った支払には，それを決済するための預金口座が指定されており，それらの支払はいずれ指定された口座から引き落とされて，決済されることになる。この意味で，小切手やカードによる決済もまた預金を使った決済に他ならない。

3　貨幣の定義

　前節では，経済の発展に伴う貨幣の変遷を概観した。本節では，貨幣を定義しよう。「貨幣とは，その素材は何であれ，貨幣の機能を果たすものが貨幣である」と定義される[4]。したがって，貨幣の機能とは何かが問題となる。通常，貨幣の機能とは，(1) 一般的交換手段機能，(2) 計算単位あるいは価値尺度機能，(3) 価値貯蔵手段機能をさしている。

　一般的交換手段機能とは，貨幣が取引の決済手段として使われることをさす。また，財やサービスを取引する際には，それらの価値が客観的な単位で示されなければならない。価格はそれらの客観的な価値を貨幣単位(日本では円単位)で表していることに他ならない。これが，貨幣の計算単位あるいは価値尺度機能である。一方，私たちは将来の出来事に備えて資産を保有する。貨幣の価値貯蔵手段機能とは，資産のある部分を貨幣で保有することをいう。貨幣には，株式や土地などを保有した場合に得られる値上がり益は得られないが，貨幣の取得には取引費用がかからず，またその価値も安定し危険がないという特徴がある。これが貨幣を資産として選択する理由である。

　貨幣の最も基本的な機能が一般的交換手段機能であるとすれば，現代における貨幣とは，公衆が保有する現金通貨と要求払い預金である[5]。日本銀行は，現金通貨（C：cash currency）と要求払い預金を加えたものを $M1$ と定義している。なお，要求払い預金は，預金通貨（D：deposit currency）ともよばれる。

$$M1 = C + D \tag{1}$$

　一方，貨幣の価値貯蔵手段機能に注目すれば，貨幣には準通貨や譲渡性預金が含まれる。日本銀行は，$M1$ における預金の範囲を拡大したものを $M3$ と定義している[6]。ここで，T は準通貨と譲渡性預金をさす。

$$M3 = C + D + T \tag{2}$$

　2つの貨幣の定義について，前者の貨幣を「狭義の貨幣」，後者の貨幣を「広義の貨幣」とよぶことにしよう。

4　貨幣の供給

　前節で定義された狭義の貨幣のうち，現金通貨は中央銀行によって供給される貨幣であり，預金通貨は商業銀行によって供給される貨幣である。それぞれの貨幣を供給する主体が分かれていることから，いかに貨幣供給をコントロールするかがマクロ経済の運営にとって重要な問題となる。現金通貨は中央銀行券と政府発行の補助貨幣からなっているから，直接的にコントロールできることは理解できる。それでは，預金通貨はどのようにして供給され，かつコントロールされるのであろうか。

　商業銀行には，預金者の預金を受け入れるという機能と貸し出した資金を預金口座に振り込んで預金を創出するという機能がある。後者の預金は商業銀行が創造した貨幣であるから，これを信用創造とよぶ。商業銀行はこのようにして貨幣を供給することができる。

　この信用創造の仕組みを説明しよう。要求払い預金に対する法定準備率を20%とする。これは受け入れた預金のうち20%を手許に残し，残りの80%を貸出に廻せることを意味している[7]。また，銀行の貸出に対して常に借り手が存在するとしよう。

　いま，ある人がA銀行に10,000円を要求払い預金したとしよう。この最初に預けられた預金を本源的預金という。A銀行は受け入れた預金のうち8,000円を貸し出しに廻すことができる。A銀行は借り手に自行内に預金口座を開設させ，この8,000円を振り込むことで貸し出す。借り入れた人はこの8,000円で支払をし，支払われた人はこの8,000円を銀行Bへ預金する。このとき，銀行Bに発生した預金を派生的預金という。B銀行は受け入れた預金8,000円のうち6,400円を貸し出しに廻し，預金口座に振り込む。6,400円を借り入れた人はこれで支払をし，支払を受けた人は6,400円をC銀行へ預金する。今度は，C銀行は5,120円を貸し出す。このように，銀行組織は次々と貸出をつうじて，要求払い預金を創造していくことになる。すると，この過程は，初項が10,000，公比が0.8の無限等比級数で表されるから，最終的な銀行組織全体としての要求払い預金は50,000円となる。これは，要求払い預金をD，本源的預金をP，法定準備率をr_dとすれば，

$$D = \frac{1}{r_d} P \tag{3}$$

という関係で表される。(3)式から，本源的預金が与えられると，要求払い預金は法定準備率の逆数倍 $\frac{1}{r_d}$（これを預金乗数という）だけ拡大することが分かる。派生的預金の総額は 40,000 円 $\left(= \frac{P(1-r_d)}{r_d}\right)$ であり，この額が信用創造の上限である。ところで，要求払い預金 50,000 円に対する法定準備金は 10,000 円である。この法定準備金を R で表すと，この関係は，

$$R = r_d D = P$$

と表されるから，法定準備金は必ず本源的預金に等しくなる。この結果を利用して，(3)式を書き換えれば，

$$D = \frac{1}{r_d} R \tag{4}$$

を得る。この式は所与の法定準備率のもとで，中央銀行が商業銀行に法定準備金を供給すれば，預金通貨（要求払い預金）が預金乗数倍だけ増加することを示している。

次に，狭義の貨幣を中央銀行がどのようにコントロールできるかを説明しよう。公衆は要求払い預金と現金通貨の両方を保有している。この現金通貨を要求払い預金の一定割合（現金比率）c で保有すると仮定する。

$$C = cD \tag{5}$$

(4)式を R について解いて，(5)式に加えて，再度，D について解くと，

$$D = \frac{1}{c + r_d}(C + R) \tag{6}$$

を得る。(5)式と(6)式を貨幣の定義式(1)式に代入すれば，

$$M1 = \frac{c+1}{c+r_d}(C+R) \tag{7}$$

$$m_1 = \frac{c+1}{c+r_d}$$

を得る.ここで,m_1 は貨幣乗数（m：monetary multiplier）である.(7)式は,現金比率 c が安定的であれば,中央銀行は法定準備率 r_d をコントロールして貨幣乗数 m_1 をコントロールするか,あるいは直接マネタリー・ベース（$C+R$）をコントロールすることで,狭義の貨幣を望ましい水準に維持できることを示している[8]．

(7)式をさらに一般化しよう．公衆は要求払い預金の他にも定期性預金や譲渡性預金を保有することができる．これらを定期性預金で代表させることにして,それを要求払い預金の一定割合 t で保有するとしよう．

$$T = tD$$

ここで，t は定期性預金比率である．定期性預金に対する法定準備率を r_t とすると，定期性預金に対する法定準備金は,

$$r_t T = r_t t D$$

である．また,商業銀行は法定準備金の他に過剰準備金を保有している．商業銀行が所望する過剰準備金を E，過剰準備率を e で表すと,

$$E = eD$$

である．したがって,商業銀行の準備金は,

$$R = r_d D + r_t t D + e D \tag{8}$$

で表される．(8)式を D について解くと,

$$D = \frac{1}{r_d + r_t t + e} R$$

となり，新しい預金乗数は $\frac{1}{r_d + r_t t + e}$ となる．続けて,マネタリー・ベースとの関係で,貨幣の定義 $M3$ を表現すれば,

$$M3 = \frac{1 + c + t}{c + r_d + r_t t + e}(C + R) \tag{9}$$

と書くことができる．ここで,法定準備率 r_d と r_t，およびマネタリー・ベース（$C+R$）は中央銀行がコントロールできる政策変数である．一方,現金比率 c と

定期性預金比率 t は公衆の習慣によって決まる変数であり，過剰準備率 e は商業銀行が決める変数である。したがって，公衆の習慣と商業銀行の行動が安定的であるならば，中央銀行は貨幣乗数をコントロールできることになる。そのとき，中央銀行は貨幣乗数とマネタリー・ベースを適切にコントロールして，広義の貨幣を望ましい水準に維持できることになる[9]。

5 中央銀行当座預金と貨幣の供給

商業銀行は，受け入れた預金の種類によって決められている法定準備率にもとづいた準備金を中央銀行当座預金に積み立てなければならない[10]。これを準備預金制度とよぶが，この制度のもとで，中央銀行当座預金は様々な役割を担っている。

例えば，日本銀行当座預金（日銀当預）は銀行預金に対する法定準備金の積み立ての他に，商業銀行が消費者や企業に対して支払うための現金通貨の準備金の積み立てや，商業銀行が国や日本銀行との間で行う取引や商業銀行間の取引を決済する預金口座としての役割も果たしている。

現金通貨は，商業銀行が日銀当預を現金通貨で引き出して，窓口や ATM で顧客に支払うことによって市中に流通し，逆に，顧客から預かった現金通貨を日銀当預に預金することで，日本銀行に還流する。また，顧客が銀行振り込みを使って送金する場合の銀行間決済は日銀当預を使って行われる。これらは，あまり知られていない日銀当預が果たしている役割の例である。

日本銀行が商業銀行の債券を買い取るときには，その代金は該当銀行の日銀当預に振り込むことによって決済される。これは日本銀行が商業銀行に準備金を供給したことになるため，日銀当預が増加することは銀行準備金が増加することと同じことになる。その結果は，前節でみたように貨幣供給を増加させる。これが，私たちが通常知っている日銀当預の役割であろう。

表 15-1 は，中央銀行の貸借対照表を簡略化したものである。この貸借対照表により，中央銀行当座預金に影響を及ぼす要因が分かる。

まず，中央銀行が保有する債券の増減がある。これは，商業銀行からの債券の買い入れか，商業銀行に対しての債券の売却によって生じる。前者の場合に

表15-1 中央銀行の貸借対照表

資　産	負　債
債　券	中央銀行当座預金
貸　出	公衆が保有する現金通貨
金・外貨	政府預金

出所：山崎（1983）p.51を修正。

はその代金が中央銀行当座預金に入金され，後者の場合にはその代金が引き落とされる。これは「公開市場操作」として知られている金融調節である。次に，中央銀行が商業銀行への貸出を増加させる場合や中央銀行の金や外貨の保有が増加すれば，中央銀行当座預金は増加する[11]。また，公衆の現金通貨の保有が増加すれば，中央銀行当座預金は減少する。最後に，政府預金が増減すれば，中央銀行当座預金は逆に変動する。例えば，商業銀行へ納入された国税が商業銀行の準備金から政府預金へ入金されると，中央銀行当座預金は減少し，逆に，政府から社会保障費や公共事業費などが支払われると，増加する。もちろん，大きな変動に対しては，それを抑えるような金融調節が行われる。

以上で，経済の金融面ならびに貨幣市場の供給理論の説明が終わったので，次節からは，貨幣市場の需要理論へ移ろう。

6　3つの貨幣需要

マクロ経済学における貨幣需要の理論の基礎は，ケインズの流動性選好理論である。この理論では，貨幣を保有する理由（これを動機という）を3つに分けて説明している。

個人や企業は所得を受け取ってから次の所得を受け取るまでの間，生活や営業のための必要な支出に備えて手許に貨幣を保有する。これを，取引動機にもとづく貨幣需要とよぶ。このような支出は比較的規則的で予測のできるものが多いが，なかには不規則で予測のできないものある。例えば，病気に罹ったときの医療費，自家用車が故障したときの修理代や葬祭費などがそれである。こ

のような支出に備えて予め貨幣を保有することを予備的動機にもとづく貨幣需要とよぶ。これら2つの貨幣需要は，所得が大きいほど，大きくなると考えられるので，国民所得の増加関数で表される。

$$L_1 = L_1(Y), \qquad L_1'(Y) > 0 \qquad (10)$$

ここで，L_1 は実質取引・予備的貨幣需要である。この貨幣需要は，貨幣の交換手段機能に対応した需要である。

人々は受け取った貨幣所得のうちから取引目的と予備的目的による貨幣保有を除いた残余を，資産として蓄えることができる。これは貨幣の価値貯蔵手段としての機能に対応した貨幣需要である。しかし，貨幣以外の資産で蓄えることもできる。ここで，貨幣以外の資産を債券としよう。貨幣かあるいは債券かの選択が可能であるとき，貨幣を選んで保有することを投機的動機にもとづく貨幣需要とよぶ。

人々が，利子が得られる債券ではなく，利子を生まない貨幣を資産として保有する理由は，何よりも，利子率の将来の水準，あるいは債券の価格に，不確実性が存在するからである。債券を売買する人は，近い将来の債券の市場利子率について自らが正しいと考えている利子率の水準をもっている。これを正常利子率とよぶ。例えば，ある人の正常利子率が現行の市場利子率よりも高いとすれば，その人は近い将来に市場利子率が上昇すると予想している。すなわち，近い将来には，債券の市場価格が下落すると予想していることに他ならないから，資産として貨幣を選択することで，債券価格の下落から被る被害を回避しようとする。したがって，このような予想をしている人は債券ではなく貨幣を需要する。逆に，現行の市場利子率よりも低い正常利子率をもつ人は，近い将来に，市場子利子率は下落する，つまり債券の市場価格は上昇すると予測しているので，資産として債券を選択することになる。このような予想をもつ人は貨幣ではなく債券を需要する。ところで，市場利子率が低くなるにしたがって，その利子率水準よりも高い正常利子率をもつ人が多くなるため，投機的貨幣需要は増加することになる。それゆえ，投機的貨幣需要は利子率の減少関数となる。

ところで，利子率が非常に低い水準にある場合には，誰もがもはや利子率は

これ以下には低下しないと予想するようになるであろう。このとき，貨幣需要は利子率に対して無限に弾力的になる。この状態を「流動性のわな」という。

$$L_2 = L_2(i), \qquad L_2'(i) < 0 \tag{11}$$

ここで，L_2 は実質投機的貨幣需要である。なお，投機的貨幣需要はその性質から資産貨幣需要ともよばれる。

7 流動性選好関数

経済全体における実質的な貨幣需要量を L で表すと，貨幣需要関数は取引・予備的貨幣需要と投機的貨幣需要を加えたものになるから，

$$L = L_1(Y) + L_2(i) \tag{12}$$

と表すことができる。(12) 式は，L-Y 平面，あるいは L-i 平面にグラフ化することができる。ここでは，貨幣需要を利子率の関数として表すことにしよう。そのためには，国民所得を所与としなければならない。国民所得が $\overline{Y}$ で与えられると，取引・予備的貨幣需要は一意的な値 $L_1(\overline{Y})$ に決まるので，これを定数として扱うことができる。すると，L は i の関数になる。

$$L = L_1(\overline{Y}) + L_2(i) \tag{13}$$

図 15-2 は，(13) 式を描いたものである。取引・予備的貨幣需要は横軸上の $L_1(\overline{Y})$ で表されている。それゆえ，貨幣需要関数は $L_1(\overline{Y})$ 線から始まる右下がりの曲線で表される。この曲線を流動性選好関数，あるいは流動性選好曲線とよぶ。この流動性選好曲線は国民所得が増加するとき，右にシフトする[12]。

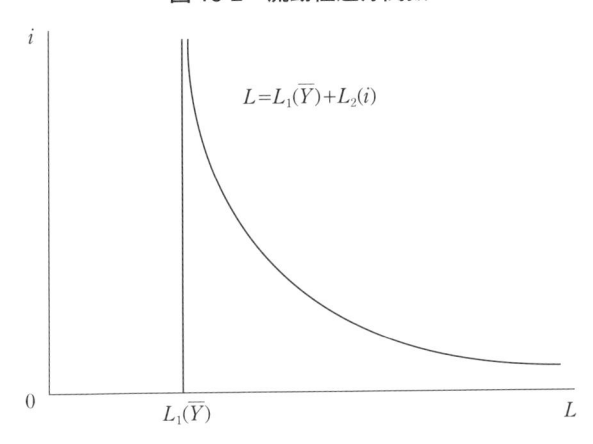

第15章 貨幣の需要と供給の理論　179

図15-2　流動性選好関数

$$L = L_1(\overline{Y}) + L_2(i)$$

[注]
1) 第9章の貯蓄曲線の導出過程を思い出そう．まず，与えられた所得と利子率の下で，消費と貯蓄が選択される．次に，所得は不変のままで利子率が上昇すると，所得代替効果をつうじて，消費は減少し貯蓄は増加する．このとき，利子率は消費を我慢することの報酬であることがわかる．したがって，より多くの資金の供給は，より多くの消費の我慢によって提供されなければらないから，我慢の報酬としての利子率は，より高くなることが要求される．
2) わが国の貨幣の変遷について詳しく知りたい読者は，日本銀行のホームページで「日本銀行金融研究所貨幣博物館」を閲覧することを勧める．本文中の日本銀行兌換券は，博物館内資料の「甲十円券」についての記述である．
3) 日本銀行法第1条第1項は，日本銀行が日本銀行券の発券銀行であることを規定している．また，第46条第2項で，日本銀行券は法貨として無制限に通用すると定めている．これを，無制限強制通用力という．
4) 貨幣を素材ではなく，果たす機能から定義する立場を名目主義という（山崎（1983）p.1)．
5) 要求払い預金とは，預金を取り扱っているすべての金融機関に預け入れられている，当座預金，普通預金，貯蓄預金，通知預金，別段預金，納税準備預金をさす．経済理論では通常，当座預金と普通預金をさす．
6) 定期性預金は満期が長い代わりに，要求払い預金よりも高い利子率が設定されているので，資産として保有される預金である．しかし，その利子をあきらめれば，いつでも現金通貨や要求払い預金に変換が可能な預金であるので，準通貨とよばれる．準通貨には，定期性預金（定期預金，据置貯金，定期積金）および外貨預金がある．

また，日本銀行は $M2$ も定義している。これは，預金の範囲は $M3$ と同じであるが，対象となる金融機関はより限定されている。

7) 商業銀行は，受け入れた預金のある一定割合を準備金として中央銀行当座預金に積み立てなければならない。この一定割合を法定準備率といい，法定準備率は預金の種類によって決められている。

8) マネタリー・ベースは，ハイパワード・マネーやベース・マネーともよばれている。

9) ところで，貨幣乗数がここまで展開されると，貨幣供給の内生化の一歩手前まで到達していることになる。しかし，本章ではここまでに留めて，貨幣供給は日本銀行が決定できる政策変数（外生変数）であるとしよう。

10) 中央銀行当座預金は，わが国では，日本銀行当座預金，日銀当預，あるいは日本銀行預け金などとよばれている。

11) 現在，日本銀行は資金の需給量の調整を，貸出ではなく，市場利子率の調整メカニズムを利用して行っている。

なお，日本銀行が外国為替市場に介入する場合は，国（財務大臣）の代理人として外国為替を売買する。介入の際に用いられる資金は，国の外国為替資金特別会計（外為特会）である。

12) 国民所得が増加すると，横軸上にとられた取引・予備的貨幣需要 $L_1(\overline{Y})$ が大きくなって右へシフトするため，流動性選好曲線もまた右へシフトする。

第16章
流動性選好理論の展開と貨幣市場の均衡

　流動性選好理論には，個人や企業といった個々の経済主体の現実的な貨幣需要を説明できないという問題点が指摘されている。そこで，初めにこの問題を改善するような理論的な展開を紹介しよう。次に，流動性選好理論を再定式化して，貨幣供給理論とあわせて貨幣市場の分析を行う。最後に，国民所得の変化も考慮した貨幣市場の均衡条件を求めよう。

1　在庫アプローチによる流動性選好理論の展開

　流動性選好理論は素朴な理論であるがゆえに受け入れやすいが，それゆえに改善すべき点もある。まず，取引目的で保有される貨幣は比較的規則的な支払に備えて保有される貨幣であるので，それのうち当面必要な貨幣だけを手許に残し，それ以外の貨幣は債券で運用できる。この場合，保有される貨幣は狭義の貨幣であり，その代替資産は短期の債券である。また，予備的な目的で保有する貨幣もまた必要になった時点で換金できるならば，やはり債券で運用できる。この場合の貨幣は，支払の不規則性に依存する。ほとんどめったに起こりそうもない支払のためには広義の貨幣（例えば，準通貨）が保有されるであろうし，比較的起こりそうな事態に備えるためには狭義の貨幣が保有されるであろう。このとき，前者の代替資産は長期の債券であり，後者のそれは短期の債券となる。このように，現代の発達した金融制度のもとでは，取引目的と予備的目的の貨幣保有についても貨幣と債券との選択が考えられなければならない。これが，改善すべき1つ目の問題である。

　また，流動性選好理論は投機的動機に注目することで，社会全体として貨幣や債券が資産として保有されている理由を説明している。しかし，個人が双方の資産を同時に保有する理由は説明できない。つまり，個人が広義の貨幣（準通貨）と長期の債券（国債など）を一緒に保有している事実を説明できないの

である。これが，改善すべき2つ目の問題である[1]。

ところで，以上の議論から，予備的貨幣需要には狭義の貨幣と広義の貨幣が含まれることが分かる。そこで，予備的貨幣需要を他の2つの貨幣需要に含めて考えることにしよう。したがって，貨幣需要は大きく分けて，取引貨幣需要と投機的貨幣需要の2つになる。

まず，第1の改善について説明しよう[2]。消費者や企業は，全部でT円の消費支出を一定期間中にならして行うものとする[3]。ここでは，一定期間を1期間で表し，消費者を例にしよう。すると，彼や彼女は必要とされる貨幣以外はそれが必要とされるまで，利子を生む債券で運用できる。この債券の1日当たりの利子率をiとする。また，彼や彼女が貨幣を債券へ，また債券を貨幣へ交換する取引には，その金額に関係なく1回当たりB円の固定的な取引費用がかかると仮定する。ただし，この取引費用には手数料や手間や時間を貨幣で評価した費用が含まれている。取引する回数をn回とすると，総取引費用はBn円となる。ところで，債券を何回に分けて貨幣に交換したらよいだろうか。例えば，取引回数が多すぎると，総取引費用が大きくなる。逆に，取引回数が少な過ぎると，総取引費用は小さくなる代わりに，1回の取引で債券の保有額が大きく減少する。これは，利子収入を小さくする。そこで，まず1期間中の純利子収入（総利子収入−総取引費用）を最大にするような交換回数を求める必要がある。それが分かれば，1期間中の貨幣需要が求められる。

1期間中にn回の換金をするとき，最初にはT/n円の貨幣が手許に保有され，残りの$T-T/n$円が債券で保有される。そして，この債券額が$1/n$期間だけ保有される。次の時点で，T/n円だけが換金され，債券保有額は$T-2T/n$円に変わる。そして，この保有額がやはり$1/n$期間だけ保有される。そして，これがn回繰り返される。すると，1期間中に保有される債券の保有額Sは，

$$S = \left(T - \frac{T}{n}\right)\frac{1}{n} + \left(T - \frac{2T}{n}\right)\frac{1}{n} + \cdots\cdots + \left[T - \frac{(n-1)T}{n}\right]\frac{1}{n} + \left[T - \frac{nT}{n}\right]\frac{1}{n}$$

$$= \frac{T(n-1)}{2n}$$

となる。1期間に得られる総利子収入はiSで表されるから，彼や彼女の純利子収入をRで表すと，

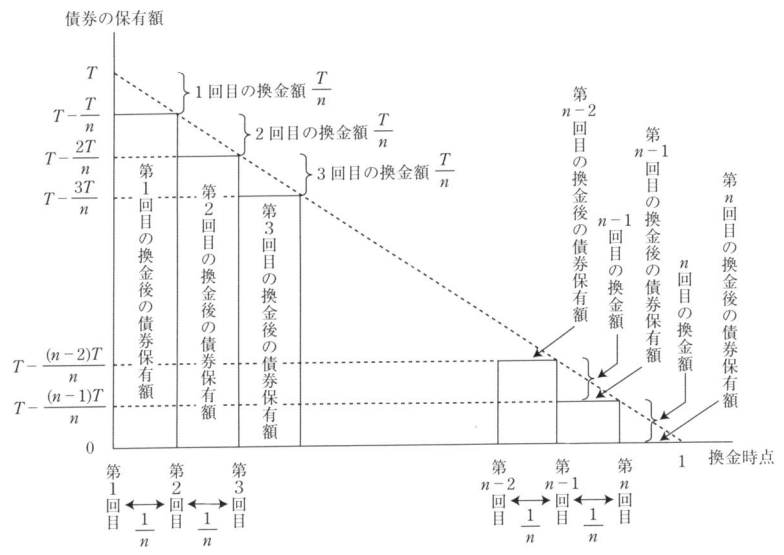

第16章　流動性選好理論の展開と貨幣市場の均衡　183

図 16-1　換金時点における債券の保有額

出所：金谷（1992）p.101 を修正．

$$R = \frac{iT(n-1)}{2n} - Bn \tag{1}$$

となる．最適な取引回数を求めるために，(1)式を n で微分して，1階の条件を適用すれば，

$$n^* = \sqrt{\frac{iT}{2B}} \tag{2}$$

を得る[4]．(2)式の結果より，個々の消費者が手許に保有する貨幣額の推移をグラフ化することができる（図16-2）．

この図より，$1/n^*$ 期間中の貨幣の保有額は，$\frac{1}{2}\frac{1}{n^*}\frac{T}{n^*} = \frac{B}{i}$ となる．これが n^* 回繰り返されることになるから，1期間中の貨幣の保有額を l_t で表せば，

$$l_t = \sqrt{\frac{TB}{2i}} \tag{3}$$

となる．(3)式は個々の消費者の取引貨幣需要関数を表している．(3)式より，取引貨幣需要は利子率の減少関数，支出額の増加関数，および取引費用の増加

図16-2 消費者が保有する貨幣額の推移

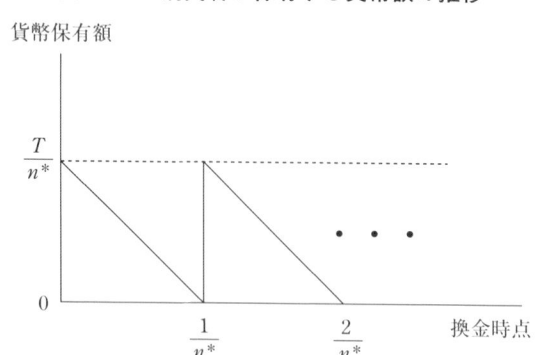

出所：金谷（1992）p.103を修正。

関数であることが分かる。

$$\frac{\partial l_t}{\partial i} = -\frac{TB}{4i^2}\left(\frac{TB}{2i}\right)^{-\frac{1}{2}} < 0$$

$$\frac{\partial l_t}{\partial T} = \frac{B}{4i}\left(\frac{TB}{2i}\right)^{-\frac{1}{2}} > 0$$

$$\frac{\partial l_t}{\partial B} = \frac{T}{4i}\left(\frac{TB}{2i}\right)^{-\frac{1}{2}} > 0$$

ところで，個々の消費者の取引貨幣需要を集計すれば，マクロ経済における取引貨幣需要が得られる。このとき，個々の消費者の支出額Tはその個人の所得と一定の関係があると考えられるから，それを集計したΣTもまた国民所得Yと一定の関係をもつとみなされる。それゆえ，ΣTをYで代理させることにしよう。すると，(3)式を集計したマクロの取引貨幣需要関数L_tは，利子率と国民所得の関数として表される。

$$L_t = L_t(i, Y), \qquad \frac{\partial L_t}{\partial i} < 0, \ \frac{\partial L_t}{\partial Y} > 0 \qquad (4)$$

2　資産選択の理論による流動性選好理論の展開

　投資家（ここでは，債券で資産を運用する者）が，ポートフォリオ（資産の構成）から生じるリスクと収益性という2つの指標を情報にして，いかに自らの期待効用を極大化できるような最適なポートフォリオ（最適な資産の構成）をみつけることができるかを考えよう[5]。

　これまでどおり，物価は変動しないと仮定しよう。すると，貨幣は確実な収益が保証された安全資産となる。一方，債券は将来の収益が不確実にしか予想できないという意味で危険資産である。1枚の債券の現在の市場価格を $p(0)$，将来の価格を $p(1)$ とすれば，この差 $\Delta p(=p(1)-p(0))$ が資本利得（キャピタル・ゲイン）あるいは資本損失（キャピタル・ロス）になる。この資本利得（損失）Δp と債券の確定した利子（クーポン）C との和を，将来収益（$\Delta p + C$）と定義する。この将来収益を市場価格 $p(0)$ で割ったものが，収益率 $r_s(=(\Delta p + C)/p(0))$ である[6]。しかし，将来収益や収益率は不確実にしか予測できないため，正規分布にしたがう確率変数であると仮定される。

　ところで，本節における貨幣は広義の貨幣であるから，貨幣の収益とは例えば定期性預金の利子としよう。それゆえ貨幣の収益率は定期性預金の利子率である。この貨幣の収益率を r_m，期待収益率を $\overline{r_m}$ で表せば，$r_m = \overline{r_m}$ である。他方，債券の収益率を r_s，期待収益率を $\overline{r_s}$，収益率の分散と標準偏差を σ_s^2 と σ_s で表す。ただし，2つの資産の期待収益率について，$\overline{r_m} < \overline{r_s}$ であるとする。もちろん，安全資産である貨幣の収益率の分散と標準偏差はゼロであるから，貨幣の収益率と債券の収益率との共分散もまたゼロである。

　すると，債券の保有割合を α，貨幣の保有割合を $1-\alpha$ で組合せるポートフォリオについて，

期待収益率	$\overline{r} = (1-\alpha)\overline{r_m} + \alpha \overline{r_s}$	(5)
分　散	$\sigma^2 = \alpha^2 \sigma_s^2$	
標準偏差	$\sigma = \alpha \sigma_s$	(6)

であることが分かる。このようにして求められた期待収益率 $\overline{r}$ はこのポート

フォリオの収益性の尺度，σはリスクの尺度と考えることができる。ここで，$\bar{r}_m$, $\bar{r}_s$, σ_s はすでに推定済みの値である。すると，債券の保有割合αが大きくなれば，期待収益率は高くなるが，同時に，リスクσも高くなる。逆に，債券の保有割合の低下はリスクを低下させるが，同時に，期待収益率も低下させる。つまり，$\bar{r}$とσはαを媒介にして同じ方向へ変化することが分かる。$\bar{r}$とσの直接的な関係を知るために，(6)式をαについて解いて，(5)式に代入すると，

$$\bar{r} = \bar{r}_m + \frac{\bar{r}_s - \bar{r}_m}{\sigma_s}\sigma \tag{7}$$

を得る。この(7)式は，ポートフォリオのリスクが大きくなるほど，ポートフォリオの期待収益率が高くなることを示している。

なお，資産の構成を債券のみにする場合には，α＝1であるから，

$$\alpha = 1 \quad \text{のとき} \quad \sigma = \sigma_s \quad \text{および} \quad \bar{r} = \bar{r}_s$$

となる。図16-3は上段に(7)式，下段に(6)式を描いたものである。上段の図は，投資家が選択できる期待収益率とリスクの組合せが線分AB上での選択に限られることを示している。この線分ABを投資機会線という。したがって，投資家はこの投資機会線上で自らの期待効用を極大化しようとする。

一方，投資家の期待効用は期待効用関数 $U(\sigma, \bar{r})$ で表される。

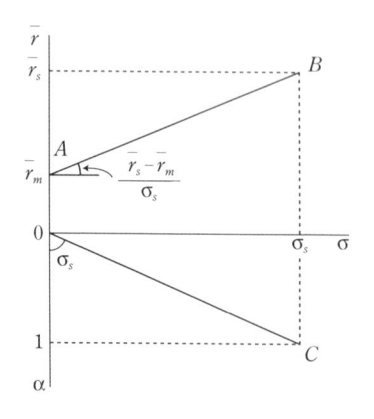

図16-3　投資機会線　　　　図16-4　危険回避者の無差別曲線

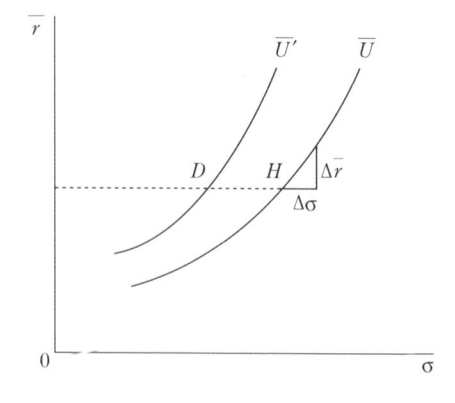

第16章　流動性選好理論の展開と貨幣市場の均衡　187

$$U = U(\sigma, \bar{r}), \qquad \frac{\partial U}{\partial \sigma} < 0, \quad \frac{\partial U}{\partial \bar{r}} > 0$$

　危険回避的な投資家にとって，リスクが増加することは期待効用を減少させるので，リスクについての限界期待効用は負である[7]。それゆえ，危険回避的な投資家の無差別曲線は，

$$\bar{U} = U(\sigma, \bar{r}), \qquad \left.\frac{d\bar{r}}{d\sigma}\right|_{\bar{U}} = -\frac{\partial U/\partial \sigma}{\partial U/\partial \bar{r}} > 0$$

となる。図16-4は危険回避的な投資家の無差別曲線を描いたものである。無差別曲線 $\bar{U}$ が右上がりの曲線であるのは，投資家が無差別曲線 $\bar{U}$ 上で期待効用を一定に保つためには，リスクが $\Delta\sigma$ だけ増加するとき，このリスクの増加がもたらす満足の低下分を補償するために，期待収益率が $\Delta\bar{r}$ だけ上昇しなければならないからである。また，期待収益率が同じであれば（点 D と点 H），リスクが小さいほど効用が大きくなるから，$\bar{U} < \bar{U}'$ である。すなわち，左方に位置する（あるいは，上方に位置する）無差別曲線ほど期待効用が大きくなる。

　図16-5は最適な分散投資の仕方，すなわち貨幣と債券の最適な保有割合を教えてくれる。まず，上の図で，投資家の期待効用を極大化するリスクと期待

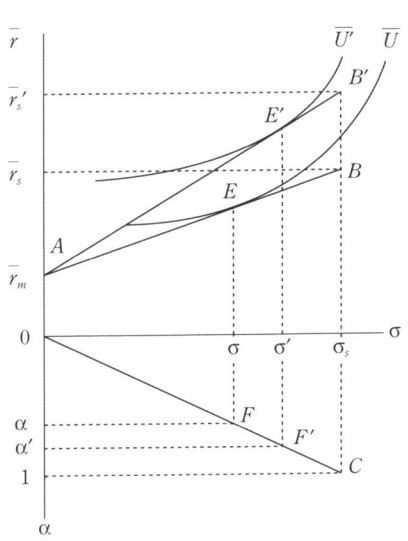

図16-5　最適なポートフォリオ

収益率の組合せが点 E で与えられると，それに対応する点が下の図の点 F に決まる。点 F は債券の最適な保有割合が α であり，最適な貨幣の保有割合が $1-\alpha$ であることを示している[8]。

いま，債券の期待収益率が上昇したとしよう（$\bar{r}_s \to \bar{r}_s'$）。すると，リスクが不変のままでポートフォリオの期待収益率が上昇するから，投資機会線は線分 AB' へシフトする。その結果，最適点は E' に移動する。これにより，債券の保有割合は α' へ上昇し，貨幣の保有割合は $1-\alpha'$ へ低下する。すなわち，債券の期待収益率と貨幣需要は負の関係をもつことが分かる[9]。

以上により，個々の投資家が貨幣と債券とを同時に保有し，しかも債券の期待収益率について右下がりの貨幣需要曲線をもつことが説明されたことになる。個々の投資家の投機的貨幣需要関数を l_s で表すと，

$$l_s = l_s(\bar{r}_s), \qquad L_s'(\bar{r}_s) < 0 \tag{8}$$

となる。ところで，債券の期待収益率を債券の市場利子率で代理させるために，資本利得（あるいは資本損失）の期待値をゼロと仮定しよう。この修正によって，個人の投機的貨幣需要関数は債券利子率の減少関数とみなされる。最後に，個々の投資家の貨幣需要関数を集計することによって，マクロの投機的貨幣需要関数 L_s を導くことができる。

$$L_s = L_s(i), \qquad \frac{dL_s}{di} < 0 \tag{9}$$

3　貨幣市場の均衡と比較静学分析

流動性選好理論を発展させることによって，取引貨幣需要が国民所得と短期債券の利子率の関数として再定式化され，投機的貨幣需要もまた長期債券の利子率の関数として再定式化された。ここで，短期債券と長期債券の性質の違いを無視することで，利子率を2つの貨幣需要に共通した変数とみなすことができる。すると，取引貨幣需要と投機的貨幣需要をともに含む貨幣需要関数として，

$$L = L(Y, i), \qquad L_Y > 0, \quad L_i < 0 \tag{10}$$

を得る。ここで，L は実質貨幣需要である。この貨幣需要関数もまた国民所得を与えることで，$L-i$ 平面に貨幣需要曲線として描くことができる。また，国民所得が増加するとき，貨幣需要曲線が右へシフトすることもまた同じである。

以上で，貨幣需要関数が求められたので，前章で求めた貨幣供給関数と組合せることで貨幣市場の分析が可能になる。ところで，貨幣需要関数 (10) 式を導出したさいに，債券の種類を捨象したことにより，その代替資産である預金の種類も捨象したことになる。それゆえ，貨幣供給関数を第15章(7)式とする。また，$M1$ を $\overline{M}$ と表記することにする。なお，$\overline{M}$ は貨幣量（これを名目貨幣供給あるいは名目貨幣残高という）が中央銀行によってコントロールされる政策変数であることを示している。

$$\overline{M} = \frac{c+1}{c+r_d}(C+R) \tag{11}$$

貨幣需要 (10) 式は実質値で表されているから，貨幣供給 (11) 式も実質値で表さなければならない。これを，実質貨幣供給あるいは実質貨幣残高という。ここで，P は物価水準を表す。実質貨幣需要と実質貨幣供給が等しくなるとき，貨幣市場は均衡する。

$$\frac{\overline{M}}{P} = L(Y, i) \tag{12}$$

国民所得を所与 $\overline{Y}$ とすれば，(12) 式は，

$$\frac{\overline{M}}{P} = L(\overline{Y}, i) \tag{13}$$

と書くことができる。図16-6は，(13) 式による均衡利子率の決定を表している。右下がりの曲線が貨幣需要曲線であり，これがある低い利子率水準 i_{min} の下で水平になっているのは，流動性のわなの存在を表すためである。縦軸に平

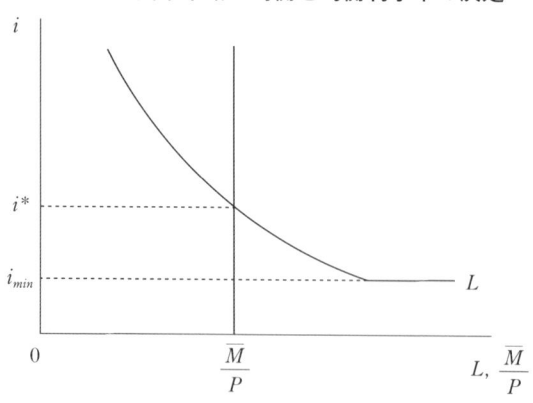

図 16-6　貨幣市場の均衡と均衡利子率の決定

行な $\overline{M}/P$ 線は，実質貨幣供給曲線であり，両曲線の交点で，均衡利子率 i^* が決定される。

例えば，国民所得 $\overline{Y}$ が増加したとしよう。これは，図 16-6 の L 曲線が右へシフトすることを意味する。すると，均衡利子率は上昇する。この効果を理解するためには，資産市場の一般均衡という考え方が有効である。経済には，貨幣と債券という2種類の資産が存在している。図 16-6 は貨幣市場を表しているが，債券市場はその背後に隠れている。ここでは，2つの市場を同時に考察しよう。

まず，この経済に存在する実質金融資産の総額は中央銀行と資金不足主体によって発行された実質総供給 SW に一致し，それは実質貨幣供給 M/P と実質債券供給 SB の合計に等しい[10]。

$$SW = \frac{M}{P} + SB$$

他方，資産の実質総需要 DW はこの経済の誰かに保有されている実質金融資産の総額そのものであるから，実質貨幣需要 L と実質債券需要 DB の合計に等しい。

$$DW = L + DB$$

この経済に存在している金融資産は必ず誰かが保有しているから，金融資産

の総需給は常に一致する。すなわち，$SW \equiv DW$ が成立する。これを資産市場における資産の予算制約式という。この予算の制約式に上の2式を代入して整理すると，

$$\left(L - \frac{M}{P}\right) + (DB - SB) \equiv 0 \tag{14}$$

を得る。左辺第1項は貨幣市場を，第2項は債券市場を表している。ここで，貨幣市場が均衡していれば，この項は当然ゼロ $\left(L - \frac{M}{P} = 0\right)$ であるから，債券市場もまたゼロ（$DB - SB = 0$）となり，これは債券市場もまた均衡していることを意味している。

それでは，先の問題に戻ろう。国民所得が増加すれば，取引貨幣需要が増加するから貨幣市場では超過需要が発生する。これは（14）式が成立する限り，債券市場が超過供給になることを意味している。債券市場で超過供給が発生すれば，債券価格が低下し，債券の市場利子率は上昇する。ところで，債券市場で超過供給が発生するのは，次の理由による。国民所得の増加によって，個人や企業は取引貨幣需要の不足に直面する。しかし，貨幣供給は中央銀行によって一定に保たれているから，不足する貨幣はどこからか調達しなければならない。そこで，個人や企業は現在保有している債券を売却することで貨幣を手に入れようとするから，債券市場は超過供給になる，ということである。このように，経済主体の資産構成が変更されるとき（ポートフォリオの変更），均衡利子率が変化することになる。

今度は，中央銀行が貨幣供給量を増加させたとしよう。この場合には，$\overline{M}/P$ 線が右へシフトするから，均衡利子率は低下することが分かる。この背景にある理由もまた（14）式を使って説明される。貨幣供給の増加は貨幣市場で超過供給を引き起こす。そのため，個人や企業は余分な貨幣を債券市場で債券に代えて運用しようとする。すると，債券市場では超過需要が発生するから，債券価格の上昇と債券の市場利子率が低下する。その結果，新しい均衡利子率はより低い水準に決まることになる[11]。ところで，貨幣市場が流動性のわなに捕らえられている場合には，貨幣供給の増加は均衡利子率に何の影響も及ぼさないことが容易にみてとれるであろう。

4 貨幣市場の均衡と LM 曲線

　私たちは，すでに第14章で，利子率の変化を考慮した場合の生産物市場の均衡条件を IS 曲線として導いている。今度は，国民所得の変化を考慮した場合の貨幣市場の均衡条件を導くことにしよう。このような条件を LM 曲線とよぶ。

　LM 曲線とは，貨幣市場を均衡させるような国民所得と利子率の組合せの軌跡であると定義される。LM 曲線を描くために，この曲線の傾きを求めよう。そのために，(12) 式に陰関数定理を適用しよう。

$$\frac{di}{dY} = -\frac{\overset{+}{L_Y}}{\underset{-}{L_i}} > 0 \tag{15}$$

　(15) 式は，LM 曲線が右上がりの曲線であることを示している。これは，貨幣供給が一定に保たれている限り，国民所得の増加は債券市場での超過供給を引き起こすので，利子率は上昇するからである。

　なお，拡張的金融政策がとられた場合には，LM 曲線は右へシフトすることになる。これは貨幣市場が均衡するためには，同一の利子率水準の下では，余分な貨幣が取引貨幣需要に吸収されるだけ国民所得が増加しなければならない

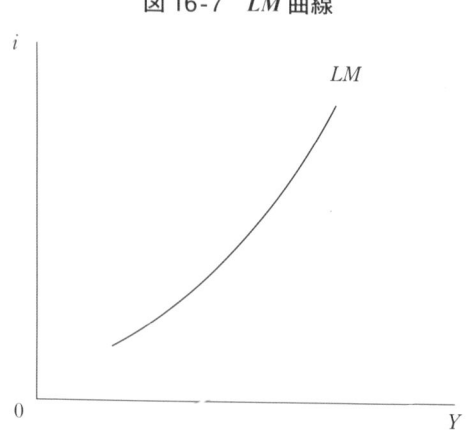

図 16-7　LM 曲線

からである。あるいは，LM 曲線が下にシフトすると表現することもできる。この場合には，同一の国民所得水準の下では余分な貨幣を債券で運用するために，利子率が低下するためである。この２つのシフトは拡張的金融政策の効果を別の側面から表現したものに他ならない。

[注]
1) ２つ目の改善点は，現実的には人々は自らの財産を複数の資産に分散して保有しているという事実からなされた批判に答えるものである。実際，この批判は「すべての卵を同じ篭にいれるな（危険を分散させなさい）。」という諺で表現される。
2) 本節で提示される貨幣需要理論は，トービン（J.Tobin）とボーモル（W.Baumol）による在庫理論アプローチとよばれている。貨幣と債券の性質の違いを，利子は生まないが支払に使える資産（貨幣）と利子を生むが支払に使えない資産（債券）に分けて際だたせている。そのため，狭義の貨幣に支払われる利子は無視される。なお，以下の説明は金谷（1992）第４章による。
3) この一定期間という時間的長さは，所得や営業取引についての習慣に依存する。例えば，賃金が週給制であれば，一定期間とは７日間である。また，月給制であれば，30 日である。よって，前者の消費支出は毎日 $T/7$ 円，後者のそれは毎日 $T/30$ 円である。
4) 経済学的に意味のある最適解として，正値を選択する。
5) トービンとマーコビッツ（H.Markowitz）による，このような２つの指標を用いたポートフォリオ分析（資産選択理論）を，２パラメーター・アプローチという。
6) 債券投資は１期間（現在と将来の間）であるが，その１期間の長さは投資家による。
7) 資産の運用を考える大部分の人々はできるだけ危険を避けようとするに違いない。それゆえ，危険回避者を対象にした分析を行おう。
8) 最適ポートフォリオの決定を期待効用関数を目的関数に，投資機会線を制約条件にする最大化問題として定式化することができる。

$$\max \quad U = U(\sigma, \bar{r})$$
$$\text{s.t.} \quad \bar{r} = \bar{r}_m + \frac{\bar{r}_s - \bar{r}_m}{\sigma_s}\sigma$$

この問題のラグランジュ関数は，

$$Z = U(\sigma, \bar{r}) + \lambda\left(\bar{r} - \bar{r}_m - \frac{\bar{r}_s - \bar{r}_m}{\sigma_s}\sigma\right)$$

である。ラグランジュ関数に１階の条件を適応すると，

$$Z_\sigma = U_\sigma - \lambda \frac{\overline{r_s} - \overline{r_m}}{\sigma_s} = 0$$

$$Z_{\overline{r}} = U_{\overline{r}} + \lambda = 0$$

$$Z_\lambda = \overline{r} - \overline{r_m} - \frac{\overline{r_s} - \overline{r_m}}{\sigma_s}\sigma = 0$$

となる。ここで，第1番目の式と第2番目の式をλについて解いて，等置し，整理すると，

$$-\frac{U_\sigma}{U_{\overline{r}}} = \frac{\overline{r_s} - \overline{r_m}}{\sigma_s}$$

という条件を得る。この式は，投資家が最適なポートフォリオを実現するためには無差別曲線の限界代替率と投資機会線の傾きが一致しなければならないことを意味している。そして，その条件は図 16-5 の上段図の点 E でのみ実現可能である。

9) 初期の最適点 E から新しい最適点 E' への移動には代替効果と所得効果が働いているが，前者の方が後者よりも大きいという通常の仮定にしたがっている。

10) この経済に存在する資産は金融資産のみであり，また，その内訳は貨幣と債券の2種類であると仮定されていることを想起しよう。

11) 前章で学んだ貨幣の供給のメカニズムにあわせて，この文脈を説明すると次のようになる。まず，中央銀行は貨幣供給を増加させるため公開市場買操作（買いオペレーション）を実施したとしよう。

　中央銀行は債券市場で，商業銀行や公衆から債券を買い取る。このとき，債券の市場価格は上昇し，市場利子率は低下する。

　一方，商業銀行への購入代金の支払いは中央銀行当座預金への入金で決済される。また，公衆への購入代金の支払いは中央銀行振り出し小切手で支払われるから，公衆は受け取った小切手を商業銀行に持ち込む。商業銀行は持ち込まれた小切手を中央銀行に提示すると，中央銀行は該当銀行の中央銀行当座預金に貨幣を入金することでそれを決済する。

　いずれのケースでも，中央銀行当座預金が増加するから，マネタリー・ベースも増加する。その結果，貨幣供給が増加することになる。

第17章
生産物市場と貨幣市場の同時均衡

　本章では，IS曲線とLM曲線を使って総需要管理政策の効果を検証する。これをIS − LM分析とよぶ。この分析の中で，財政政策と金融政策の効果の違いやポリシー・ミックスという考え方を明らかにする。次に，金融政策の運営の仕方についての2段階戦略という考え方を説明する。最後に，従来の財政金融政策についての問題点を明らかにした上で，現代の新しい財政金融政策の考え方を紹介する。

1　均衡国民所得と均衡利子率

　図17-1は，第14章の最後で求めたIS曲線と第16章の最後で求めたLM曲線を同じ図に描いたものである。IS曲線は生産物市場を均衡させる国民所得と利子率の組合せの軌跡であり，LM曲線は貨幣市場を均衡させるそれであるから，両曲線の交点は生産物市場と貨幣市場の均衡条件を同時に満たす国民所

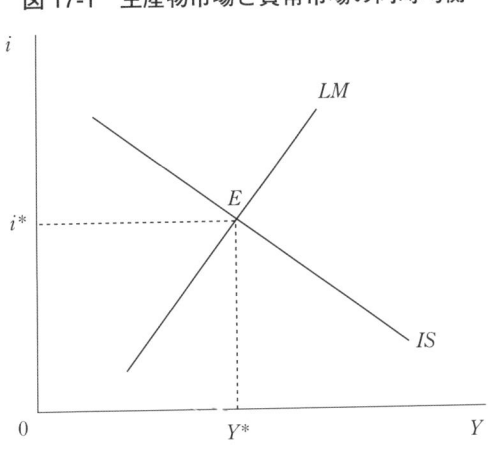

図17-1　生産物市場と貨幣市場の同時均衡

得 Y^* と利子率 i^* の組合せである。このとき，国民所得は企業部門で計画された総供給がこの経済で計画された総需要と一致し，意図しない在庫投資が発生しない水準になっている。一方，利子率は貨幣市場（と債券市場）を均衡させる利子率の水準であるから，この利子率の下で人々は貨幣と債券の適切な組合せ（最適なポートフォリオ）を実現していることになる。したがって，点 E は経済の実物面と金融面の同時均衡を保証する唯一の点である。

いま，拡張的な金融政策が実施されたとしよう。これは LM 曲線を右へシフトさせるから，均衡国民所得は増加し，均衡利子率は低下する（図17-2(a)）。これは経済が $E_1 \to E' \to E_2$ へ移動した結果であるとみなされる。このように考える背景には，貨幣市場は速やかに不均衡を解消するが，生産物市場はそうではないという想定があるからである。その根拠は，債券市場の不均衡は債券の売買をつうじて速やかに解消されるため，その表裏の関係にある貨幣市場の不均衡も速やかに解消されるが，生産物市場の調整は生産計画の見直しから始めなければならないので，均衡の回復には時間がかかるということである。これにしたがうと，経済は常に LM 曲線上にあると考えてよい。

拡張的金融政策は，まずこの経済を $E_1 \to E'$ に移動させる。この効果は貨幣市場の分析では，貨幣供給曲線を右にシフトさせたときの効果で表される。次の段階で，低下した利子率が投資を増加させ，それが乗数効果をつうじて所得を増加させる。これが，$E' \to E_2$ で表される部分である。所得の増加に伴う利子率の上昇は，貨幣市場で貨幣需要曲線が右へシフトするためである。結果的に点 E_2 では，国民所得は増加し，利子率は低下する。このように金融政策は利子率を変化させることで投資計画を変更させ，それが総需要を変化させて，国民所得に影響を及ぼすという間接的な効果をもつ。

次に，拡張的な財政政策の効果を調べよう。政府支出が増加するか，純租税が減少すれば，IS 曲線は右へシフトする（図17-2(b)）。その効果は，経済は常に LM 曲線上にあるという仮定にしたがって，$E_1 \to E_2$ への移動で示されている。政府支出の増加は，直接，総需要を増加させ，乗数効果をつうじて国民所得を増加させる。一方，純租税の減少は可処分所得を増加させ，消費を増加させて総需要を増加させ，乗数効果をつうじて国民所得を増加させる。利子率が上昇するという効果は，貨幣市場における国民所得の増加に伴う貨幣需要曲線

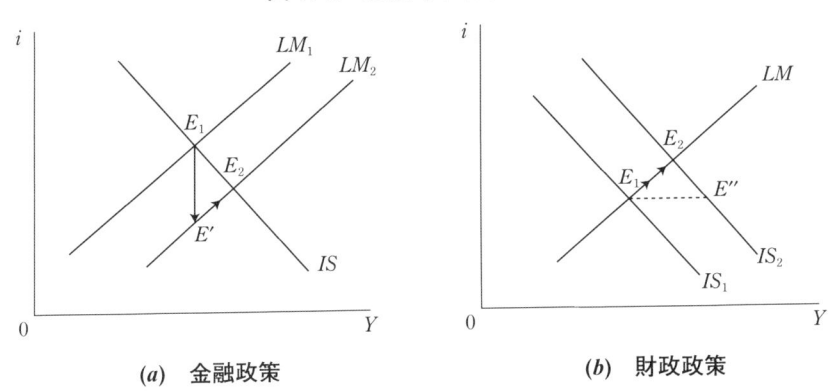

図 17-2　拡張的な政策の効果

(a)　金融政策

(b)　財政政策

の右シフトの結果である。

　ところで，拡張的な財政政策では均衡利子率が上昇している。これは，投資が減少し，消費と政府支出が増加するように総需要の構成が変化したことを意味している。財政政策が民間の投資需要を減少させる効果を，クラウディング・アウト効果とよぶ。クラウディング・アウト効果の大きさは，図 17-2(b) から読み取ることができる。財政政策が利子率を上昇させなかったとしたら，均衡国民所得は点 E'' の下で決まっていたはずである。それゆえ，クラウディング・アウト効果の大きさは，点 E'' と点 E_2 の下での国民所得の差で表される。

　最後に，財政政策が国民所得へ及ぼす波及経路を金融政策と比較すると，前者は直接的に総需要を変更できるという意味で，より直接的な効果をもつといえる。

2　ポリシー・ミックス

　前節でクラウディング・アウト効果について触れた。この効果の大きさは，IS 曲線や LM 曲線の傾きによって変わってくることは容易に想像できる。2つの曲線の傾きは，すでに第14章と第16章で求めている。

$$IS曲線の傾き \quad \frac{di}{dY}\bigg|_{IS} = \frac{1-C'}{I'} < 0$$

$$LM曲線の傾き \quad \frac{di}{dY}\bigg|_{LM} = -\frac{L_Y}{L_i} > 0 \tag{1}$$

本節では，政府支出の増加が経済に及ぼす効果を代数的に求めよう．生産物市場と貨幣市場の均衡式を全微分して，整理すると，

$$(1-C')dY^* - I'di^* = d\overline{C} + d\overline{G} - C'd\overline{T}$$

$$L_Y dY^* + L_i di^* = d\left(\frac{\overline{M}}{P}\right) \tag{2}$$

となる．ここで，「*」は生産物市場と貨幣市場を同時に満足させる均衡値をさす．政府支出の増加の効果を知るために，$d\overline{G} > 0, d\overline{C} = d\overline{T} = d(\overline{M}/P) = 0$ とおいて，両辺を dG で割って，微分の比を偏導関数と解釈する．

$$\begin{bmatrix} 1-C' & -I' \\ L_Y & L_i \end{bmatrix} \begin{bmatrix} \partial Y^*/\partial \overline{G} \\ \partial i^*/\partial \overline{G} \end{bmatrix} = \begin{bmatrix} 1 \\ 0 \end{bmatrix}$$

この式をそれぞれ $\partial Y^*/\partial \overline{G}$ と $\partial i^*/\partial \overline{G}$ について解くと，

$$\frac{\partial Y^*}{\partial \overline{G}} = \frac{L_i}{(1-C')L_i + I'L_Y} > 0$$

$$\frac{\partial i^*}{\partial \overline{G}} = \frac{-L_Y}{(1-C')L_i + I'L_Y} > 0 \tag{3}$$

を得る．同様な方法で，実質貨幣供給の増加が経済に及ぼす効果も求めることができる．

$$\frac{\partial Y^*}{\partial (\overline{M}/P)} = \frac{I'}{(1-C')L_i + I'L_Y} > 0$$

$$\frac{\partial i^*}{\partial (\overline{M}/P)} = \frac{1-C'}{(1-C')L_i + I'L_Y} < 0 \tag{4}$$

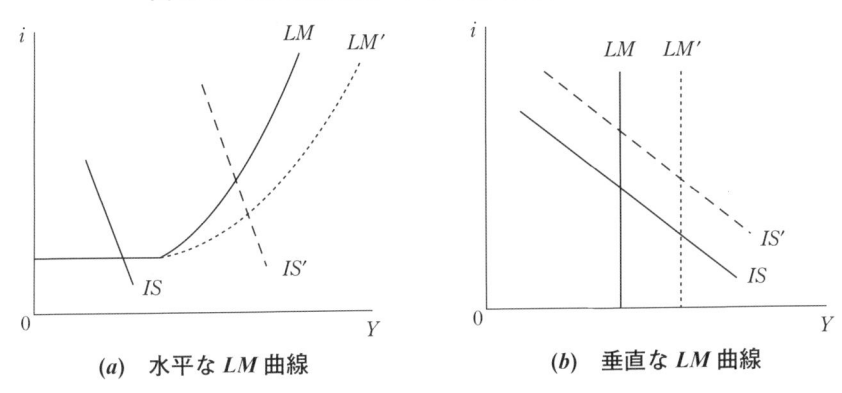

図 17-3　*LM* 曲線の違いによる財政政策の効果の違い

(a) 水平な *LM* 曲線

(b) 垂直な *LM* 曲線

　$\overline{G}$ の増加が $I(i^*)$ に及ぼす効果が小さく，Y^* に及ぼす効果が大きいほど，クラウディング・アウト効果は小さくなる．したがって，
　（ⅰ）　L_i が大きくなるほど，つまり *LM* 曲線が水平に近くなるほど，
　（ⅱ）　I' が小さくなるほど，つまり *IS* 曲線が垂直に近くなるほど，
クラウディング・アウト効果は小さくなる．一方，クラウディング・アウト効果が大きくなり，$\overline{G}$ の増加が効果をもたなくなるのは，
　（ⅲ）　L_i が小さくなるほど，つまり *LM* 曲線が垂直に近くなる，
ときである[1]．

　特に，*LM* 曲線が水平である状態は貨幣市場が流動性のわなに捕らわれている状態である．経済がこの状態にあるときには，Y の大きさは *IS* 曲線の位置によって決定され，利子率は最低水準にある（図 17-3(a)）．それゆえ，政府支出の増加は効果をもつが，貨幣供給の増加は全く効果をもたない．この場合には，

$$L_i \to \infty \text{ のとき，} \frac{\partial Y^*}{\partial \overline{G}} = \frac{1}{1-C'} > 0 \text{ および，} \frac{\partial i^*}{\partial \overline{G}} = 0$$

$$\frac{\partial Y^*}{\partial (\overline{M}/P)} = 0 \qquad \text{および，} \quad \frac{\partial i^*}{\partial (\overline{M}/P)} = 0$$

と表現される．これと対称的に，$\overline{G}$ の増加が効果をもたないケースは，

$L_i \to 0$ のとき，$\dfrac{\partial Y^*}{\partial \overline{G}} = 0$ および，$\dfrac{\partial i^*}{\partial \overline{G}} = -\dfrac{1}{I'} > 0$

$\dfrac{\partial Y^*}{\partial (\overline{M}/P)} = \dfrac{1}{L_Y} > 0$ および，$\dfrac{\partial i^*}{\partial (\overline{M}/P)} = \dfrac{1-C'}{I' L_Y} < 0$

と表される。この場合には，Y の値を決めるのは LM 曲線の位置であり，IS 曲線は利子率の水準を決めるだけである。それゆえ，$\overline{G}$ の増加は Y に影響を及ぼすことはない。$\overline{G}$ の増加が i^* に及ぼす効果を $-I' \partial i^* = \partial \overline{G}$ と書き替えて整理すると，$-dI = d\overline{G}$ という関係が導かれる。これは，$\overline{G}$ の増加と I の減少が等しいことを示している。それゆえ，政府支出の増加は利子率の上昇のみをもたらす。

なお，現実の経済はこれらの両極端の間にあると考えられるから，クラウディング・アウト効果も程度の違いはあっても部分的なものと考えられる。ところで，図17-4(a) の Y^* はその水準が低いため，非自発的失業者が存在し，また労働以外の生産要素についても不完全雇用が生じている状態であるとしよう。いま，政策当局は国民所得を Y_f の水準まで増加させることを意図しているとすると，IS 曲線を右にシフトさせて Y_f を実現するか，LM 曲線を右にシフトさせて実現するか，あるいは IS 曲線と LM 曲線を同時に右にシフトさせて実現するかの選択が可能である。最後の選択は，ポリシー・ミックスといわれている。IS_1 曲線と LM_1 曲線の組合せによるポリシー・ミックスでは，利子率の

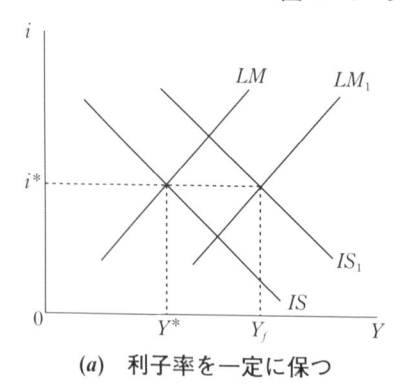

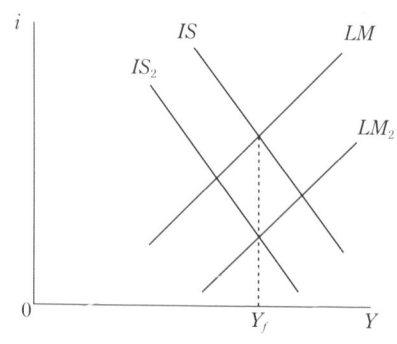

図17-4 ポリシー・ミックス

(a) 利子率を一定に保つ   (b) 国民所得を一定に保つ

水準が不変であるため，財政政策によるクラウディング・アウト効果は全く発生していない。この場合，当局は投資水準を不変に保ちつつ，国民所得を増加させるという2つの目標を実現することになる。

もう1つの例を挙げよう。図17-4(b)では，国民所得の水準が非常に高くなっているため，労働をはじめ他の生産要素も完全に雇用されているような水準であるとする。このとき，政策当局は国民所得をこの水準に維持しつつ，将来を見据えて各産業の国際競争力強化するような資本の蓄積を意図しているとしよう。この場合には，投資を増加させ政府支出を減少させるように総需要の構成を変更しなければならないから，IS曲線を左にシフトさせて，LM曲線を右にシフトさせるようなポリシー・ミックスが選択されるであろう。

以上が，マクロ経済における財政金融政策の基本的な分析手段とその概要である[2]。ただし，現実の日本経済の状態をみれば，財政金融政策の有効性が目に見えない。これまで学んだ理論では，政策当局の適切な政策運営は経済を望ましい状態へ改善できるはずである。それが実現しないのはなぜであろうか。それは，理論が私たちがもっている知見にもとづいて現状を説明し，問題があればそれに対する処方箋を導くためのモデルであって，現実そのものをすべて投影したものではない，ということである。もっとも，現実をそのまま投影できるような理論の構築もまた不可能であるがゆえに，抽象化とそれによって失うものがあったとしても，理論は私たちにとって経済を理解するための羅針盤となっている。それゆえ，「なぜ，そうなのか」，あるいは「なぜ，そうならないのか」という問いかけが理論の世界と現実を繋ぐ大切な行為となるのである。

3　金融政策

金融政策の目標には，①物価の安定，②完全雇用の達成，③経済成長の促進，④国際収支の均衡がある。中央銀行は公開市場操作や法定準備率操作を政策手段として使い，これらの諸目標を達成しようとする。しかし，政策手段が直接に影響を及ぼすのはマネタリー・ベースや短期金利であるため，これらの目標にその効果が現れるのは，長い時間と複雑な波及過程を経た後と考えられている。そのため中央銀行は政策手段と政策目標（これを最終目標という）の間に，

操作目標と中間目標をおいて政策の波及効果を監視しながら，慎重に政策運営を行っている。

このような政策運営は，2段階戦略とよばれている（図17-5）。操作目標や中間目標に選ばれる金融変数には，

（ⅰ）**可測性**：正確なデータが素早く入手できることや，そのデータの解釈が容易であること。

（ⅱ）**到達可能性**：操作目標や中間目標に選んだ変数に目標値を与えたとき，少なくともその値の近傍にはその変数を誘導できること。

（ⅲ）**相関性**：操作目標は中間目標との間に，中間目標は最終目標との間に，強い相関関係があること。

という3つの要件が満たされることが必要である[3]。

政策手段を公開市場操作，操作目標をコールレート，中間目標を長期利子率（市場利子率），最終目標を完全雇用の達成と考えて，中央銀行の金融政策の波及効果を概観しよう（図17-5）。そのために，まずコールレートの意味を理解しておこう。資金の不足している商業銀行（資金不足銀行）は，資金の余っている商業銀行（資金余剰銀行）から短期の金融市場で資金を借り入れようとする。そのときにかかる資金調達コストをコールレートという[4]。借り入れられた資金は，資金余剰銀行の中央銀行当座預金から不足銀行の中央銀行当座預金に入金される。したがって，コールレートとは，中央銀行当座預金の貸借にかかわる費用であることが分かる。ところで，中央銀行当座預金の残高が大きく

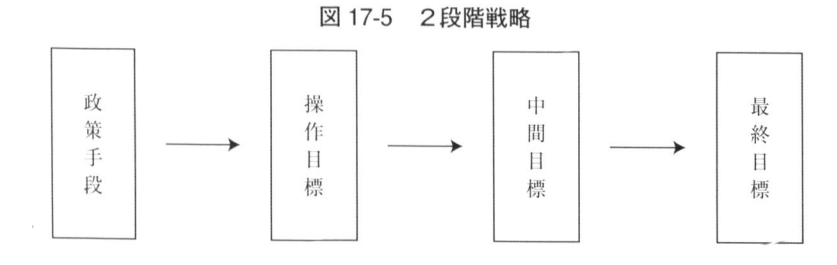

図17-5　2段階戦略

政策手段　→　操作目標　→　中間目標　→　最終目標

注：矢印（→）は波及ないし影響の方向を示す。
出所：山崎（1983）p.126を修正。

なれば，それだけ銀行準備が増加したことになるので，商業銀行は貸出を増やすことができる。すると，有利な貸出先（資金の運用先）をもっている商業銀行はコールレートを支払って銀行準備（中央銀行当座預金）を積み立てて，貸出を増やすようになる。

さて，以上を理解した上で，中央銀行が公開市場買操作を行ったとしよう。この買い操作に応じた資金不足銀行の中央銀行当座預金にはその代金が払い込まれるので，資金に余裕ができる。そのため，コール市場では資金の借り手が減少し，コールレートが低下する。コールレートの低下は銀行準備を積み立てる費用を低下させるので，銀行準備は増加する。この準備の増加は貸出の増加をもたらすから，貨幣供給（マネーストック）を増加させる。その結果，長期利子率は低下する。

長期利子率（市場利子率）の低下は，投資を誘発させて国民所得を増加させる。国民所得の増加はそれに見合うだけの雇用を創出するから，完全雇用に近づくことになる。しかしながら，コールレートが目標値に達っしていながら（操作目標は達成された），完全雇用をもたらす国民所得を実現できる水準に長期利子率（市場利子率）が到達していないならば（中間目標は達成されていない），中央銀行はコールレートをさらに引き下げるために公開市場操作を実施する（さらに政策手段を行使する）。これが，2段階戦略による政策運営である。前節までの分析の枠組みで表せば，完全雇用国民所得 Y_f をもたらす市場利子率（中間目標）で IS 曲線と LM 曲線が交差するように LM 曲線の位置を調整するような政策運営であるといえる[5]。

4　ルールによる政策

これまで，議論されてきた総需要管理政策は政策当局がそのときどきの経済の状態を観察し，見極めた上で，適切であると判断した政策手段を実行するというものであった（裁量的）。ところが，実際には，政策の策定や実施には必然に時間的なズレが生じる。それを「ラグ」とよぶ。ラグには，「内部ラグ」と「外部ラグ」が存在することが知られている。

内部ラグには，現在の経済状況を正確に把握するためにかかる時間「認知ラ

グ」，政策の必要性が認知されてから政策の内容が決定されるまでの時間「意思決定ラグ」，そしてその政策の内容が決定されてから実行に移されるまでの時間「実行ラグ」がある。内部ラグは金融政策の方が短いと考えられている。というのは，金融政策は中央銀行内で政策の必要性が判断され，政策内容が決定されると速やかに実行されるのに対し，財政政策では，政策の必要性を認知することは政府の経済運営への批判に繋がりやすいため先延ばしされ易く，また，政策も国会の審議を経た上で法律化されなければならず，また法律化されて予算が執行できるようになっても，その予算の執行にもやはり手続きが必要となるからである。

　実行された政策は即時的に効果を発揮し始めるわけではない。その効果は時間をかけて徐々に現れてくる。政策の実行から効果が現れるまでの時間を外部ラグという。財政政策はそれ自体が総需要に影響を及ぼすので，その効果は比較的早く現れると考えられている。一方，金融政策は前節で説明したような波及過程を経るので，長い時間を必要とする。

　このようなラグを考慮すると，裁量的な政策運営の安定化政策としての可能性に疑問がもたれる。というのは，経済の安定化を財政政策によって実現するためには，それが適切なタイミングでなされることが必要であるが，不景気と判断され財政政策が実行されるとしても，ラグの存在によりその効果が景気の回復後に現れたとすれば，それはかえって景気を過熱し，経済を不安定化させることになってしまうからである。これは裁量的な政策運営がかえって経済を不安定化させる原因となることを意味している。そこで，「裁量的」ではなく，ある「ルール」にしたがって経済を安定化させようとする仕組みが財政制度の中に組み込まれているのが一般的である。このルールとは，すでに第13章で説明された自動安定化装置である。ルールによる政策運営は政策に伴うラグや，当局の判断ミスによって引き起こされる経済の不安定化を回避するための手段となっている。

　一方，金融政策にもルールを適用しようという動きがみられる。例えば，
　① マネー・ストックを中間目標にして，それの伸び率を一定率に維持するように政策を運営するというk%ルール
　② 物価の安定を最終目標にして，それの上昇が一定率になるように管理す

るというインフレ・ターゲティング
③ インフレ率の目標値からの乖離や完全雇用 GDP と現行の GDP との乖離に応じて名目利子率を変化させるというテイラー・ルール

などがある。

　これらのルール化された政策の特徴は，従来の政策手段が集計量としての経済変数に及ぼす効果に注目していることに対し，政策当局がコミットメント（国民に対して責任をもつ約束）を必ず実行することによって，各経済主体の予想の形成や経済活動に影響を及ぼすことで経済の安定化を図ることにある。この意味で，ミクロレベルでの経済主体の行動に注目しているといえる。

[注]
1) ここで，L_Y は適切な値をもつとみなされている。
2) ただし，外国との経済関係を考慮した国際マクロ経済学については次章で議論する。
3) 山崎（1983）pp.127～133。

　なお，日本銀行はゼロ金利政策のもとで，平成13年3月以降の金融調節の主たる操作目標を無担保コールレート（オーバーナイト物），つまり金利，から日本銀行当座預金残高，つまり資金量に変更した（これを量的緩和政策とよんだ）。この変更は「消費者物価指数（全国，除く生鮮食品）の前年比上昇率が安定的にゼロ％以上となるまで継続する」というコミットメントのもとで実施された。なお，このコミットメントは，「時間軸」効果を想定したものであると考えられている。

　その後，このコミットメントが果たされたと判断した日本銀行は平成18年3月以降，操作目標を再び，無担保コールレート（オーバーナイト物）に変更した。詳しくは，日本銀行ホームページ「対外説明・広報」を参照されたい。

4) 商業銀行間で日銀当預の貸借をする市場を，インターバンク・マネー・マーケット（銀行間資金市場）という。この市場にはコール市場と手形売買市場がある。前者は，取引日の翌営業日を期日とするごく短期の資金の貸借取引を行う市場である。取引される資金をコール資金，その金利をコールレートという。一方，後者は比較的長い期日を持った貸借取引がなされる市場で，最短1週間物から最長1年物がある。この市場で決まる金利を手形レートという。これらの市場では1年以内の取引が行われるので，短期金融市場とよばれる。

　短期金融市場には，この他にも，事業法人などの非金融機関が取引に参加できるオープン・マネー・マーケットがある。

5) 長期利子率（市場利子率）を中間目標に固定するためには，「国民所得の増加→貨幣需要の増加」に対して「貨幣供給の増加→利子率水準の維持」となるように対応しなければならない。よって，LM 曲線は中間目標の水準で水平になる。

第18章 オープン・マクロ経済学

本章では，外国との経済取引を含むようにこれまでのモデルを拡張することにする。まず，生産物市場のみからなる単純なモデルに外国部門を導入しよう。次に，2つの国における経済取引に注目したモデルを説明する（2国モデル）。最後に，為替レートについて理解した上で，$IS-LM$モデルを開放経済の分析に拡張したマンデル＝フレミング・モデルを紹介する[1]。

1 外国を含むモデル

本節では，第13章第2節に戻って，生産物市場からなる単純なモデルに外国部門を導入することにしよう。ここで，外国とは特定の国をさすのではなく，経済取引を行っているすべての国と地域をさす総称である。外国経済との関係は輸出と輸入で表される。ただし，輸出がどの程度の大きさに決まるか，あるいは増加するか，減少するかは外国の景気の状態によって左右されるから，この国の国民所得の関数ではない。それゆえ，輸出を投資や政府支出と同じような独立支出として表すことができる。あるいは，輸出を外国の国民所得の関数として表すこともできる。しかし，いずれの関数表現を選んでも，外国の経済状態が良くなれば，つまり外国の国民所得が大きくなれば，輸出も大きくなる。この関係さえ理解しておけば，モデルにおける輸出の扱いは同じである。

$$X = \overline{X} \tag{1}$$

ここで，Xは実質輸出（export）であり，独立支出である。

これに対して，実質輸入（IM：import）はその国の可処分所得の増加関数である。それは可処分所得が増加すれば，海外のブランド商品や海外旅行などの目に見える外国の財やサービスに対する消費や，外国製品とは気がつかない消費財（日本ではこのような日常生活に溶け込んだ輸入製品が多い）への消費も

増加するからである。

$$IM = IM(Y_D), \quad IM(0) = \overline{IM} > 0, \quad 0 < IM'(Y_D) < 1 \tag{2}$$

ここで，可処分所得は $Y_D = Y + \overline{TR} - TA = Y + \overline{TR} - tY$ である。また，$IM(0)$ を正値で仮定することは国民所得の水準にかかわりなく，ある一定水準の輸入が常になされていることを意味し，$IM'(Y_D)$ は可処分所得の増加が輸入を増加させる割合，すなわち限界輸入性向である。これを，国民所得との関係で表せば，

$$\frac{dIM(Y_D)}{dY} = \frac{dIM(Y_D)}{dY_D}\frac{dY_D}{dY} = IM'(1-t)$$

と書くことができる。

それゆえ，純輸出（NX：net export）は国民所得の減少関数であり，また輸出（すなわち，外国の国民所得）の増加関数になる。

$$NX = \overline{X} - IM(Y_D) = \overline{X} - IM((1-t)Y + \overline{TR}) \tag{3}$$

(3)式は外国部門を含む総需要の構成要素であるから，新しい総需要関数は，

$$AD = C((1-t)Y + \overline{TR}) + \overline{I} + \overline{G} + \overline{X} - IM((1-t)Y + \overline{TR})$$

となる。また，総供給関数はこれまでどおり，$AS = Y$ である。生産物市場が均衡するときには，総需要と総供給が一致しなければならないから，均衡国民所得は，

$$Y^* = C((1-t)Y^* + \overline{TR}) + \overline{I} + \overline{G} + \overline{X} - IM((1-t)Y^* + \overline{TR}) \tag{4}$$

を成立させるような Y^* として定義される（図18-1）。

この式を全微分して，整理すると，

$$dY^* = \frac{1}{1-(1-t)(C'-IM')}[d\overline{C} + (C'-IM')d\overline{TR} + d\overline{I} + d\overline{G} \\ + d\overline{X} - (C'-IM')Y^*dt - d\overline{IM}] \tag{5}$$

である。このモデルに比較静学分析を加えると，次の結論を得る。ただし，$C' - IM' > 0$ である。

投資の効果　$d\overline{I} \neq 0, \; d\overline{C} = d\overline{TR} = d\overline{G} = d\overline{X} = dt = d\overline{IM} = 0$

$$dY^* = \frac{1}{1-(1-t)(C'-IM')} d\overline{I}$$

政府支出の効果 $d\overline{G} \neq 0, \ d\overline{C} = d\overline{TR} = d\overline{I} = d\overline{X} = dt = d\overline{IM} = 0$

$$dY^* = \frac{1}{1-(1-t)(C'-IM')} d\overline{G}$$

移転支払の効果 $d\overline{TR} \neq 0, \ d\overline{C} = d\overline{I} = d\overline{G} = d\overline{X} = dt = d\overline{IM} = 0$

$$dY^* = \frac{C'-IM'}{1-(1-t)(C'-IM')} d\overline{TR}$$

増税の効果 $dt \neq 0, \ d\overline{C} = d\overline{TR} = d\overline{I} = d\overline{G} = d\overline{X} = d\overline{IM} = 0$

$$dY^* = \frac{-(C'-IM')Y^*}{1-(1-t)(C'-IM')} dt$$

輸出の効果 $d\overline{X} \neq 0, \ d\overline{C} = d\overline{TR} = d\overline{I} = d\overline{G} = dt = d\overline{IM} = 0$

$$dY^* = \frac{1}{1-(1-t)(C'-IM')} d\overline{X}$$

　ところで，外国部門を含まないモデルと比べると，乗数効果はそれぞれに小さくなっている。それは，乗数に限界輸入性向が含まれるようになったため，その値が小さくなるからである。これの経済学的な意味は，例えば拡張的財政政策は国民所得を増加させるが，国民所得の増加は輸入の増加も招くから，国民所得の増加のすべてが国内での生産の増加に結びつかない，つまり発生した総需要の増加の一部が外国へ漏れていく。そのために，経済取引を外国まで拡大する場合には，財政政策の効果はより小さくなる，ということである。これはすべての乗数効果について等しくいえることである。
　なお，輸出は国内で生産された財やサービスに対する外国からの需要であるので，それの増加は政府支出や投資などの独立支出の増加と同じ効果をもつことが分かる。

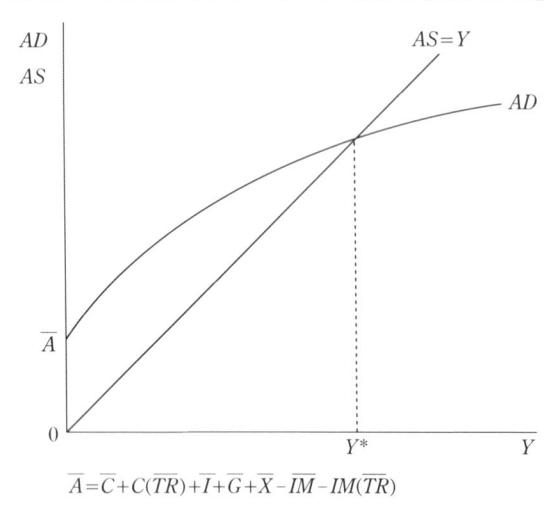

図18-1 外国部門を含む場合の均衡国民所得の決定

$$\overline{A} = \overline{C} + C(\overline{TR}) + \overline{I} + \overline{G} + \overline{X} - \overline{IM} - IM(\overline{TR})$$

2　2国モデル

　今度は，お互いの経済取引が各々の国で大きなウエイトを占めるような2つの国について考えよう。それぞれの国をA国とB国とし，輸出入はその2国間でしかなされないものとする[2]。また，分析を容易にするために線形体系のモデルを採用することにする。このモデルでは限界消費性向と限界輸入性向が定数となるので，消費関数と輸入関数が線形化される。それにより，それぞれの国の総需要関数は1次関数で表される。可処分所得に対する限界消費性向を $c(0<c<1)$，限界輸入性向を $m(0<m<1)$ で表すと，

$$\text{消費関数} \quad C = \overline{C} + c(1-t)Y + c\overline{TR}$$

$$\text{輸入関数} \quad IM = \overline{IM} + m(1-t)Y + m\overline{TR}$$

となる。ここで，$c(1-t)$ および $m(1-t)$ は国民所得 Y に対する限界消費性向であり，限界輸入性向である。ところで，A国の輸出はB国の輸入になり，逆もまた逆であるから，A国の輸出とB国の輸入は一致する。すると，各々の国の輸出関数は相手国の輸入関数で書き替えることができる。A国の総需要

関数は，

$$AD = (1-t)(c-m)Y + \overline{C} + (c-m)\overline{TR} + \overline{I} + \overline{G} + \overline{IM}_f$$
$$+ m_f\overline{TR}_f - \overline{IM} + (1-t_f)m_f Y_f$$

となる。ここで，B国の諸変数は下添字 f を付けて表されている。A国の生産物市場が均衡するときは総供給と総需要が一致するときであるから（$AS = AD$），A国の生産物市場の均衡式は，

$$Y = \frac{1}{1-(1-t)(c-m)}\overline{H} + \frac{(1-t_f)m_f}{1-(1-t)(c-m)}Y_f \tag{6}$$
$$\overline{H} = \overline{C} + (c-m)\overline{TR} + \overline{I} + \overline{G} + \overline{IM}_f + m_f\overline{TR}_f - \overline{IM}$$

となる。同様に，B国の均衡式は，

$$Y_f = \frac{1}{1-(1-t_f)(c_f-m_f)}\overline{H}_f + \frac{(1-t)m}{1-(1-t_f)(c_f-m_f)}Y \tag{7}$$
$$\overline{H}_f = \overline{C}_f + (c_f-m_f)\overline{TR}_f + \overline{I}_f + \overline{G}_f + \overline{IM} + m\overline{TR} - \overline{IM}_f$$

である。(6)式と(7)式より，各々の国における総需要がそれぞれ相手国の総供給に影響を及ぼし，それがまた自国の総需要に跳ね返ってくることが分かる（これを，エコー効果という）。2国モデルの特徴はエコー効果が発生することにある。次に，(6)式と(7)式を同時に満足させるA国とB国の均衡国民所得を求めよう。

まず，A国の生産物市場の均衡を表す式を Y_f-Y 平面に描くことを考えよう（図18-2）。$Y_f = 0$ であるときの，縦軸切片は，

$$\text{A国線の縦軸切片} \quad \overline{Y}_{A国} = \frac{\overline{H}}{1-(1-t)(c-m)} = \frac{\overline{H}}{a} > 0$$

であり，この曲線の傾きは，

$$\text{A国線の傾き} \quad \left.\frac{dY}{dY_f}\right|_{A国} = \frac{b_f}{a} > 0$$

である。ただし，簡単化のために，

$$b = (1-t)m > 0$$

$$b_f = (1-t_f)m_f > 0$$

$$a = 1-(1-t)(c-m) = 1-(1-t)c+b > 0$$

$$a_f = 1-(1-t_f)(c_f-m_f) = 1-(1-t_f)c_f+b_f > 0$$

と書くことにする。B国についても，同様に，

B国線の縦軸切片 $\quad \overline{Y}_{B国} = -\dfrac{\overline{H}_f}{b} < 0$

B国線の傾き $\quad \left.\dfrac{dY}{dY_f}\right|_{B国} = \dfrac{a_f}{b} > 0$

であり，この2つの曲線は右上がりの曲線となる。ところで，2国線の傾きは，

$$\frac{b_f}{a} < \frac{a_f}{b} \quad \text{すなわち,} \quad \left.\frac{dY}{dY_f}\right|_{A国} < \left.\frac{dY}{dY_f}\right|_{B国} \tag{8}$$

となり，B国線の方が傾きが大きいことがいえる（後述）。図18-2はA国線とB国線が交わる点 E で2つの国の生産物市場が均衡するような均衡国民所得が決定されることを示している。

交点 E における均衡国民所得の組合せ (Y^*, Y_f^*) は，(6)式と(7)式からなる連立方程式体系の解であるから，

$$\begin{bmatrix} a & -b_f \\ -b & a_f \end{bmatrix} \begin{bmatrix} Y \\ Y_f \end{bmatrix} = \begin{bmatrix} \overline{H} \\ \overline{H}_f \end{bmatrix}$$

を解いて，

$$(Y^*, Y_f^*) = \left(\frac{a_f\overline{H}+b_f\overline{H}_f}{aa_f-bb_f}, \frac{a\overline{H}_f+b\overline{H}}{aa_f-bb_f} \right)$$

を得る。このとき，分母は正でなければならない（$aa_f-bb_f>0$）。

いま，A国で総需要を増加させるように拡張的な財政政策がとられ，$\overline{G}$ が増

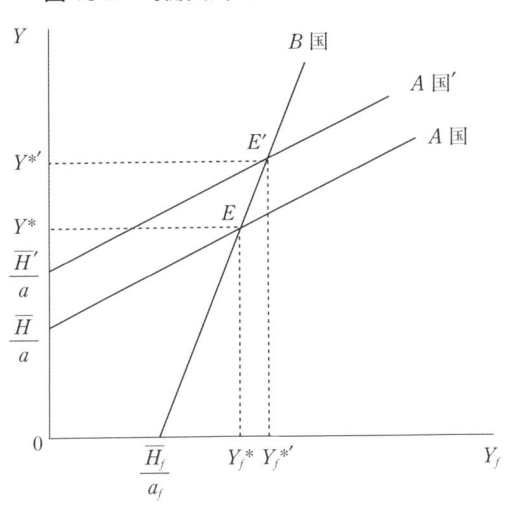

図18-2 均衡国民所得の決定と財政政策

出所:渡辺,水原,中石(1991) p.181 を修正。

加したとしよう。その効果は,

$$\begin{bmatrix} a & -b_f \\ -b & a_f \end{bmatrix} \begin{bmatrix} \partial Y^*/\partial \overline{G} \\ \partial Y_f^*/\partial \overline{G} \end{bmatrix} = \begin{bmatrix} 1 \\ 0 \end{bmatrix}$$

の解として求められる。ここで,$d\overline{G} \neq 0$ とおいて,$\overline{G}$ 以外の変数の全微分をゼロ ($d\overline{C}=d\overline{C}_f=dc=dc_f \cdots =0$) とおけば,$d\overline{H}=d\overline{G}$ である。

$$\frac{\partial Y^*}{\partial \overline{G}} = \frac{a_f}{aa_f - bb_f} = \frac{1}{a - b\dfrac{b_f}{a_f}} > 0$$

$$\frac{\partial Y_f^*}{\partial \overline{G}} = \frac{b}{aa_f - bb_f} = \frac{b}{a_f\left[a - b\dfrac{b_f}{a_f}\right]} = \frac{b}{a_f}\frac{\partial Y^*}{\partial \overline{G}} > 0 \tag{9}$$

この結果は,A国における拡張的な財政政策はB国の国民所得も増加させることを示している。A国おける自国の財政政策が自国の国民所得に及ぼす効果(9)式は前節で求められた効果よりも大きい。この違いは分母に現れている[3]。(9)式の分母では bb_f/a_f が a より差し引かれることで,2国モデルの場合

には国民所得の増加が輸入を増加させて，国内の総需要を減少させるという漏れが小さくなることを示している。これはA国の拡張的財政政策はA国の国民所得を増加させ，B国からの輸入を増加させる（これはA国の総需要を減少させる）が一方で，B国の国民所得を増加させるため，B国でもA国からの輸入が増加する（これはA国の総需要を増加させる）から，A国における総需要の減少が抑えられるためである。

図18-2には，拡張的財政政策の効果も書き加えられている。A国線が上にシフトしたとき，A国の国民所得が増加する程度はA国線の傾きによって変わるが，A国線の傾きはB国の限界輸入性向が大きくなるほど大きくなる。よって，A国の国民所得が増加する程度はB国の限界輸入性に依存している。このことはA国のB国に対する経済的依存度が大きければ大きいほど（A国線の傾きが急になればなる程），財政政策の効果が大きくなることを意味している。

今度は，A国の輸出が増加した場合を検討しよう。この場合には，B国の輸入がその分だけ増えることになる。単純に，A国の独立輸出の増加をB国の独立輸入の増加とみなそう。先と同様に，$d\overline{IM_f} \neq 0$とおいて，$\overline{IM_f}$以外の変数の全微分をゼロ（$d\overline{C}=d\overline{C_f}=dc=dc_f\cdots=0$）とすると，

$$\begin{bmatrix} a & -b_f \\ -b & a_f \end{bmatrix}\begin{bmatrix} \partial Y^*/\partial \overline{IM_f} \\ \partial Y_f^*/\partial \overline{IM_f} \end{bmatrix} = \begin{bmatrix} 1 \\ -1 \end{bmatrix}$$

を解けばよいから，

$$\frac{\partial Y^*}{\partial \overline{IM_f}} = \frac{a_f - b_f}{aa_f - bb_f} = \frac{1-(1-t_f)c_f}{aa_f - bb_f} > 0$$

$$\frac{\partial Y_f^*}{\partial \overline{IM_f}} = \frac{-a+b}{aa_f - bb_f} = \frac{-1+(1-t)c}{aa_f - bb_f} < 0$$

(10)

を得る。結果として，A国の輸出の増加は自国の国民所得を増加させるが，B国の国民所得を減少させる。当初のA国における輸出の増加はA国の総需要を増加させ，自国の国民所得を増加させるように働くが，B国にとってはそれが逆に働く。しかし，A国で国民所得が増加し始めると，今度はB国からの輸入が増えるため，国民所得の増加が抑えられる。一方，B国では当初の総需

要の減少は国民所得を減少させ，輸入を減少させる。しかし，A国への輸出が増加し始めると，総需要が増加するため国民所得も増加し，輸入も増加することになる。このようなエコー効果が重ねられた結果として，両国は新しい均衡国民所得に落ち着くことになる。最終的な結果としては，A国では国民所得が増加し，B国では国民所得が減少する。

これまで得られた結果をまとめよう。2国モデルでは，

① 政府支出や投資の増加が自国の国民所得に及ぼ効果の方が，輸出の増加がそれに及ぼす効果よりも大きい。

② 政府支出や投資の増加は自国と相手国の国民所得を増加させるが，輸出の増加は自国の国民所得を増加させるが相手国の国民所得を減少させる。

特に，②については，国内の失業対策として輸出主導で景気の回復を図ることは，相手国に対して失業を輸出することに他ならない，ということがいえる。

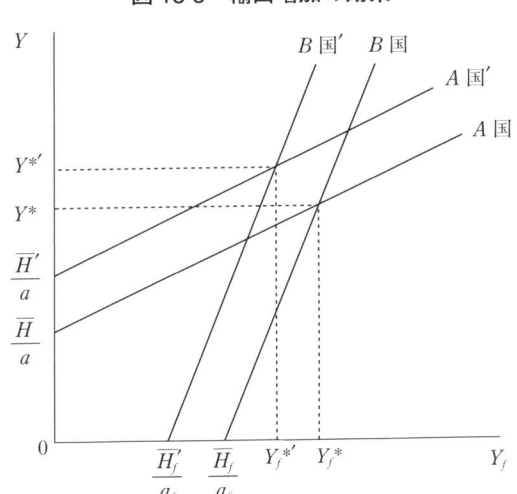

図 18-3　輸出増加の効果

出所：渡辺，水原，中石（1991）p.182 を修正。

3　為替レート

純輸出は各々の国の国民所得ばかりではなく，為替レートの影響も受けて変

化する。「円高のときに輸入が増え，円安のときに輸出が増える」とはよくきかれることである。為替レートとは，自国通貨と外国通貨の交換比率である。例えば，1ドル80円とは1ドルを購入するためには80円が必要であることを表している。これを自国通貨建て（円建て）レートという。一方，円の価格をドルで表すと，1円0.0125ドルである。これを外貨建て（ドル建て）レートという[4]。本章では，自国通貨建ての為替レートを名目為替レート（e：nominal exchange rate）とよぶことにする。

いま，日本から海外へ輸出しているある輸出財1単位の国内価格が80円であるとする。為替レートが1ドル80円であれば，外国人がこの財を購入するためには1ドルが必要となる。仮に，為替レートが1ドル160円になれば，外国人は1ドルで2単位の財を購入できる。あるいは0.5ドルで1単位の財を購入できることになる。その結果，海外におけるこの財の需要が増加するから，輸出は増加する。今度は，為替レートが1ドル40円になったとする。このときには，この財を1単位購入するためには，2ドル必要になる。あるいは，1ドルでは0.5単位しか購入できないことになる。この場合には，外国におけるこの財の需要が減少するから，輸出が減少する。

1ドルの価格が80円から160円に上昇すること（為替レートの上昇）は，1ドルを購入するために以前よりも多くの円が必要になるので，この場合には「円の価値の低下」や「円の減価」，あるいは単に「円安」といわれる。逆に，1ドルの価格が80円から40円に下落すること（為替レートの低下）は，1ドルを以前よりも少ない円で購入できるので「円の価値の上昇」や「円の増価」，あるいは「円高」といわれる。

今度は，為替レートと輸入との関係を調べよう。輸入財1単位の価格が1ドルであれば，80円でこの財1単位を購入できる。為替レートが上昇し，1ドル160円になれば，この財を1単位購入するために以前の2倍の円が必要になる。逆に為替レートが低下し，1ドル40円になれば，以前の2分の1の円で済むことになる。このように，円高は日本にとって輸入財価格の低下を意味するので，輸入が増加することになる。

以上の例から，円安は日本の輸出産業にとって有利に働き，円高は日本の輸入産業にとって有利に働くことが分かる。しかし，ここで考察した為替レート

には，日本と外国の物価水準の変化が反映されていない。例えば，為替レートが円安に動いても，日本の物価水準が外国の物価水準に比べて上昇すれば，円安の効果は弱められ，逆に，円高であっても日本の物価水準が相対的に低下すれば，円高の効果も弱められることになる。このように，日本と外国との物価水準の変化を反映するような為替レートを考える必要が出てくる。このような為替レートを実質為替レートとよぶ。実質為替レート（R：real exchange rate）は，

$$R = \frac{eP_f}{P} \tag{11}$$

で定義される。ところで，e は名目為替レート，P_f は外国の物価水準であるから，eP_f は外国の物価水準を円で測ったものである。P は日本の物価水準であるから，実質為替レートは外国と日本の物価水準の比を表している。したがって，実質為替レートが高いときには，外国財の価格が国内財の価格に比べて相対的に高くなるので，日本からの輸出が増える。一方，実質為替レートが低いときには，国内財の価格の方が相対的に高くなるので，外国からの輸入が増えることになる。しかしながら，本章でも物価は変化しないと仮定しているので（すなわち，P_f/P は不変），実質為替レートと名目為替レートは同じように変化することになる。それゆえ，名目為替レートで議論を進めることにする。

4　マンデル＝フレミング・モデル

　前章で説明された $IS - LM$ 分析に海外との経済取引を取り入れて拡張したモデルにマンデル＝フレミング・モデルがある。このモデルでは，自国の利子率と外国の利子率（これを世界利子率という）との間で格差が存在する限り国際的な資本の移動が発生し，為替レートが変化する。それが純輸出を変化させ，結果としてその国の国民所得に影響を及ぼすことが示される。このようにマンデル＝フレミング・モデルは国民所得，為替レートおよび国内外の利子率の相互関係を説明しているので，国際マクロ経済を理解する上での基礎理論となっている。

　まず，ある国の生産物市場の均衡条件を表す IS 曲線は，

$$Y = C(Y-\overline{T}) + I(i) + \overline{G} + NX(Y, Y_f, e) \tag{12}$$

$$\text{ただし，} NX_Y<0, \ NX_{Y_f}>0, \ NX_e>0$$

となる。ここで，$\overline{T}$ は独立純租税であり，NX_Y は自国の国民所得の増加が輸入を増加させて純輸出を減少させる効果を，NX_{Y_f} は外国の国民所得の増加が輸出を増加させて純輸出を増加させる効果を，そして NX_e は名目為替レートの上昇が輸出を増大させて純輸出を増加させる効果を表している。次に，貨幣市場の均衡条件である LM 曲線は，

$$\frac{\overline{M}}{P} = L(Y, i) \tag{13}$$

である。

　このモデルの特徴は，国内利子率が世界利子率と等しくなるように変化する，つまり，利子率が国内経済で決定されるのではなく，世界利子率に支配されるとみなされることにある。これは資本が国際間を自由に移動できるという仮定にもとづいている。この仮定の下では，ある国の国内利子率が世界利子率よりも低ければ，投資家はこの国で資金を調達するか，あるいはその国に投下していた資金を引き揚げて，外国でそれを運用するという裁定取引を行うので，その結果としてこの国の利子率は上昇する。そして，逆の場合には，逆の裁定取引が行われるから，資本移動が完全に自由であれば，どの国の利子率も世界利子率と同じ水準に近づくことになる。それゆえ，世界利子率 i_f を所与とすると，国内利子率もまたこの水準に決まることになる[5]。

$$i = i_f \tag{14}$$

　(12)式，(13)式および(14)式がマンデル＝フレミング・モデルを表している。この3本の方程式から，$Y-i$ 平面に描かれる IS 曲線と LM 曲線の組合せと，$Y-e$ 平面に描かれる IS_e 曲線と LM_e 曲線が導かれる。まず，最初の2本の曲線の組合せは，生産物市場と貨幣市場の均衡条件である，これまでどおりの IS 曲線と LM 曲線である。この2本の曲線を描くために，それぞれの曲線の傾きを求めると，

$$\left.\frac{di}{dY}\right|_{IS} = \frac{1-C'-NX_Y}{I'} < 0$$

$$\left.\frac{di}{dY}\right|_{LM} = -\frac{L_Y}{L_i} > 0 \tag{15}$$

となる。(12) 式で表される IS 曲線は，閉鎖経済（国内のみを対象にした経済）のそれよりも傾きが小さくなるが，それ以外は同じ性質をもつ[6]。(15) 式で表された傾きをもつ IS 曲線と LM 曲線が図 18-4 の上段に描かれている。この図では，世界利子率の下で，国内経済が均衡していることが示されている。他方，下段の $Y-e$ 平面に描かれている IS_e 曲線と LM_e 曲線は与えられた世界利子率の下で，生産物市場と貨幣市場をそれぞれ均衡させるような国民所得と名目為替レートの組合せの軌跡である。これらの曲線の傾きが (16) 式で表されている。

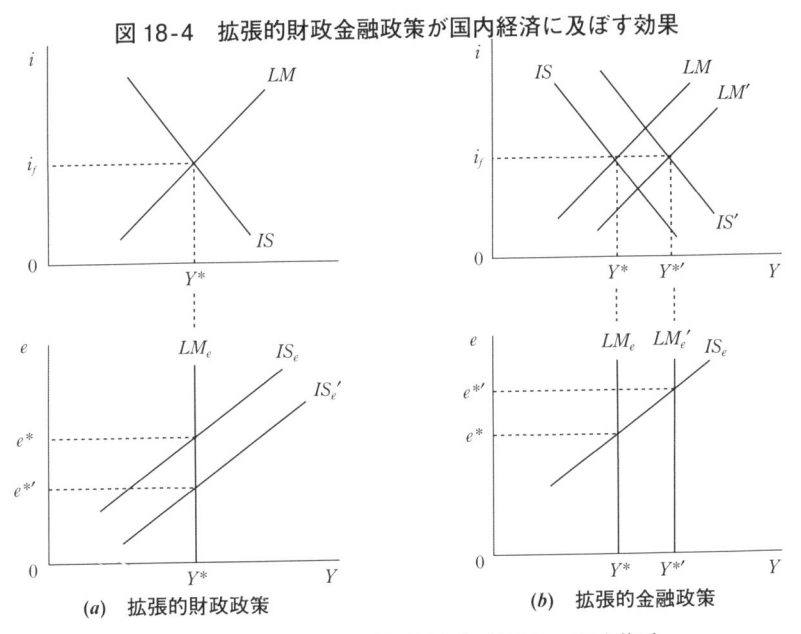

図 18-4 拡張的財政金融政策が国内経済に及ぼす効果

(a) 拡張的財政政策　　　　　　　*(b)* 拡張的金融政策

出所：日本銀行 国際収支統計研究会（2000）p.97 を修正。
Mankiw（2000）p.338 および p.340 を修正。

$$\left.\frac{de}{dY}\right|_{IS_e} = \frac{1-C'-NX_Y}{NX_e} > 0$$

$$\left.\frac{de}{dY}\right|_{LM_e} = \frac{L_Y}{0} = \infty \tag{16}$$

LM_e 曲線が垂直になるのは，貨幣需要が名目為替レート e の関数ではないからである。また，世界利子率が与えられると，貨幣市場を均衡させる国民所得は Y^* に一意的に決まるから，

$$\frac{\overline{M}}{P} = L(Y^*, i_f) \tag{17}$$

となる。すると，LM_e 曲線は Y^* を横軸切片とする垂直線として描かれる。

図 18-4 は，この国の経済が国民所得 Y^* と利子率 i_f および名目為替レート e^* の下で生産物市場と貨幣市場が均衡していることを示している。

いま，この国で失業対策として拡張的財政政策がとられたとしよう。その効果が図 18-4(a) に描き加えられている。まず，下段の図では IS_e 曲線は右へシフトする。その結果，為替レートは低下するが，国民所得は影響を受けない。これが拡張的財政政策の効果である。これまでの分析では拡張的財政政策は利子率と国民所得を増加させることが分かっているので，得られた結論はいささか奇妙なものに思われる。これは，次のように説明される。やはり，拡張的財政政策は国民所得を増加させ，利子率を押し上げようとするが，国内利子率が世界利子率より少しでも高くなれば，外国から資本が流入する。この資本の流入は外国為替市場で自国通貨の需要を増加させるから，名目為替レートは低下する。これは自国通貨の増価をもたらすから，輸出を減少させ，輸入を増加させて純輸出を減少させる。すなわち，この財政政策が国民所得に及ぼす拡張的な効果は純輸出の減少が引き起こす国民所得への縮小効果との間で完全に相殺されることになる[7]。したがって，上段の図は IS 曲線を右へシフトさせる力と左へシフトさせる力が同時に働くために，もとの位置に留まり続けることを，そして，下段の図は拡張的財政政策が為替レートの増価をもたらすことを示している。

今度は，拡張的金融政策がとられた場合を考察しよう（図 18-4(b)）。まず，

金融政策の効果は，LM曲線を右にシフトさせて国内利子率を世界利子率よりも引き下げることに現れる（$LM \to LM'$）。すると，この国から資本が流出する。資本の流出は外国為替市場で自国通貨の供給を増加させるから，為替レートは上昇する（自国通貨の減価）。それは輸出を増加させ，輸入を減少させるから，純輸出は増加する。純輸出の増加はIS曲線を右にシフトさせるから，その結果として国民所得は増加する。国民所得の増加は取引貨幣需要を増加させるので，一旦低下した国内利子率は上昇する。国内利子率が世界利子率と同じ水準まで上昇したとき，IS曲線の右方シフトが止まり新しい均衡国民所得水準が決まる（$IS \to IS'$）。この過程が下段の図では，LM_e曲線の右シフトで表されている。すなわち，(17)式の左辺の実質貨幣供給が増加すれば，貨幣市場を均衡させるように右辺の貨幣需要も増加しなければならない。ところで，貨幣需要が増加するためには，国民所得が増加しなければならないが，それは為替レートの上昇に伴う純輸出の増加によってもたらされる，ということである。

以上で得られた結論をまとめよう。

① 資本の移動が完全であるときには，国内利子率は世界利子率と一致する。
② 国内利子率と世界利子率の間に格差があると，資本が流出入するために外国為替市場では自国通貨の価値が変化する。
③ 拡張的財政政策は為替レートを増価させるために，国民所得を増加させる効果をもたない。
④ 拡張的金融政策は為替レートを減価させるために，国民所得を増加させる効果をもつ。
⑤ 国内の失業対策として金融政策を用いることができる。

しかし，それは輸出を増加させ輸入を減少させるという政策であるため，外国における生産の減少を引き起こすことになる。このため，失業の輸出に他ならないということである。

[注]
1) 閉鎖経済とは，国内のみを対象にした経済である。一方，外国との経済活動を含む経済を開放経済，あるいは本章のタイトルにも使われている，オープン経済という。
2) このような，2国間のみで貿易を行うという仮定はもちろん現実的ではないが，経済取引の大きな国同士の輸出入の変化がもたらす影響を明らかにしてくれる。

3) あるいは，このモデルは線形体系であるので，均衡国民所得の解が具体的にパラメーター（外生変数）で表されているから，直接，これらの解を $\overline{G}$ で偏微分して求めることもできる。すなわち，

$$\frac{\partial Y^*}{\partial \overline{G}} = \frac{\partial}{\partial \overline{G}}\left(\frac{a_f\overline{H} + b_f\overline{H}_f}{aa_f - bb_f}\right) = \frac{a_f}{aa_f - bb_f} > 0$$

$$\frac{\partial Y_f^*}{\partial \overline{G}} = \frac{\partial}{\partial \overline{G}}\left(\frac{a\overline{H}_f + b\overline{H}}{aa_f - bb_f}\right) = \frac{b}{aa_f - bb_f} > 0$$

これは $\overline{IM}_f$ の比較静学分析についても同様である。

4) 周知のとおり，為替レートには，対ドル・レートの他にも，ユーロ・レート，ウォン・レートや元・レートなど様々なレートがある。これらを2国間レートという。また，複数の2国間レートを加重平均したものに多国間為替レート（あるいは，実効為替レート）がある。これは，自国通貨の複数の通貨に対する平均的な価値の変動を知るための為替レートである。

5) マンデル＝フレミング・モデルは，完全な資本移動を伴う小国開放経済モデルという範疇に含まれる。小国とは，世界の金融市場で資金をどれだけ貸借しても世界利子率に影響を及ぼすことがないほど，その国の経済規模が小さいことを意味する。また，完全な資本移動とは，国内利子率が世界利子率と僅かでも乖離すると，その利鞘をめざして速やかに裁定取引がなされることを意味している。その結果，国内利子率は世界利子率に固定されることになる。

6) *IS* 曲線の傾きの違いは，閉鎖経済と開放経済の違いによる。開放経済における *IS* 曲線の傾きがより急になるのは，開放経済では国民所得の増加が輸入を増加させる（漏れの存在の）ため，乗数効果が小さくなるからである。

7) 前章では，拡張的財政政策に伴うクラウディング・アウト効果は国内利子率が押し上げられ，投資が減少することで生じるものであった。本章におけるクラウディング・アウト効果は，外国為替市場における自国通貨の増価に伴う純輸出の減少によるものである。

# 第19章 物価と国民所得

　これまでは，物価水準は変化しないと仮定した上で，企業は総需要に見合うだけの生産を行って供給するものと想定されていた。したがって，拡張的財政金融政策が発動されると総需要は増加し，それに見合うだけの総供給が発生し，その結果，政策当局は望ましい均衡水準へ経済を誘導することができた。それゆえ，私たちの分析の対象は総需要の増加のさせ方，つまり総需要管理政策とそれの効果の評価に置かれていた。しかしながら，実際には，そのような政策は財やサービスの価格に影響を及ぼすことが知られている。それゆえ，政策当局は物価水準やそれの変動に強い関心を寄せているのである[1]。

　本書を終わるにあたって，この章では，閉鎖経済における物価水準および物価水準の上昇（つまり，インフレーション）と国民所得との関係を考察しよう。ここで，使われる分析道具は，総需給モデルとよばれている。ただし，これまでの生産物市場の分析で呼称されていた総需要および総供給の定義と，本章におけるそれらの定義とは大きな違いがある。そこで，まず，総需要関数の新しい定義から明らかにしよう。

1　総需要関数

　本章で用いられる新しい総需要関数あるいは総需要曲線とは，国民所得と物価水準（これ以降，単に物価とよぶことにする）との関係を表している。これは，生産物市場と貨幣市場を同時に均衡させるような国民所得と物価の組合せの軌跡として定義される。生産物市場と貨幣市場の均衡条件式は，

$$Y - C(Y - \overline{T}) - I(i) - \overline{G} = 0$$

$$\frac{\overline{M}}{P} - L(Y,\ i) = 0 \tag{1}$$

であるから，それは(1)式を同時に満たす Y と P の組合せの軌跡である。図 19-1(a) と (b) は貨幣市場と $IS-LM$ 分析との関係を描いている。この図は貨幣市場は利子率が i_1 の下で均衡し（図 (a)），同時にその利子率の下で均衡国民所得が Y_1 であることを示している（図 (b)）。いま，物価が P_1 から P_2 へ下落したとしよう。すると，実質貨幣供給は $\overline{M}/P_1$ から $\overline{M}/P_2$ へ増加するから，実質貨幣の供給曲線は右へシフトする。当初この効果は，貨幣市場での利子率の i_1 から i' への低下で示される。これは図 (b) では，経済の点 E_1 から点 E' への移動を意味している（これまでどおり，貨幣市場は瞬時に均衡すると想定されている）。利子率が低下すれば，投資が増加し，その乗数効果をつうじて国民所得が増加する。その結果，新しい均衡国民所得と均衡利子率は Y_2 と i_2 となる。このとき，貨幣市場では増加した国民所得の下で貨幣需要曲線が右にシフトし，再び新しい均衡利子率の下で均衡する。このように，物価の下落は国民所得の

図 19-1 総需要曲線の導出

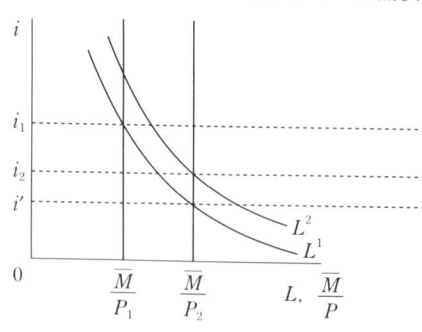

注：ただし，$L^1 = L(Y_1, i)$，$L^2 = L(Y_2, i)$。
(a) 貨幣市場

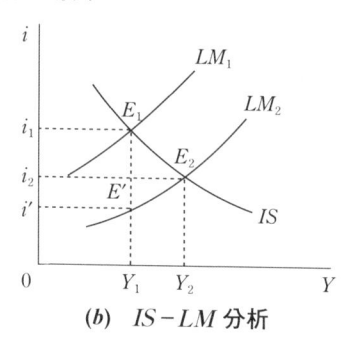

(b) $IS-LM$ 分析

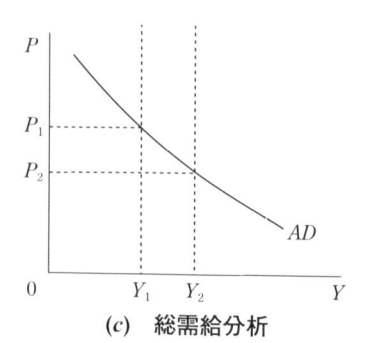

(c) 総需給分析

増加をもたらすことが分かる。この関係を描いているのが図 (c) である。図中の右下りの曲線 AD が本章で定義される総需要曲線である。

総需要曲線の傾きの代数的な表現を求めよう。貨幣市場は常に均衡していると想定されているから，LM 曲線を表す式を i について解いた式，

$$i = \phi(P, \overline{M}, Y)$$

ここで，$\phi_P = \dfrac{\partial i}{\partial P} = -\dfrac{\overline{M}}{P^2 L_i} > 0$，$\phi_{\overline{M}} = \dfrac{\partial i}{\partial \overline{M}} = \dfrac{1}{PL_i} < 0$

$$\phi_Y = \dfrac{\partial i}{\partial Y} = -\dfrac{L_Y}{L_i} > 0$$

を，IS 曲線を表す式に代入すれば，総需要曲線が得られる。

$$Y - C(Y - \overline{T}) - I(\phi(P, \overline{M}, Y)) - \overline{G} = 0$$

このようにして得られた総需要曲線の傾きは，

$$\frac{dY}{dP} = \frac{I' \phi_P}{1 - C' - I' \phi_Y} = -\frac{I' \dfrac{\overline{M}}{P^2}}{(1 - C')L_i + I' L_Y} < 0 \tag{2}$$

である。この式は，実質貨幣供給の変化が国民所得に及ぼす効果（第17章(4)式）に物価の変化が実質貨幣供給に及ぼす効果を乗じたものに等しい。すなわち，物価の変化が国民所得に及ぼす効果を表している。なお，(2)式をグラフ化するときには，

$$\left.\frac{dP}{dY}\right|_{AD} = \left(\frac{dY}{dP}\right)^{-1}$$

と変形される。

2 物価が固定されている場合の総需給モデル

第2編のこれまでのマクロモデルでは，物価は不変と仮定されていた。この仮定にもとづく総供給関数あるいは総供給曲線 AS は，図19-2のように横軸に水平な直線で描かれる。これは賃金や生産物の価格を上昇させることなく，

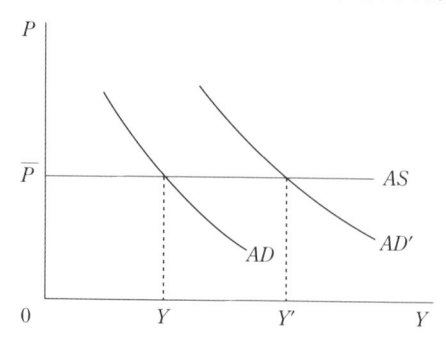

図 19-2 物価が固定されている場合の拡張的政策の効果

雇用や生産を増加させることができることを意味している。このようなモデルにおける拡張的な財政金融政策は，総需要曲線の右シフトで表される。というのは，拡張的政策は所与の物価の下で，国民所得を増加させるからである。

$$\left.\frac{\partial Y}{\partial \overline{G}}\right|_{AD} = \frac{1}{1-C'-I'\phi_Y} > 0 \ , \quad \left.\frac{\partial P}{\partial \overline{G}}\right|_{AD} = -\frac{1}{I'\phi_P} > 0$$

$$\left.\frac{\partial Y}{\partial \overline{T}}\right|_{AD} = -\frac{C'}{1-C'-I'\phi_Y} < 0 \ , \quad \left.\frac{\partial P}{\partial \overline{T}}\right|_{AD} = \frac{C'}{I'\phi_P} < 0$$

$$\left.\frac{\partial Y}{\partial \overline{M}}\right|_{AD} = \frac{I'\phi_{\overline{M}}}{1-C'-I'\phi_Y} > 0 \ , \quad \left.\frac{\partial P}{\partial \overline{M}}\right|_{AD} = -\frac{\phi_{\overline{M}}}{\phi_P} > 0$$

国民所得の増加は総供給，つまり生産量の増加を伴っているから，それは雇用の増加，つまり失業の減少を意味している。したがって，このモデルでは，物価を上昇させることなく，国民所得の増加と失業の減少を実現することになるが，このような結論は総供給曲線が水平であるという仮定によるものである。

3　貨幣賃金が下方硬直的であるモデル

ところで，深刻な不況時を除けば，総需要と総供給の相対的な大きさが物価に影響を及ぼすことは容易に想像できるであろう。物価の変化を前節のモデルに導入するためには，総供給曲線と物価との関係を明らかにしなければならない。物価は生産物（財やサービス）の平均的な価格であるから，それを生産す

るための費用に反映されるはずである。生産のための費用とは，労働投入のための費用であり，私たちはすでに労働市場の分析を第9章で行っているから，雇用量と労働費用，および生産関数とを結びつけて総供給曲線を求めることができる。ただし，初めに貨幣賃金が不変であるケースを，次に貨幣賃金が変化するケースを取り上げることにする。

　非自発的失業が発生していても，労働の価格である貨幣賃金が低下しないことを，貨幣賃金の下方硬直性という。貨幣賃金が低下しない理由として，労働者は貨幣賃金の違いに敏感であり，他の労働者と比べて自分の貨幣賃金が引き下げられることには強く抵抗するからである（ただし，実質賃金の低下には抵抗しない）。これは，労働者が決められるのは貨幣賃金であり物価は決められないから，実質賃金もまた決められないという考えがその背景にある。これを相対賃金仮説とよぶ。この他にも，労働組合が貨幣賃金の引き下げに抵抗するためであるという労働組合仮説。また，貨幣賃金を引き下げると労働者は働く意欲を失い，さらに，有能な労働者ほど高い貨幣賃金を求めて転職してしまうから，労働の生産性は低下し，企業の利潤も低下してしまうので，企業にとって貨幣賃金は引き下げにくい。あるいは，引き下げられた貨幣賃金で雇用を希望する労働者は有能でないがゆえに失業しているかもしれないので，いま雇用している労働者を貨幣賃金が安いからといって失業者と入れ替えることはかえって労働生産性を引き下げてしまう。すると，非自発的失業者が存在するからといって，貨幣賃金を引き下げることはその企業の利潤を減少させることになるから，その企業は貨幣賃金を引き下げない。という理由で，貨幣賃金の下方硬直性を説明する仮説もある（効率賃金仮説）[2]。

　このように貨幣賃金の下方硬直性を仮定すると，労働の需給曲線は図19-3(a)のように描かれる。図中のN_fは，非自発的失業者がいないという意味での完全雇用が成立する雇用量を示している[3]。労働の需要曲線Dは，第9章第2節で求められたD曲線を社会的に集計したものである。これを，

$$W = Pf(N) \tag{3}$$

で表すことにする。ここで，$f(N)$は社会的に集計された生産関数から求められた労働の限界生産物を表すものとする。したがって，(3)式は，企業は貨幣

図 19-3 下方硬直的な貨幣賃金のケース

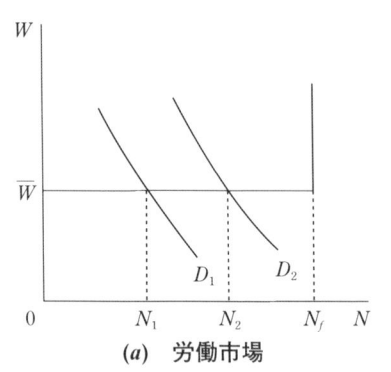

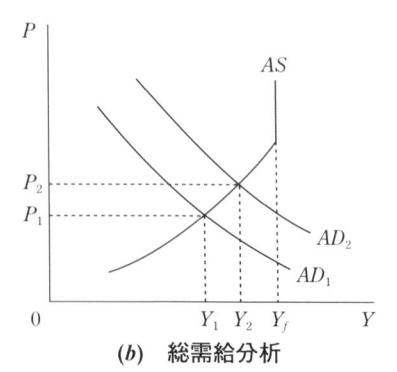

(a) 労働市場

(b) 総需給分析

賃金と労働の限界価値生産物が一致するように雇用量を決めることを示している。あるいは，この式を書き替えて，企業は労働の限界生産物が実質賃金に一致するまで，すなわち，

$$\frac{W}{P} = f(N)$$

が成立するように，労働者を雇用すると言い換えることがいえる。一方，労働者は固定された貨幣賃金 W の下で完全雇用まで労働を供給しようとするから，労働供給曲線は，

$$W = \overline{W}$$

で表される。それゆえ，労働市場では，

$$\overline{W} = Pf(N) \tag{4}$$

が成立するように，雇用量が決まることになる。例えば，図 19-3(a) では，労働の需要曲線 D_1 と供給曲線 $\overline{W}$ の下で，雇用量が N_1 に決まることが示されている。労働の供給曲線は貨幣賃金 $\overline{W}$ の下で固定されているから，雇用が増加するためには，D 曲線が右にシフトしなければならない。しかしそのためには，P が上昇しなければならない。というのは，N の増加は労働の限界生産物を逓減させるため，P が上昇しなければ労働の限界価値生産物が不変に保たれないからである（(4)式）。したがって，雇用量が N_1 から N_2 へ，あるいは N_f へと

増加するときには，貨幣賃金は$\overline{W}$で不変であっても実質賃金$\overline{W}/P$は低下していることになる。この意味で，非自発的失業者とは，実質賃金が低下しても雇用を求める失業者であることがいえる。

ところで，労働の供給曲線は非自発的失業が消滅するN_fを越えると，垂直になるように描かれている。それは，完全効用状態N_fの下で失業している労働者はN_fの下での実質賃金を受け入れない自発的失業者であるから，もはや，実質賃金を低下させるような方法で雇用を増加させることが不可能になるからである[4]。

図19-3(b)には，このような労働市場を前提にして描かれた総供給曲線が描かれている。総供給曲線が右上がりであるのは，物価の上昇が雇用を増加させ，雇用の増加は生産を増加させるためであり，その総供給曲線が完全雇用生産量Y_fの下で垂直になるのは，完全雇用に達するともはや雇用を増加させることができないため，生産も増加できないからである。

総供給曲線の傾きも代数的に求めることにしよう。まず，(4)式を全微分して，dP/dNについて解くと，

$$\frac{dP}{dN} = -\frac{Pf'(N)}{W/P}$$

となるから，総供給曲線の傾きは，

$$\left.\frac{dP}{dY}\right|_{AS} = \frac{dP}{dN}\frac{dN}{dY} = -\frac{Pf'(N)}{\overline{W}/P}\frac{1}{f(N)} > 0 \qquad (5)$$

と書くことができる。ただし，労働の限界生産物は逓減するから，$f'(N)<0$である。また，初期の労働の限界生産物を$\overline{W}/P$で表している。

総需要曲線と総供給曲線の交点で，その経済を均衡させる国民所得と物価が決まるのは先と同じである。ただし，物価の変化を認める場合には，拡張的財政金融政策は国民所得と雇用を増加させる（失業の減少）とともに物価を上昇させることがいえる。

4　貨幣賃金が変化するモデル－期待物価が瞬時に調整される場合

貨幣賃金が労働市場の需給関係で決定される場合には，前節の労働供給曲線

を第9章第1節で求めた供給曲線で置き換えればよい[5]。

$$W = P^e g(N) \tag{6}$$

ここで,労働者は物価の正しい水準を知らないと想定しよう。つまり,労働者にとっての物価とは期待物価(あるいは,予想物価)である。これを(6)式ではP^eで表している。ただし,労働者は期待物価を修正して正しい水準に近づけることができる。

$$P^e = P^e(P), \qquad 0 \leq P^{e\prime}(P) \leq 1 \tag{7}$$

(7)式は,期待物価が現実の物価に依存して決まることを示している。$P^{e\prime}=0$のときには,現実の物価が期待物価の形成に全く影響を及ぼさないことを意味し,$P^{e\prime}=1$のときには,現実の物価が期待物価に常に正しく反映されるため,それらが常に一致していることを示している[6]。

$P^{e\prime}=1$である場合の労働の需給曲線を描いているのが,図19-4(a)である。労働者は現実の物価の変化を瞬時に期待物価に反映させるから,労働の需給は常にN_fの下で一致することになる。このとき,N_fでは市場で決まった貨幣賃金で働きたい労働者はすべて雇用されているという意味で完全雇用状態である。労働の需給曲線がD_1とS_1であるとき,均衡貨幣賃金はW_1であり,均衡雇用量はN_fである。いま,物価が上昇した結果,労働の需要曲線が右にシフトして,D_2になったとする。(3)式より,物価の変化は貨幣賃金を同じだけ変化させるから,この物価の上昇はN_fの下での労働需要曲線のシフト幅$E_1 E_2$で測られる。この労働需要曲線の右シフトは貨幣賃金を引き上げるので(点E'),雇用量はN_fを越えて増加するようにみえる。しかし,貨幣賃金の上昇幅$W_1 W'$は物価の上昇幅$E_1 E_2$よりも小さいため,労働者は実質賃金は下落したことにすぐに気が付く。このとき,労働者が正しく物価の上昇を期待物価の上昇に反映させると,供給曲線S_1はS_2へ上方シフトする。すると,労働市場は完全雇用N_fと新しい均衡貨幣賃金W_2の組合せの下で再び均衡する。このような調整が瞬時に行われると想定すると,実質賃金は不変で,雇用量もまた不変であるから,図19-4(b)に描かれるようなY_fの下で縦軸に平行な総供給曲線が得られる。

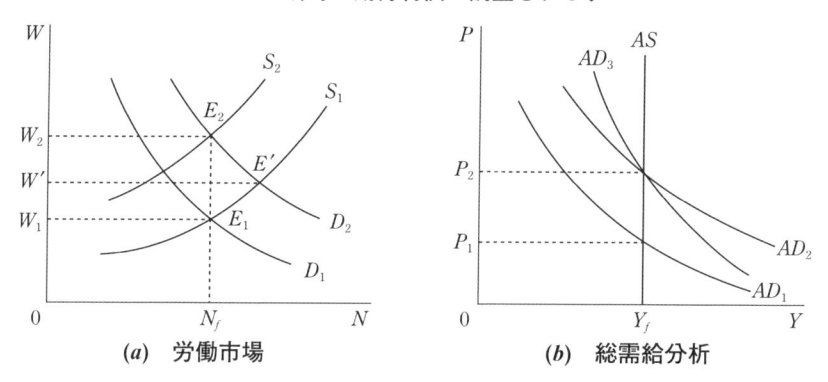

図 19-4　瞬時に期待物価が調整されるケース

(a) 労働市場　　　(b) 総需給分析

　なお，このケースの総供給曲線の傾きは(3)式，(6)式，および(7)式から求められる。ただし，初期においては，労働市場は均衡しており，それゆえ，$f(N)=g(N)=W/P$，および現実の物価と期待物価が一致しているとみなそう。

$$Pf(N)=P^e(P)g(N) \tag{8}$$

すると，総供給曲線の傾きは，

$$\left.\frac{dP}{dY}\right|_{AS} = \frac{P(g'(N)-f'(N))}{W/P(1-P^{e'})} \frac{1}{f(N)} > 0 \tag{9}$$

で与えられる。ここでは，$P^{e'}=1$ であるから，$\left.\frac{dP}{dY}\right|_{AS} = \infty$ であり，縦軸に対して平行な直線となる。なお，前節での総供給曲線は $P^{e'}=0$，および $g'(N)=0$ のケースとみなされる。

　労働者が期待物価を調整し，実質賃金を不変に留めるようなケースでは，国民所得は労働市場で決まる雇用量 N_f の下で一意的に決定されることが分かる。したがって，このケースでは財政金融政策は国民所得に対し何らの効果ももたない。例えば，AD_1 から AD_2 への総需要曲線のシフトは国民所得を増加させずに，ただ物価を上昇させるだけである。このような結果は，次のように説明される。まず，当初この経済が P_1 と Y_f の下にあるとしよう。拡張的財政政策が実施されれば，政府による財やサービスへの需要が増加するが，生産量は Y_f を越えて増加することはできないので，生産物市場では超過需要が発生する。

すると，物価は上昇し始める。物価の上昇は実質貨幣供給を減少させるために，利子率が上昇し始める。これは，投資を減少させるために民間部門の需要が減少する。この物価の上昇とそれに伴う利子率の上昇は，政府による追加的な総需要の増加分が，ちょうど民間部門の投資の減少分で相殺されるまで続くことになる。これは，拡張的財政政策に対して完全なクラウディング・アウト効果が発生することを意味している。よって，もたらされる効果は，物価と利子率を上昇させるだけとなる。

今度は，拡張的金融政策が実施されたとしよう（AD_1のAD_3へのシフト）。このケースでは，まず貨幣市場で利子率が引き下げられるので，投資が増加する。これは総需要を増加させるが，総供給は不変であるから，物価が上昇し始める。物価の上昇は実質貨幣供給を減少させるから，利子率は上昇する。結果として，一旦低下した利子率が，もとの水準に戻るまで物価は上昇する。このケースでは，名目貨幣供給の増加は物価を上昇させるだけで，実質貨幣供給，利子率，および国民所得に影響を及ぼさない。図 19-4(b) は，名目貨幣供給の増加率と同じだけ物価が上昇するように，総需要曲線 AD_3 がシフトすることを示している。

5 貨幣賃金が変化するモデル－期待物価の調整に時間がかかる場合

拡張的財政金融政策が実施されると，現実には，経済はその影響を受ける。その効果が持続的か，あるいは一時的かを別にすれば，一般的には拡張的な政策の効果は認められている。この事実を前節のモデルを使って説明することを試みよう[7]。まず，拡張的な政策が実施された当初は，労働者は期待物価を調整しないと仮定する。すなわち，初めは $P^e = 0$ である。このとき実現する均衡を，短期均衡とよぼう[8]。しかし，労働者は少しずつではあるが，現実の物価と期待物価との差を調整し始める。この段階では，$0 < P^e < 1$ であるが，徐々に調整が進み，そして最終的には，$P^e = 1$ になると仮定する。期待物価が完全に調整されたとき実現する均衡を長期均衡とよぶことにする。

まず，以上の過程を，図 19-5(a) で説明しよう。経済は初期時点では初期の長期均衡状態にあるとする（$P^e = P_1$）。拡張的な財政金融政策の効果は生産物

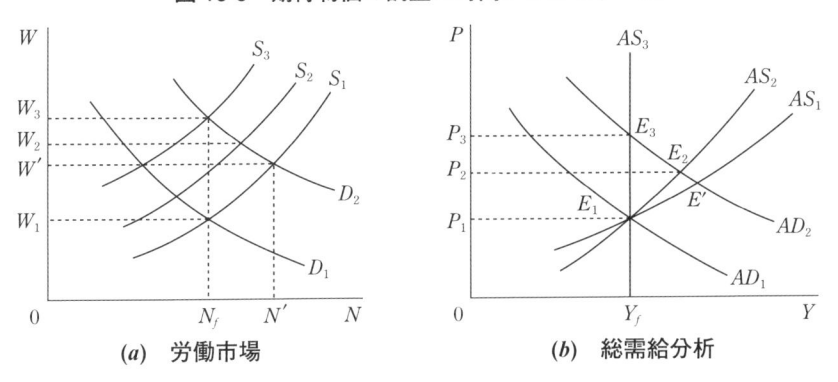

図 19-5　期待物価の調整に時間がかかるケース

(a) 労働市場

(b) 総需給分析

市場で超過需要を引き起こすから，物価は上昇する。すると，労働の需要曲線は右にシフトする（$D_1 \to D_2$）。これは物価が上昇したことにより，企業が生産を拡大するためである。労働者は貨幣賃金が上昇したことを知るが（$W \to W'$），物価は上昇していないと考えているから，労働の供給量をN'に増加させる。これは，雇用者の労働供給量が増えたり（残業による勤務時間の延長など），自発的失業者が実質賃金が上昇したと勘違いして労働を供給することによって可能になる。しかし，労働者は現実の物価も上昇していることに気が付きはじめ，徐々に期待物価を修正し始める（$P^e = P_2$）。それは労働者に実際には実質賃金が低下したことを認識させることになるため，労働者は労働の供給を減少させ始める。この過程は，労働供給曲線S_1からS_2への左方シフトで表される。そして，期待物価が現実の物価に完全に調整されると，労働供給曲線はS_3の位置までシフトし，労働市場はN_fとW_3の組合せの下で再び長期均衡を回復する。したがって，期待物価の調整に対する仮定の違いは，労働市場における一時的な雇用量の拡大を認めるかどうか，に求められる。

労働市場における短期均衡から長期均衡への調整過程を，総需給分析に当てはめよう。初期の長期均衡点は，長期のAS_3曲線と最も水平に近い傾きをもつ短期のAS_1曲線およびAD_1曲線の交点E_1であるとする。拡張的政策が実施された場合に期待物価が調整されない初期の短期均衡は，このAS_1曲線上の点E'で与えられる。しかし，徐々に期待が調整されるにしたがって，総供給曲線はより厳しい傾きをもつ曲線に代わる（P^eが1に近づくにつれて，(9)式の

分母は 0 に近づく）。例えば，AS_2 曲線は労働者が期待物価を部分的に修正したときの総供給曲線である（$P^e = P_2$）。期待物価が現実の物価に完全に調整されたとき，総供給曲線は垂直な直線で描かれた AS_3 曲線となる。そのとき，長期均衡が再び回復する（$P^e = P_3$）。

以上の過程では，拡張的な財政金融政策は，初期には効果をもつことがいえる。短期均衡点 E' では，物価は上昇しているが，国民所得は増加し，もちろんその背景では，すでにみたように雇用の増加，つまり失業は減少しているからである。しかしながら，期待物価の調整が始まると，物価の上昇と国民所得の減少，すなわち失業の増加が生じることになる[9]。そして，新しい長期均衡点 E_3 では，もとの水準の国民所得と，より高い物価水準の組合せが実現することになる。したがって，このモデルでも長期的な結論は，$P^e = 1$ を仮定したモデルと同じである。しかしながら，経済が短期均衡の近傍に留まる時間が長ければ，それだけ拡張的財政金融政策は効果をもちうると判断することもできるであろう。

本章では，拡張的財政金融政策の効果は，総供給曲線の性質によって全く違ったものになることを説明した。そして，その総供給曲線の性質もまた，労働市場をどのように解釈するかにかかわっていた。果たして，労働市場の動きとマクロ経済の動きを最もよく説明しているモデルはどれであろうか。現在でも，マクロ経済における適切な政策運営にかかわる問題は，依然として論争の焦点となっているのである。

[注]
1) 歴史を振り返ると，わが国の経済も第 2 次世界大戦後や第 1 次オイルショック時に激しいインフレーションに襲われたことがある。このときの状況は戦後日本史の特集番組やドラマなどで描かれることも多いので，見たことがある読者も多いかもしれない。
2) この他にも，暗黙の契約仮説やインサイダー・アウトサイダー仮説などがある。
3) 完全雇用状態であっても，摩擦的失業は存在する。第 12 章第 7 節および第 13 章第 1 節を参照されたい。しかし，説明を容易にするために，摩擦的失業者の存在を捨象することにしよう。
4) N_f の下で労働供給曲線が垂直になる理由を詳しく説明すると，次のようになる。労

働市場の均衡式 (4)式を，$P = \dfrac{\overline{W}}{f(N)}$ と書き替えよう．

そこで，①企業が雇用を増加させようとして，自発的失業者に対して貨幣賃金の引き上げを提案したとしよう．貨幣賃金の引き上げは P を上昇させる．次に，②自発的失業者が貨幣賃金の引き上げを受け入れて雇用されたとしよう．N の増加は $f(N)$ を低下させるから，P を上昇させる．

すると，①と②より，貨幣賃金の上昇を超えて物価が上昇する．その結果，貨幣賃金を上昇させて雇用を増加させようとすれば，実質賃金はかえって低下することになる．それゆえ，N_f を越えて雇用を増加させることができないことが分かる．

5) ここで，$g(N)$ は個々の消費者について，$n_s^{-1}(n)$ を集計したものである．
6) したがって，第9章の労働供給曲線 N_S は $P^{e'} = 1$ と仮定された上で，導かれたものであるとみなされる．
7) 「物価が固定されている場合の総需給モデル」や「貨幣賃金が下方硬直的である場合の総需給モデル」では，財政金融政策は持続的な効果をもつことは明らかである．
8) 本章のモデルは，資本が固定されているという意味で短期のモデルである．しかし，本節では，労働者（消費者）が自らの期待物価を現実の物価に完全に調整できるだけの時間的な長さが仮定されている．このことは，本節で説明されるモデルが期待形成について長期のモデルであることを意味している．
9) 物価の上昇（インフレーション）と国民所得の減少（あるいは，国民所得の不変）が同時に進行する状況を，スタグフレーションとよぶ．スタグフレーションのより詳しい分析には，フリップス曲線を使って総需給分析を発展させたインフレ需給分析が必要となるので，本章ではスタグフレーションの存在を指摘するに留める．

参 考 文 献

本書の内容に合わせて参考文献を分野別に紹介しよう。

【経済数学】
1　Alpha C. Chiang（1967）*Fundamental Methods of Mathematical Economics*, Second edittion, McGraw-Hill, Inc. pp. xv+784.（大住英治，小田正雄，高森寛，堀江義　共訳（1995）『現代経済学の数学基礎（上）（下）』シーエーピー出版）
2　須賀晃一（1991）『経済分析入門（Ⅰ）（Ⅱ）』東洋経済新報社。

【第1編　ミクロ経済学】
1　Brian R. Binger and Elizabeth Hoffman（1988）*Microeconomics with Calculus*, 1/E, HarperCollins Publishers.（木村憲二訳（1996）『微積分で学ぶ　ミクロ経済学（上）（下）』シーエーピー出版）
2　James M. Henderson and Richard E. Quandt（1971）*Microeconomic Theory: A Mathematical Approach*, Second edition, New York, McGraw-Hill, pp. xvi+431.（小宮隆太郎，兼光秀郎共訳（1973）『現代経済学－価格分析の理論　増訂版』創文社）
3　R. Kerry Turner, David Pearce and Ian Bateman（1994）*Environmental Economics: An Elementary Introduction*, First edition.（大沼あゆみ訳（2001）『環境経済学入門』東洋経済新報社）
4　朝岡敏行，関川靖編著（2012）『消費者サイドの経済学　改訂版』同文舘出版。
5　伊藤元重（1992）『ミクロ経済学』日本評論社。
6　井堀利宏（2005）『ゼミナール　公共経済学入門』日本経済新聞社。
7　岩田規久男（1993）『ゼミナール　ミクロ経済学入門』日本経済新聞社。
8　倉澤資成（1988）『入門　価格理論　第2版』日本評論社。
9　清水川繁雄（1974）『新講　現代理論経済学』青林書院新社。
10　関谷喜三郎，関川靖編著（2009）『金融と消費者』慶應義塾大学出版会。
11　西村和雄（1995）『ミクロ経済学入門　第2版』岩波書店。
12　福岡正夫（2000）『ゼミナール　経済学入門　第3版』日本経済新聞社。
13　水谷允一，呉世煌，塩田静雄編著（1997）『消費者のための経済学』同文舘出版。

【第2編　マクロ経済学】
1　David G. Luenberger（1998）*Investment Science*, Oxford University Press, Inc.（今野浩，鈴木賢一，枇々木規雄共訳（2002）『金融工学入門』日本経済新聞社）

2 N. Gregory Mankiw（2000）*Macroeconomics*, Fourth edition, Worth Publishers, Inc.（足立英之，地主敏樹，中谷武，柳川隆共訳（2003）『マンキュー　マクロ経済学　第2版（Ⅰ）』東洋経済新報社）

3 　Rudiger Dornbush（1980）*Open Economy Macroeconomics*, Basic Books, Inc. Publishers.（大山道廣，堀内俊洋，米沢義衛共訳（1984）『国際マクロ経済学』文眞堂）

4 Rudiger Dornbush and Stanley Fischer（1994）*Macroeconomics*, Sixth edition, McGraw-Hill.（廣松毅, R. ドーンブッシュ, S. フィッシャー（1998）『マクロ経済学　改訂版（上）（下）』シーエーピー出版）

5 William H. Branson（1979）*Macroeconomic theory and policy*, Second edition, Harper & Row, Publishers, Inc.（嘉治元郎，今野秀洋共訳（1982）『マクロ経済学－理論と政策　第2版（上）（下）』マグロウヒル好学社）

6 浅野栄一（1976）『ケインズ一般理論入門』有斐閣新書。

7 岩田規久男（1997）『基礎コース　マクロ経済学』新世社。

8 岩田規久男（2008）『テキストブック　金融入門』東洋経済新報社。

9 江沢太一（1970）「資産選択の理論」（所収『経済セミナー』1970年4月号－10月号）。

10 小野善康（1998）『景気と経済政策』岩波新書。

11 貝塚啓明（1996）『財政学　第2版』東京大学出版会。

12 金谷貞男（1992）『新経済学ライブラリ－19　貨幣経済学』新世社。

13 呉文二，島村高嘉（2004）『読本シリーズ　金融読本　第25版』東洋経済新報社。

14 齊藤誠，岩本康志，太田聰一，柴田章久（2010）『マクロ経済学』有斐閣。

15 豊田利久，羽森茂之（1997）『モダン・エコノミックス3　マクロ経済学（Ⅰ）』岩波書店。

16 内閣府経済社会総合研究所（2012）『平成24年　国民経済計算年報』。

17 日本銀行金融研究所（1995）『新版　わが国の金融制度』。

18 日本銀行金融研究所編（2004）『増補版　新しい日本銀行－その機能と業務』有斐閣。

19 日本銀行国際収支統計研究会（2000）『入門　国際収支　統計の見方・使い方と実践的活用法』東洋経済新報社。

20 藤田宏二（1998）『経済循環の統計　新SNAの世界』啓文社。

21 水谷允一（1985）『21世紀の日本経済』中央経済社。

22 宮崎義一，伊東光晴（1979）『コンメンタール　ケインズ／一般理論　第3版』日本評論社。

23 山崎研治（1983）『経済学入門叢書18　金融論』東洋経済新報社。

24 吉川洋（2001）『現代経済学入門　マクロ経済学　第2版』岩波書店。

25 渡辺弘，水原総平，中石章（1991）『改訂増補　マクロ・エコノミックス入門』晃洋書房。

索　引

〔ア　行〕

IS 曲線 …………………… 163, 195, 217
安全資産 ………………………………… 185
安定化政策 ……………………………… 204
安定条件 …………………………………・65
安定性の条件 ……………………………・68
安定的 ……………………………… 63, 68
安定的である条件 ………………………・64

1 次導関数テスト ……………………… 8
一般均衡分析 ……………………………・81
一般的の交換手段機能 ………………… 171
一般的の受領性 ………………………… 169
移転支払 ………… 132, 142, 144, 147, 152
移転支払関数 …………………………… 144
意図された在庫 ………………………… 121
意図された在庫投資 …………………… 133
意図された総供給 ……………………… 133
意図された総需要 ……………………… 133
意図されない在庫 ……………………… 121
意図しない在庫投資 ……………… 133, 136
インターバンク・マネー・マーケット … 205
インフレーション ……………………… 223
インフレ・ターゲティング …………… 205

営業余剰・混合所得 ……………… 118, 129
エコー効果 ………………………… 211, 215
n 次導関数テスト ………………………… 9
LM 曲線 …………………… 192, 195, 218
円高 ……………………………………… 216
円建て（自国通貨建て）レート ……… 216
円安 ……………………………………… 216

オープン・マネー・マーケット ……… 205

〔カ　行〕

外貨建て（ドル建て）レート ………… 216
外国 ……………………………………… 207
外国為替資金特別会計 ………………… 180
外国の利子率 …………………………… 217
外国部門 ………………………………… 207
外生変数 …………………………………・71

外為特会 ………………………………… 180
外部経済 ………………………………… 101
外部効果 ………………………………… 101
外部性 …………………………………… 101
外部不経済 ……………………………… 101
外部ラグ ………………………………… 203
開放経済 …………………………… 207, 221
価格規制 …………………………………・84
価格経路 …………………………………・68
価格比 ……………………………… 43, 46
価格メカニズム …………………………・64
下級財 ……………………………………・49
拡張的金融政策 …………… 196, 220, 232
拡張的財政金融政策 ……………… 226, 229
拡張的財政金融政策の効果 …………… 232
拡張的財政政策 …… 147, 196, 209, 212, 220, 231
確定した利子 …………………………… 157
額面価格 ………………………………… 157
家計 ……………………………………… 5
家計可処分所得 ………………………… 132
家計所得 ………………………………… 131
過剰準備金 ……………………………… 174
過剰準備率 ……………………………… 174
可処分所得 ……………………………… 144
課税後の限界費用曲線 ……………………・73
課税後の社会的厚生 ……………………・85
課税後の総費用関数 ……………………・73
課税前の社会的厚生 ……………………・85
寡占市場 ………………………………… 6
価値尺度機能 …………………………… 171
価値貯蔵手段 …………………………… 177
貨幣 ……………………………………… 3, 168
貨幣供給関数 …………………………… 189
貨幣市場 …………………………… 189, 191
貨幣需要関数 …………………………… 178
貨幣乗数 ………………………………… 174
貨幣所得 …………………………………・89
貨幣賃金 …………………………………・89
貨幣賃金の下方硬直性 ………………… 227
貨幣の価値貯蔵手段機能 ……………… 171
貨幣の機能 ……………………………… 171
貨幣の計算単位 ………………………… 171
貨幣の交換手段機能 …………………… 177

索引

貨幣の収益率 185
可変費用 24
為替レート 215
為替レートの上昇 216
為替レートの低下 216
環境税 76, 103
環境問題 101
関税 79, 120
間接税 73, 85, 120
完全競争企業 6
完全競争市場 6, 20
完全効用状態 229
完全雇用 230
完全非弾力的 77

企業 5
危険回避的 187
危険資産 185
帰属価値 123
帰属計算 118, 123
基礎的財政収支 148, 150
期待効用 186
期待効用関数 186
期待収益 160, 164
期待収益率 185
期待物価 230
逆進性 85
逆進的な税 76
キャピタル・ゲイン 185
キャピタル・ロス 185
狭義の貨幣 171, 181
狭義の市場 5
供給価格 64, 82
供給関数 62
供給曲線 34, 62
供給者 5
供給の価格弾力性 37
競合性 107
共有財 107
極小 7
極大 7
極値 7
均衡価格 62, 63, 72
均衡貨幣賃金 93
銀行間資金市場 205
均衡国民所得 135
均衡条件式 62
均衡取引量 72

均衡予算乗数の定理 147
均衡利子率 99
均衡労働取引量 93
金属貨幣 169
金融資産 4
金融商品 4
金融政策の目標 201
金融調節 176

クーポン 157, 185
くもの巣モデル 65
クラウディング・アウト効果 153, 197, 222
クラブ財 108

経済の安定化 204
経済の不安定化 204
k％ルール 204
限界外部費用 102
限界期待効用 187
限界効用 41
限界収入 20
限界消費性向 134, 210
限界生産物 92
限界税率 144, 147
限界代替率 41, 45, 194
限界代替率逓減の法則 42
限界貯蓄性向 134
限界内部費用 102
限界費用 20, 21, 24, 72
限界費用曲線 25, 31, 72
限界輸入性向 208, 210
限界利潤 20
限界利潤曲線 104
現金通貨 171
現金比率 173
減税 146

公開市場買操作 194
公開市場操作 176
広義の貨幣 171, 181, 185
公共財 106
公共事業 146, 147
合成財 89
合成の誤謬 142
公的扶助 142
効用 39, 51
効用関数 39
効用曲面 39, 40

索　引　241

効率賃金仮説 227
コースの定理 104
コール市場 205
コールレート 202
国債 4
国際価格 78, 86
国債残高 148
国債費 148
国内純支出 121
国内純所得 121
国内純生産 121
国内総支出 118, 129
国内総所得 117, 129
国内総生産 116
国民所得 131
国民総生産 121
個々の需要曲線 58
固定基準年方式 124, 126
固定資本減耗 120, 129
固定費用 24
個別企業の供給曲線 36
コミットメント 205
雇用者所得 129
雇用者報酬 118

〔サ　行〕

債権 4
債券市場 191
債券の確定した利子 185
債券の市場価格 155, 157, 177
在庫アプローチ 181
在庫投資 118, 121
在庫品増加 121
在庫理論アプローチ 193
最終消費支出 120
最終生産物 118
最終目標 201
財政赤字 130, 148
財政政策 146
裁定取引 218
最適化問題 7
最適消費点 44, 52, 56
最適生産量 34
最適ポートフォリオの決定 193
債務 4
債務比率 149
裁量的財政政策 151
三面等価の原則 116, 118, 130

GDP デフレーター 125
死荷重損失 84, 85
資金市場 98
資金の過不足 130
自国通貨建て（円建て）レート 216
自国の利子率 217
事後的 133
資産貨幣需要 178
資産市場の一般均衡 190
資産選択理論 185, 193
資産の構成 185
支出 115
市場取引 5
市場の供給曲線 37
市場の失敗 101, 103
市場の需要曲線 58
市場利子率 157, 177
事前的 133
失業 143
失業者 140
失業保険 151
実質貨幣供給 189
実質貨幣供給の増加が経済に及ぼす効果 198
実質貨幣需要 189
実質為替レート 217
実質 GDP 124
私的財 107
自動安定化装置 151, 204
自発的失業 152
紙幣 170
資本 21
資本損失 185
資本の移動 217
資本利得 185
社会的限界費用 83, 102
社会的限界評価 83, 102
社会的厚生 82
社会的総余剰 82
社会保障給付金 142
社会保障の支払い 151
社会保障負担金 142
収益性 185
従価税 73
自由貿易 79, 80, 85
従量税 73, 74, 103
需要価格 64, 81
需要関数 53, 62
需要曲線 51, 53, 62

需要者	5
需要の価格弾力性	58, 74
需要法則	51
準公共財	107
準通貨	171
準備金	174
準備預金制度	175
純輸出	130, 208
純要素所得	122
生涯の消費	95
使用価値	169
償還	4
償還価格	157
償還期限	157
上級財	49
条件付最適化問題	10
乗数効果	137
譲渡性預金	171
消費可能領域	43, 50, 57
消費関数	134, 210
消費財	118
消費者	5
消費者の貨幣的評価	72
消費者余剰	82
商品貨幣	169
所得効果	50, 57, 90, 96
所得の限界効用	53
所得の再配分	152
信用創造	172
スルツキー方程式	56
政策手段	201
政策目標	201
生産	115
生産関数	22, 23
生産者	5
生産者余剰	82
生産の効率性	21, 23
生産物市場	136
生産要素	21, 115
正常財	49
正常利子率	177
政府が経済面において果たす役割	143
政府債務	148
政府支出の増加が経済に及ぼす効果	198
政府の予算制約	148
政府部門	143

制約条件	51
制約条件式	11
世界利子率	217
節約のパラドックス	142
総供給	133, 135
総供給関数	225
総供給曲線	225, 230
総供給曲線の傾き	229
操業停止点	36
操作目標	202
総資本形成	120
総収入	19, 26
総収入曲線	26
総需要	133, 135
総需要関数	135, 146, 208, 223
総需要管理政策	138, 143, 148, 203
総需要曲線	223
総需要曲線の傾き	225
増税	147
相対取引	5
総費用	19, 24
総費用関数	24
総費用曲線	25, 26
総労働者数	140
総労働投入量	140
素材価値	169
租税関数	144
粗代替財	50
損益分岐点	35

〔タ 行〕

代替効果	50, 57, 90, 96
代替財	49
兌換紙幣	170
ただ乗り	109
短期	21
短期均衡	232
短期の債券	181
中央銀行当座預金	175
鋳貨	169
中間投入物	116
中間目標	202
超過供給	63
超過需要	63
長期	21
長期均衡	232

索　引　243

長期の債券	181	日銀当預	175
貯蓄	94	日本銀行券	170
貯蓄曲線	99	日本銀行当座預金	175
貯蓄超過	130		

〔ハ　行〕

定期性預金比率	174	パーシェ指数	126
テイラー・ルール	205	排除性	107
停留値	7	派生的預金	172
停留点	7	発行市場	157, 164
手形売買市場	205	パラメーター	71
投機的貨幣需要	178	比較静学的	146
投機的動機	177	比較静学分析	72, 208
投資	97	非競合性	107
投資関数	135, 155, 162, 163	非自発的失業	152, 227
投資機会線	186, 194	非自発的失業者	141, 200
投資曲線	99, 162	非排除性	107
投資計画	160	秤量貨幣	169
投資財	118		
投資乗数	137	付加価値	116
投資乗数効果	137	不確実性	177
投資の限界効率	98	不換紙幣	170
投資の限界収益率基準	164	不完全競争市場	6
投資の限界収益率	98, 160	物価	226
投資補助金	152	物価水準	223
投入物	21	物価水準の上昇	223
独占市場	6	物品貨幣	169
独占的競争市場	6	物々交換	169
独立純租税	163	負の利潤	35
独立消費	134	部分均衡分析	81
独立投資	135	プライス・テイカー	6, 20
取引	3	平均可変費用	31
取引貨幣需要	183	平均可変費用曲線	31
取引貨幣需要関数	184	平均固定費用	31
取引決済機能	3	平均消費性向	142
取引動機	176	平均費用	31
取引費用	106	平均費用曲線	31
取引・予備的貨幣需要	178	閉鎖経済	219, 221
ドル建て（外貨建て）レート	216	縁つきヘシアン	14, 52
		変曲点	10

〔ナ　行〕

内生変数	71	貿易	78
内部ラグ	203	法貨	170
内部留保	120, 129	豊作貧乏のモデル	77
2 国モデル	210	法定貨幣	170
2 次導関数テスト	9	法定準備金	173, 174
2 段階戦略	202	法定準備率	172, 174, 180

244　索　引

ポートフォリオ……………………………… 185
補完財………………………………………49
補助金……………………………………… 120
ポリシー・ミックス……………………… 200
本源的預金………………………………… 172

〔マ 行〕

マーシャル的調整過程……………………64
マクロ経済理論における均衡…………… 133
マクロの生産関数………………………… 140
摩擦的失業………………………………… 152
マネタリー・ベース……………………… 174
満期…………………………………… 4, 157
マンデル＝フレミング・モデル………… 217

民間部門…………………………… 115, 133

無差別曲線………………………… 40-42, 187

名目為替レート…………………………… 216
名目 GDP ………………………………… 124
名目所得…………………………………… 149

目的関数……………………………… 11, 51

〔ヤ 行〕

ヤングの定理………………………………13

輸出………………………………… 120, 207
輸入………………………………… 120, 207
輸入関数…………………………………… 210

要求払い預金……………………………… 171
余暇…………………………………………90
預金………………………………………… 4
預金乗数…………………………………… 173
預金通貨…………………………………… 171
与件…………………………………………71
予算制約……………………………… 43, 44
予算線………………………………… 43, 46
予想物価…………………………………… 230
欲求の二重の一致………………………… 169
予備的動機………………………………… 177

〔ラ 行〕

ラグランジュ関数…………………………51
ラグランジュ乗数…………………… 11, 53
ラスパイレス数量指数…………………… 127

利子…………………………………………94
利潤………………………………… 19, 35
利潤関数…………………………… 19, 104
利潤曲線……………………………………26
利潤極大化条件……………………… 20, 34
利子率……………………………… 95, 167
リスク……………………………………… 185
利付債券…………………………………… 157
流通市場…………………………… 157, 164
流動性……………………………………… 168
流動性選好関数…………………………… 178
流動性選好曲線…………………………… 178
流動性選好理論………………… 167, 176, 181
流動性のわな…………………… 178, 189, 199
臨界値……………………………………… 7
リンダール均衡…………………………… 109

累進課税制………………………………… 151
ルール……………………………………… 204
ルールによる政策………………………… 203

劣等財………………………………………49
連鎖方式…………………………………… 126

労働………………………………… 21, 90
労働組合仮説……………………………… 227
労働サービス………………………………89
労働の供給曲線…………………… 92, 228
労働の限界価値生産物……………………92
労働の限界生産物………………… 23, 227
労働の需要曲線…………………… 93, 228

〔ワ 行〕

割引現在価値………………………… 155-157
割引現在価値基準………………………… 164
割引率……………………………………… 159
ワルラス的調整過程………………………64

《著者紹介》

名部井　一良　（なべい・かずよし）

経　歴

昭和35年　福井県福井市に生まれる
昭和63年　愛知学院大学大学院商学研究科博士課程単位取得満期退学
平成4年　長野経済短期大学専任講師
平成21年　同短期大学の廃校に伴い退職
現在，国立長野高専（独立行政法人国立高等専門学校機構長野工業高等専門学校）非常勤講師

主な業績

共著（平成6年）『グローバル化時代の経済学』成文堂，共著（平成19年）『消費者サイドの経済学』同文舘出版，共著（平成21年）『入門 消費経済学　第2巻　金融と消費者』慶應義塾大学出版会，共著（平成24年）『消費者サイドの経済学　改訂版』同文舘出版，その他論文多数。

《検印省略》

平成25年8月6日　初版発行　　略称：現代経済教科書

現代経済学の教科書
－数学も応用できる経済学入門－

著　者　　名部井　一良
発行者　　中　島　治　久

発行所　同文舘出版株式会社

東京都千代田区神田神保町1-41　〒101-0051
電話　営業 (03)3294-1801　編集 (03)3294-1803
振替 00100-8-42935　http://www.dobunkan.co.jp

©K.NABEI　　　　　　　　　印刷・製本：萩原印刷
Printed in Japan 2013

ISBN 978-4-495-44131-9